Uwe Rühl

Unternehmerische Resilienz

Uwe Rühl

Unternehmerische Resilienz

So werden Organisationen agil
und widerstandsfähig

WILEY

WILEY-VCH Verlag GmbH & Co. KGaA

Alle Bücher von Wiley-VCH werden sorgfältig erarbeitet. Dennoch übernehmen Autoren, Herausgeber und Verlag in keinem Fall, einschließlich des vorliegenden Werkes, für die Richtigkeit von Angaben, Hinweisen und Ratschlägen sowie für eventuelle Druckfehler irgendeine Haftung

© **2020 Wiley-VCH Verlag GmbH & Co. KGaA, Boschstr. 12, 69469 Weinheim, Germany**

Alle Rechte, insbesondere die der Übersetzung in andere Sprachen, vorbehalten. Kein Teil dieses Buches darf ohne schriftliche Genehmigung des Verlages in irgendeiner Form – durch Photokopie, Mikroverfilmung oder irgendein anderes Verfahren – reproduziert oder in eine von Maschinen, insbesondere von Datenverarbeitungsmaschinen, verwendbare Sprache übertragen oder übersetzt werden. Die Wiedergabe von Warenbezeichnungen, Handelsnamen oder sonstigen Kennzeichen in diesem Buch berechtigt nicht zu der Annahme, dass diese von jedermann frei benutzt werden dürfen. Vielmehr kann es sich auch dann um eingetragene Warenzeichen oder sonstige gesetzlich geschützte Kennzeichen handeln, wenn sie nicht eigens als solche markiert sind.

Bibliografische Information der Deutschen Nationalbibliothek

Die Deutsche Nationalbibliothek verzeichnet diese Publikation in der Deutschen Nationalbibliografie; detaillierte bibliografische Daten sind im Internet über <http://dnb.d-nb.de> abrufbar.

Umschlaggestaltung: Susan Bauer, Mannheim
Umschlagabbildung: fovito - stock.adobe.com
Satz: Lumina Datamatics
Druck und Bindung: CPI books GmbH, Leck

Print ISBN: 978-3-527-50961-4
ePub ISBN: 978-3-527-82158-7

Gedruckt auf säurefreiem Papier.

10 9 8 7 6 5 4 3 2 1

»Dif-tor heh smusma«
Mr. Spock
(Vulkanisch für »Live long and prosper«)

Inhaltsverzeichnis

Geleitwort ■ ■ ■ ■ ■ ■ ■ ■ ■ ■ ■ ■ ■ ■ ■ ■ ■ 11

Einführung:
Unternehmerische Resilienz: Über Stehaufmännchen, Bounce back
und Survive and Prosper ■ ■ ■ ■ ■ ■ ■ ■ ■ ■ ■ ■ ■ ■ 13

Zwischenspiel:
Willkommen in der Wirklichkeit oder: Warum Sie dieses Buch
brauchen ■ ■ ■ ■ ■ ■ ■ ■ ■ ■ ■ ■ ■ ■ ■ ■ ■ ■ 45

Kapitel eins:
Kontext: Wir sind mittendrin – und ohne ihn ist alles nichts ■ ■ ■ 51
1. Nachrichten aus der Normenwelt: Der Blick nach außen
   und nach innen *51*
2. Das Resilienz-Rezept: Zwei wichtige Zutaten – Horizon
   Scanning und aktives Gestalten *61*
3. Survive and Prosper: Von Informationsquellen,
   Influencing und Personas *66*

Kapitel zwei:
Führung: Der Faktor Mensch – schwer berechenbar, aber
unentbehrlich ■ ■ ■ ■ ■ ■ ■ ■ ■ ■ ■ ■ ■ ■ ■ ■ 79
1. Nachrichten aus der Normenwelt: Wer die besten
   Führungskräfte hat, wird gewinnen! *79*
2. Das Resilienz-Rezept: Transparenz schaffen, ermächtigen
   und ehrgeizige Ziele verfolgen *85*
3. Survive and Prosper: Echte Führungsstärke – von
   gesunder »Humbition«, zielführender
   Strategieentwicklung und der Kraft der zwei Systeme *94*

Kapitel drei:
Planung: Viel mehr als nur Risikomanagement ■ ■ ■ ■ ■ ■ ■ 113
1. Nachrichten aus der Normenwelt: Umgang mit Risiken
   und Maßnahmenplanung *113*
2. Das Resilienz-Rezept: Never mind the risks, just take your
   chances! *114*
3. Survive and Prosper: Die kognitive Bewertung von
   Risiken und ein Risiko-Radarsystem, das Ihnen
   weiterhilft *122*

Kapitel vier:
Unterstützung: Ressourcen, Kultur und Kompetenzen – was haben wir und was brauchen wir? 131
1. Nachrichten aus der Normenwelt: Ressourcen – ein weites Feld *131*
2. Das Resilienz-Rezept: Kultur hat die Nase vorn *135*
3. Survive and Prosper: Von kritischen Infrastrukturen, Reputation und strategischer Kommunikation *142*

Kapitel fünf:
Betrieb: First fly the aircraft! 151
1. Nachrichten aus der Normenwelt: Operative Planung und Steuerung im Unternehmen *151*
2. Das Resilienz-Rezept: Flexibilität versus Redundanz und die richtige Unternehmenskultur (revisited) *153*
3. Survive and Prosper: Das Krisenhandwerk lernen und beherrschen *167*

Kapitel sechs:
Überprüfen der Leistungsfähigkeit: Denn Sie wissen (hoffentlich), was Sie tun 189
1. Nachrichten aus der Normenwelt: Wie stehen wir eigentlich da? *189*
2. Das Resilienz-Rezept: Zahlen, Daten, Fakten – sind nur die halbe Miete *191*
3. Survive and Prosper: Von Reifegraden, Indikatoren und Cockpits *200*

Kapitel sieben:
Verbesserung: Korrigieren, dazulernen und richtig innovieren ... 209
1. Nachrichten aus der Normenwelt: Fehler korrigieren und nach Verbesserung streben *209*
2. Das Resilienz-Rezept: Lernen – Erfahrung ist der beste Lehrmeister *211*
3. Survive and Prosper: Über Krisen, Wettbewerbsvorteile und Metamorphosen – »Von der Raupe zum Schmetterling« ist nicht mehr genug *216*

Ausblick:
Die Kraft des »Und« 223

Danksagung 225

Anhang **227**
  A. Quellen- und Literaturverzeichnis   *227*
  B. Internetressourcen   *231*

Stichwortverzeichnis **235**

Geleitwort

von Dr. David Hitchen, C.Chem., MRSC, C.Sci., MICW., CBCI

Organisationale Resilienz und widerstandsfähige Managementsysteme

Heute, zu Beginn des 21. Jahrhunderts, werden wir innerhalb unserer Gesellschaft mit Veränderungen konfrontiert, die immer schneller und schneller eintreten und ablaufen. Entwicklungen in der IT, in der Telekommunikation und in den Social Media beeinflussen alle wichtigen gesellschaftlichen Bereiche: Politik, Wirtschaft, Verteidigung, der »dritte Sektor« mit NGOs und Wohlfahrtsorganisationen sowie sogar Kirchen und religiöse Organisationen sind gleichermaßen davon betroffen. Als Antwort auf diese Entwicklungen entstehen neue Regeln für persönliche und organisationale Interaktionen. Diese Regeln haben schon verändert, wie wir uns untereinander verbinden und miteinander kommunizieren; sie bewirken aber auch, dass diese Veränderungen weiterhin aktuell bleiben. Vor allem, weil alle relevanten Themen sowie alle damit verbundenen Aspekte und Herausforderungen so schnell kommen, wie sie wieder gehen sowie (gefühlte und echte) Stabilität in allen genannten Bereichen der Gesellschaft schwindet. Zeitgleich zu und in Verbindung mit all diesen Veränderungsprozessen wird der Ruf nach und der Bedarf an organisationaler Resilienz im privaten, öffentlichen und im »dritten« Sektor immer deutlicher. Um diese Resilienz zu realisieren, brauchen wir eine Formalisierung des Risikomanagements und entsprechende komplexe Managementsysteme, die den neuen Herausforderungen gerecht werden.

Dieses Buch schafft es, den entsprechenden Zeitgeist für alle professionell von diesen Herausforderungen »Betroffenen« einzufangen. Eine Leseempfehlung für alle, die ihre Einsichten und Erkenntnisse zu Themen wie verbesserte Führung und Steuerung,

Risikomanagement sowie zu den praxisorientierten Aspekten organisationaler Resilienz, zu Erholung und Aufschwung und effektivem, systemischen Management weiterentwickeln und ausbauen möchten.

Dr. David Hitchen ist internationaler ISO- und Business-Continuity-Experte. Mehr als zehn Jahre lang war er beim BSI mit verantwortlich für diesen Bereich und ist Mitautor relevanter Normen und Managementsysteme wie ISO 22301, ISO 55001 und BS 11000/ISO 44001. Seit 2016 ist er CEO der Target Conformance Ltd. und spezialisiert auf interne Audits sowie die Implementierung ISO-konformer Managementsysteme.

Einführung:
Unternehmerische Resilienz: Über Stehaufmännchen, Bounce back und Survive and Prosper

Im Bewusstsein der Gefahr

An dem Tag, der heute nur noch unter »Nine-Eleven« bekannt ist, arbeiteten rund 2700 Menschen in den Büros der Investmentbank Morgan Stanley. Die Bank war zu diesem Zeitpunkt der größte Mieter im Südturm der Twin Towers des World Trade Center. Lower Manhattan wurde an diesem Tag zum Hexenkessel; Tod und Verwüstung waren allgegenwärtig. Trotzdem blieb der Blutzoll bei Morgan Stanley minimal, und es starben an diesem Tag »nur« sieben Menschen der Belegschaft. Wie war das möglich? Die Antwort lautet: Das Unternehmen war vorbereitet. Darüber hinaus war es gut organisiert und hatte einen strikten Evakuierungsplan. Das kam nicht von ungefähr: Nach einem Attentatsversuch im Jahr 1993 hatte sich im obersten Management die Erkenntnis durchgesetzt, dass man im World Trade Center bei einem Anschlag von Terroristen auf einem gefährlichen »Präsentierteller« saß, somit verwundbar war und entsprechende Gegen- und Sicherheitsmaßnahmen ergreifen musste. Glücklicherweise blieb es nicht bei der reinen Erkenntnis, sondern die Bank entwickelte über die folgenden Jahre den konkreten und später so segensreichen Bereitschafts- und Aktionsplan, der auf konkrete Feuerübungen und einen echten Evakuierungs-»Drill« mit viel Praxistransfer setzte. Verantwortlich dafür war der hochdekorierte Vietnam-Veteran und Sicherheitschef des Unternehmens, Rick Rescorla.

Als das erste Flugzeug um 8.46 Uhr morgens den Nordturm rammte, waren die meisten Büros schon besetzt, und der Impact war dementsprechend groß. Im Südturm schlug die reine

Nachricht vom Anschlag zwar auch ein wie die sprichwörtliche Bombe, aber es gab diese lebensrettende Gnadenfrist von einer knappen Viertelstunde. Das konnte jedoch keiner wissen, und eine Minute später, um 8.47 Uhr, war die Evakuierung der Morgan-Stanley-Büros schon in vollem Gange. Als das zweite Flugzeug tatsächlich 15 Minuten später in den Südturm krachte, waren die Büros der Bank schon geräumt. Sicherheitschef Rick Rescorla hatte sein Leben in die Waagschale geworfen und mithilfe eines Megaphons dafür gesorgt, dass alle Angestellten dem lange geübten Drill folgten, statt auf die Abwiegelungspolitik des Gebäudemanagements zu hören, das jede Gefahr leugnete. Er selbst war leider einer der Sieben, die es nicht mehr aus dem Gebäude schafften ...

Schon am nächsten Tag nahm Morgan Stanley das Business wieder auf. Der Toten wurde gedacht, und die Stimmung war am Nullpunkt, aber der Betrieb musste weitergehen. Alle waren sich einig, dass sie durch ihre Arbeit ein Zeichen setzen wollten. Die Bank war auch hier vorbildlich aufgestellt und verfügte nicht nur über einen, sondern über drei Notfall-Standorte. Was am 10. September noch wie rein überflüssiger Luxus ausgesehen hatte, wirkte am 12. September nur noch wie eine geniale Eingebung ...
(vgl. Coutu, 2002)

Natürlich wäre alle Vorbereitung vergeblich gewesen, hätte die Bank ihre Büros im Nordturm gehabt, den es ohne Vorwarnung getroffen hatte. Aber im Umkehrschluss wird klar, dass sie ohne das Bewusstsein der potenziellen Gefahr und ohne die Übungs-Routine (den »Drill«) die Viertelstunde der lebensrettenden Verzögerung im Südturm nicht hätte nutzen können. Dass Morgan Stanley die Gefahr identifiziert und ein Bewusstsein für das Risiko entwickelt hatte, dass die Bank vorbereitet war und alle konsequent für einen möglichen Ernstfall trainiert hatten, war für das Überleben der Menschen und für die Möglichkeit, das Business so schnell wie möglich wieder aufzunehmen, entscheidend.

Noch Fragen? Nach dieser Geschichte erübrigt sich eigentlich jede Diskussion darüber, ob Organisationen und Unternehmen sich mit dem Thema »Resilienz« befassen sollten oder nicht. Gleichzeitig aber schleicht sich bei einiger Reflektion der Gedanke ins Bewusstsein, dass wir es hier mit einer Art »Totschläger-Argumentation« zu tun haben. Schließlich triggert diese Geschichte existenzielle Ängste und löst große Gefühle aus. Und: War der 11. September 2001 nicht etwas, das wir als »Once-in-a-Lifetime«-Ereignis bewerten müssen? Ja, vielleicht. Terror ist heute in der Welt zwar allgegenwärtig, aber Anschläge dieses Kalibers sind äußerst selten. Ähnlich rar sind große Naturkatastrophen wie der Hurrikan Katrina im Jahr 2005 oder der Tsunami von Tohoku, der im März 2011 zur Nuklearkatastrophe von Fukushima führte. Aber schon, während wir hierüber fachsimpeln, kann das nächste Ereignis stattfinden. Und: Schauen wir auf die Jahreszahlen. Es gibt sie – die Frequenz, mit der Katastrophen jeder Couleur sich vollziehen.

Darüber hinaus muss man gar nicht immer alles so hoch aufhängen: Es gibt auch den »ganz normalen Wahnsinn«. Es gibt Streiks, es gibt Strafzölle, die quasi aus dem Nichts auftauchen, oder Brände, die eine Firmenzentrale in Schutt und Asche legen (und die nicht Folge einer Terrorattacke sind). Es gibt Shitstorms, die glänzende Firmenreputationen auf lange Zeit zerstören, es gibt Cyber-Attacken, die Firmen-ITs lahmlegen, und es gibt Bundestrojaner, die viel mehr können, als das Gesetz ihnen eigentlich erlaubt. Und es gibt die schöne neue Wirtschaftswelt, in der Wandel die einzig verlässliche Konstante ist. Kurz: Es gibt VUKA!

Zeitzeichen: Stabilität war gestern, heute ist VUKA

VUKA?! Wie bitte? Das klingt langweilig? Wie eines von tausend Akronymen, mit denen wir täglich konfrontiert werden? Oder wie etwas aus einer abgehobenen Wirtschaftsprognose? Vielleicht, aber dieser Eindruck täuscht ... Denn die postmodern und abstrakt anmutende Abkürzung hat einen großen und sehr realen Einfluss auf unsere Arbeitswelt und auf die gesamte Welt von Unternehmen und Organisationen. Je mehr Menschen das verstehen, desto lauter schallt der Ruf »Disruption!« als Reaktion darauf aus allen Ecken. Und der bedeutet nach allgemeinem Konsens, dass die Zeit der linearen Entwicklungen und der reaktiven Strategien endgültig vorbei zu sein scheint. Tja, Schritt für Schritt war gestern – heute prägen *Volatilität*, *Unsicherheit*, *Komplexität* und *Ambivalenz* – eben VUKA – unsere Wirtschaftswelt.

Doch was macht dieses verflixte VUKA konkret mit uns? Einerseits könnte man denken: Dass nichts mehr so ist, wie wir es kannten, ist normal und nur ein Zeichen dafür, dass die Welt sich dreht. Veränderungen gehören zum Leben und bedeuten Entwicklung. Bis hierhin wäre also alles wie gewohnt. Andererseits aber holt uns die Realität ein: Der Punkt ist nämlich, *wie die Veränderungen ablaufen, was* sich ändert und in *welcher* Frequenz. »Linear« gehört ab jetzt der Vergangenheit an? Dann ist die Zahl aller möglichen Entwicklungen auf einmal riesig! Denn leider ist das Gegenteil von »linear« – ja, was eigentlich? »Unregelmäßig«, »antizyklisch«, »diskontinuierlich« oder auch »chaotisch«?! (http://was-ist-das-gegenteil-von.de/linear)

Rosige Aussichten ...

Ein kurzer Blick auf die vier prägenden Faktoren unserer sich neu gestaltenden Umwelt darf natürlich nicht fehlen:

Volatilität: Lässt sich wörtlich etwa mit »Flüchtigkeit« beschreiben und weist auf die mangelnde Stabilität der VUKA-Welt hin. Zustände halten sich nicht lange, und Veränderungen treten oft unerwartet oder überraschend schnell ein. Vorausschauende Planung wird immer schwieriger oder zwangsläufig obsolet.

Unsicherheit: Wer das Gefühl hat, nicht vernünftig planen zu können, wird unsicher. Prozesse und Abläufe weit im Voraus festzulegen und fest zu fixieren, ist zunehmend unmöglich oder sogar unsinnig.

Komplexität: Die digitale Transformation und die Globalisierung sind die Auslöser dafür, dass aktuell fast unendlich viele Einflüsse auf unberechenbar viele Weisen interagieren. Welchen Regeln eine solche Interaktion folgt (oder ob sie das überhaupt tut), ist nicht transparent. Und: Im Gegensatz zu »nur« komplizierten Systemen entziehen sich komplexe Systeme verlässlichen Prognosen.

Ambivalenz: Heißt Doppel- oder sogar Mehrdeutigkeit. Vieles ist nicht, was es scheint, und hat mehrfache Implikationen oder einen doppelten Boden. Probleme lassen sich nicht mehr auf einem einfachen oder eindeutigen Weg lösen.

Stichwort: Megatrends

Das klingt an sich schon nach großen Herausforderungen? Es kommt aber noch besser, denn alle vier Faktoren wirken nicht nur isoliert voneinander, sondern vernetzt und mit vereinten Kräften. Bestimmend für diese Vernetzung sind einige der großen Strömungen unseres Zeitalters, über die wir mittlerweile fast täglich in den Medien lesen – die Megatrends. Am Beispiel der oben schon erwähnten *Digitalisierung* beziehungsweise *Globalisierung* bedeutet das: Das Internet überbrückt Räume in Sekundenschnelle, schafft Transparenz und kreiert und fördert eine global agierende Wirtschaft. Entsprechend können internationale Konzerne darin zu wirtschaftlichen Großmächten werden. Die Kehrseite dieser speziellen Medaille aber sind (nur als ein Beispiel) immer verwundbarere Kommunikations- und Steuerungssysteme. An dieser Stelle docken auch weitere Megatrends an, nämlich *Konnektivität* und *Mobilisierung*, die dafür sorgen, dass zunehmend alles mit allem verbunden ist und wir von unterwegs (sprich: eigentlich von überall aus) agieren können. Mehr und mehr haben Orte für uns keine bindende Kraft mehr. Das schafft enorme Flexibilität, aber auch Spannungsfelder. Wie lange setzen wir noch auf feste Unternehmensstandorte? Gleichzeitig wollen wir aber selbstverständlich eine zuverlässig funktionierende Lieferkette und auch wissen, wo Waren, die wir einkaufen, produziert wurden.

Mein Fazit daraus: Eigentlich sollten Sie sich gratulieren. Was Sie als Organisation jeden Tag aufs Neue leisten, ist enorm. Unter solchen Risiken und Rahmenbedingungen ist bloßes Überleben schon eine echte Herausforderung. Aber der Trick (also Ihr Unternehmenszweck) ist ja, nicht nur zu überleben, sondern darüber hinaus zu wachsen, zu gedeihen und ordentlich Gewinn zu machen ... Wir nennen das: »Survive and Prosper«! Und wenn Sie das wollen, kommen Sie an der Idee unternehmerischer Resilienz nicht vorbei.

Multidisziplinär, integrativ und komplex

Aber was ist Resilienz genau? Intuitiv haben Sie das nach der Lektüre der ersten Seiten natürlich schon verstanden. Resilienz ist ein integratives Konzept. Viele verschiedene Komponenten spielen in diesem Konzept mit: Es geht darum, Risiken vorauszusehen und zu bewerten. Es geht darum, vorbereitet zu sein. Es geht darum, agil zu werden, um schnell und wirkungsvoll reagieren zu können. Es geht darum, in der Lage zu sein, das Business unter (fast) allen Umständen aufrechtzuerhalten. Es geht um Krisen, ums Überleben, um die Erholung danach, um produktive Gleichgewichtszustände, die nicht in Stagnation münden. Und es geht darum, ständig besser und vor allem anders zu werden. Es geht eben um »Survive and Prosper«!

Resilienz ist in sich ein komplexes System (und auch aus diesem Grund die einzig mögliche Antwort auf VUKA). Resilienz ist aber kein Hexenwerk, sondern hat alles mit bestimmten Denkweisen und viel mit gerichteter Aufmerksamkeit («Awareness«) sowie mit solidem »Sicherheits-« beziehungsweise »Krisen-

Handwerk« zu tun. Und Resilienz muss individuell modelliert werden, kann aber einem Schema folgen, wenn das flexibel genug aufgesetzt ist.

Schema? Da war doch was?

DIN, ISO & Co.: Work in Progress

Hier kommen der Gesetzgeber und verschiedene kontrollierende Instanzen ins Spiel, die sich des Themas längst angenommen haben. Bestehende Standards, mit denen zum Beispiel ein funktionierendes Risiko- oder Krisenmanagement, ein Business Continuity Management oder Informationssicherheit und Cyber Security geregelt werden, können heute schon in ein integriertes Managementsystem für organisationale Resilienz münden. Hierdurch entsteht dann (im besten Fall) besagtes Gerüst oder Schema, das eine Basis für unternehmerische Resilienz bilden kann. Allerdings sprechen wir hier einerseits über recht starre und wenig flexible »Normenskelette«, denen durch Unternehmen und Organisationen erst selbst Leben eingehaucht werden muss, damit sich Erfolge einstellen können. Es muss also erst Fleisch an die Knochen, damit überhaupt ein resilienter Organismus entstehen kann.

Andererseits steht die Herausforderung im Raum, dass es *die eine* Norm, die unternehmerische Resilienz beschreiben soll, eben noch gar nicht gibt. Der Status quo beschränkt sich auf Empfehlungen, Anleitungen und Grundsätze, die im British Standard 65000 beziehungsweise in der ISO 22316 (ISO = International Organization for Standardization) niedergelegt sind. Wie sagt man so schön: Die neue Norm ist ein »Desiderat«, also etwas Wünschenswertes, das es noch nicht gibt – aber nicht nur eines der Forschung, sondern eines der Realität, und zwar mit all ihren brutalen Anforderungen. Die gute Nachricht ist: Es wird kommen, denn die Normenwelt entwickelt sich kontinuierlich weiter.

Resilienz in verschiedenen Disziplinen

Resilienz geistert als Begriff durch die ganze bunte Welt der Wissenschaft und ist gerade darum so interessant. Man könnte schließlich eine Art Allgemeingültigkeit des Prinzips und einen spartenübergreifenden Nutzen vermuten ... Zum ersten Mal taucht der Begriff 1807 auf – und zwar in der Physik. Thomas Young untersuchte verschiedene Konzepte der Elastizität von Materialien und probierte dabei festzustellen, wie viel Energie eine Substanz absorbieren kann, ohne dass sie permanent deformiert wird. Er maß so den »Resilienzgrad« des jeweiligen Materials. (Fraga et al., 2017)

Auch bei Individuen spricht man von Resilienz. Hier waren entwicklungspsychologische Untersuchungen von Emmy Werner an Kindern auf der hawaiianischen Insel Kauai seit den 1950er-Jahren wegweisend. (Berndt, 2012) Intelligenz, ein verbindliches Temperament, eine emotionale Bindung an Bezugspersonen oder Halt gebende Werte von Seiten der Gesellschaft waren Qualitäten, die Werner als resilienzfördernd für das Heranwachsen unter krisenhaften Umständen identifizierte. (Zander, 2011)

In biologischen Untersuchungen zum Thema »Ökosysteme« wurde in den 1970er-Jahren Resilienz wiederum anders beschrieben. Dabei ging es eher um die Regenerationsfähigkeit, die ein komplexes Ökosystem nach einer Krise hat, und um die Zeit, die es braucht, um nach Störungen wieder zu seinem Gleichgewichtszustand (Equilibrium) zurückzufinden. (Fraga et al., 2017)

Hier wiederholen sich oder tauchen weitere Stichworte auf, die helfen, Resilienz noch näher zu beschreiben: Die Fähigkeit, eine gewisse Menge an Energie relativ störungsfrei zu absorbieren, gehört dazu. Das ist natürlich auch für Organisationen unter dem Aspekt schockartiger oder ständiger Veränderung interessant. In der Psychologie ist der zentrale Aspekt, eine Krise nicht nur zu überleben, sondern auch an ihr zu wachsen, sich weiterzuentwickeln. Auch das muss Teil organisationaler und unternehmerischer Resilienz sein – genau wie der Ansatz aus der Biologie, dass Ökosysteme nach Krisen erstmal weiter funktionieren können und dann zu einem gesunden Gleichgewichtszustand zurückfinden.

Die Rolle der Krise

So verschieden und unterschiedlich fokussiert die Begriffsbestimmungen auch ausfallen: Die allgegenwärtige Anwesenheit des Krisenbegriffs fällt auf und macht die Krise zu einer Art *notwendiger* Bedingung für unternehmerische Resilienz. Man kann sie als *grundsätzlichen Treiber* dafür ansehen, dass Resilienz überhaupt entsteht. Damit sie dann auch wirklich zustande kommt, muss noch der Wachstumsfaktor dazu stoßen, sprich, die Krise muss als Katalysator für einen Wachstums- oder Verbesserungsprozess dienen. Wenn das geschieht, ist die *hinreichende* Bedingung für Resilienz erfüllt. Und damit ist wieder ein Puzzlesteinchen der Konzeptbeschreibung an seinem Platz ...

Formale Definitionen für Resilienz im unternehmerischen Bereich gibt es natürlich zuhauf. Leider sind sie meist sehr theoretisch und oft unhandlich. Darum werde ich mich hier darauf beschränken, eine zu zitieren, die sich nahe an der Realität bewegt (obwohl, oder gerade weil, sie aus der ISO 22316, also aus der »Richtlinie« für organisationale Resilienz, stammt):

»*Organizational resilience is the ability of an organization to absorb and adapt in a changing environment to enable it to deliver its objectives and to* survive and prosper.«

Hier finden wir die meisten der oben schon angesprochenen Punkte wieder: Resilienz bedeutet, Schocks oder Veränderungen abzufangen (*to absorb*), sich an immer neue Herausforderungen und Gegebenheiten (*changing environment*) anzupassen (*to adapt*), weiter zu funktionieren und Ziele zu erreichen (*to deliver its objectives*) und dabei zu überleben und weiter zu gedeihen beziehungsweise zu wachsen (*to survive and to prosper*).

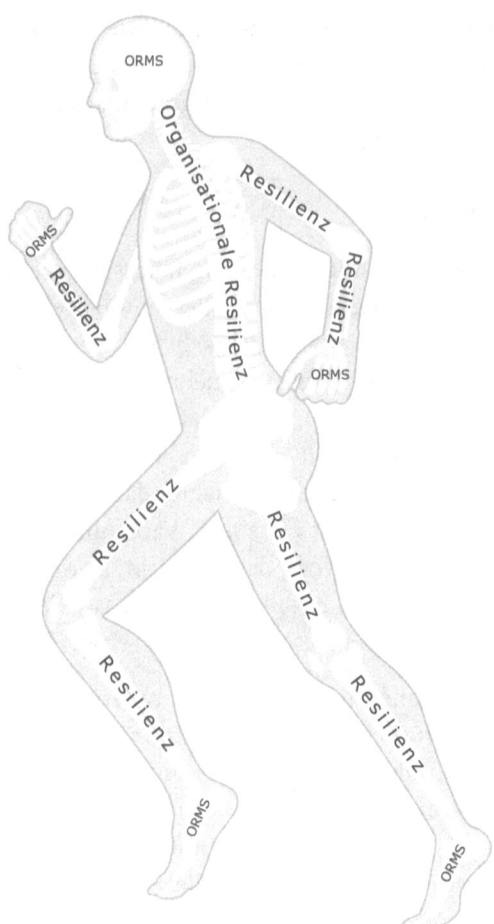

Abbildung E.1: Grundprinzipien organisationaler Resilienz

Anhand der Definition und der Grafik E.1 verstehen Sie jetzt noch besser, was ich oben damit meinte, dass ein solches »Skelett« mit Rahmenbedingungen nützlich ist: Man versteht, worum es bei unternehmerischer Resilienz gehen muss, und setzt sich das Ziel, sie zu erreichen. Dazu aber müssen diese Rahmenbedingungen noch mit Leben gefüllt werden beziehungsweise das Skelett mit »Muskeln und Sehnen« versehen werden. Sie müssen sich also fragen: »Wie um Himmels willen sollen wir das nur umsetzen und schaffen?« Nach der Lektüre des Buches werden Sie dazu sicher eine bessere Idee haben und Ihren individuellen Weg finden ...

Deshalb nun genug der Theorie: Wir steigen ein ins Kernthema, und zwar mit uns, mit den Menschen, denn ohne uns ist alles nur graue Theorie ...

Ein Buchhändler mit Biss

Hätte Danny Givens, Inhaber der größten Buchhandlung von Lynchburg, Virginia, nicht fest an sein Konzept geglaubt, wäre der Küstenstaat im Westen der USA heute um eine Attraktion ärmer. »Wie kann ein Buchladen eine Attraktion sein?«, fragen Sie sich vielleicht. Glauben Sie mir, »Givens Books« ist eine, und für die 80 000-Einwohner-Stadt im Herzen von Virginia keine kleine.

1989 erfüllte sich Danny Givens seinen Traum und erweiterte sein klassisches Geschäftsmodell einer Präsenzbuchhandlung um einen Spielwarenladen, den »Little Dickens Toy Store«. Um seinen speziellen Vorstellungen genug Raum zu geben, zog er mit seinem Geschäft in ein mehr als 1500 Quadratmeter großes Ladenlokal um, das für neugierige Erwachsene und für verspielte Kinder (und die umgekehrten Varianten) genug Platz und Attraktionen bot. Bei der Inneneinrichtung zog er alle Design-Register und kreierte so einen echten Wohlfühlort, der zum Stöbern in neuen sowie in gebrauchten Büchern, zum Ausprobieren der neuesten Spiele und zum Verweilen in einem gemütlichen Café einlud. Die Kunden waren begeistert, und der Laden lief gut.

Doch Geld zu verdienen, war nur ein Teil der Motivation von Danny Givens. Sein Vater hatte ihn gelehrt, dass Neugier ein kostbares Gut und eine Eigenschaft ist, die es zu fördern gilt – egal übrigens, in welchem Alter oder auf welcher Begabungsstufe. Darum rief Givens neben seinem Präsenzstore schon früh eine aktive Offline- (und später Online-)Community ins Leben, die darauf ausgerichtet war, Kontakte mit Organisationen oder

Eltern zu pflegen, die sich zum Beispiel um Kinder mit kognitiven Herausforderungen (etwa mit Autismus) kümmerten. Auf seiner Website gab der findige Unternehmer dann spezifische Ratschläge dazu, welche Spielzeuge oder (seltenen) Bücher für welche Kinder besonders geeignet sein könnten.

Außerdem glaubte Givens an die Kraft persönlichen Erlebens, und seine Mitarbeiter kamen regelmäßig in den Genuss spezieller »Weiterbildungen«. Dazu stellte er extra an dem Abend eines jeden ersten Montags im Monat zwei Flexarbeiter ein, die den Verkaufstresen sowie die Kasse bedienten, damit er und sein gesamtes Team sich in aller Ruhe einer Spiele-Session widmen konnten. Dabei probierten sie zusammen an einem solchen Abend ungefähr ein Dutzend Spiele und Spielzeuge aus. Givens erzählte dabei von A bis Z, für welche Kinder welches Spielzeug am besten geeignet wäre oder unter welchen Umständen es seinen größten Nutzen oder Spaßfaktor entfalten würde. Effizienzpäpste können nun einwenden, dass diese Methode zeitraubend war und innerhalb eines Jahres nur 144 Spielzeuge ausprobiert werden konnten. Das Ergebnis aber sprach für sich, denn nicht nur wuchs die ganz konkrete Verkaufskompetenz aller Mitarbeiter enorm, sondern auch die realen Verkäufe spiegelten den Nutzen dieses Engagements wider: Die Verkaufszahlen für die jeweils getesteten Artikel stiegen nach einem solchen Spieleabend jeweils um das Drei- bis Vierfache an.

Und als wäre das noch nicht genug, war Givens in einer weiteren Hinsicht ein echter Vorzeigeunternehmer: Er bezog seine Mitarbeiter in strategische sowie finanzielle Planungen ein und teilte neue Ideen mit ihnen beziehungsweise war immer bereit, sich seinerseits Ideen und Vorschläge anzuhören. Dafür machte er ebenfalls jeden Monat einige Stunden frei.

Die Krise jedoch kam trotz alledem und trug das profane Gesicht der großen Online-Buchhändler wie Amazon beziehungsweise der neuen, papierlosen E-Book-Formate. Plötzlich, zu Beginn des neuen Jahrtausends, schien der Vor-Ort-Buchhandel veraltet und obsolet, und auch im Spielzeugbereich gingen die Umsätze zurück. Der Sitz des Unternehmens in einer Kleinstadt machte es noch einmal schwerer, in einem Business mit traditionell niedrigen Margen wie dem Buchhandel das nötige Umsatzvolumen zu realisieren.

Doch Givens war eine kreative Natur. Und er war bereit zu kämpfen. Aufgeben war keine Option. Er nutzte die Gegendynamik, die an einigen Stellen im Markt bereits entstanden war und die er (neugierig, wie er war) schon aufgespürt hatte: Givens wurde einer der aktiven Befürworter und Vertreter der »Buy-Local«-Bewegung. Er netzwerkte, besuchte Konferenzen unabhängiger Buchhändler und fand bald seine Vermutung bestätigt, dass es weiterhin durchaus das Bedürfnis nach und den Platz für den Buchladen vor Ort gab. Bei seinen Kunden betrieb Givens aktiv Bewusstseinsbildung dafür, dass sie durch ihr Kaufverhalten nachhaltigen Einfluss auf den Fortbestand »ihrer« Läden vor Ort ausüben konnten. Er entwickelte Flyer und Poster, die für jedermann transparent machten, wie das Geld, das Kunden vor Ort ausgaben, der Gemeinschaft im Gegenzug wieder zugutekam.

Givens nannte die Inhalte in Abbildung E.2 einen »Wake-up call« für Menschen, die zu diesem Zeitpunkt viel im Internet einkauften. Die Fakten auf dem Poster sprachen für sich, dockten bei den Kunden an und zeigten Wirkung. Zusätzlich ging er in den direkten Dialog mit den Leuten, weil er realisierte, dass dieser Kampf nicht allein mit der Argumentation über wirtschaftliche Gründe zu gewinnen sein würde. Er bat sie, sich vorzustellen, wie es wäre, wenn ihre zehn Lieblingsläden vor Ort schließen müssten, und wie sich dann das Leben in der Stadt für sie anfühlen würde. Nach einem gewissen Zeitraum hatte Givens es geschafft, und die Krise war überstanden. Und nicht nur das: Sein Geschäft war bei den Eltern, Kindern und Lehrern vor Ort so beliebt geworden, dass er einerseits seine Existenz im Angesicht der Onlinehandelsriesen

Abbildung E.2: Poster in Givens' Books

weiter verteidigen und andererseits seinen Marktanteil in Lynchburg so stark ausbauen konnte, dass es auch für keine Buchhandels-Kette mit Präsenz-Stores mehr wirtschaftlich sinnvoll war, dort eine Filiale zu eröffnen ... (Hernandez et al., 2015)

Dieses Beispiel ist als Einstieg sehr spannend. Es zeigt, was der resiliente einzelne Mensch für sein Unternehmen bewirken kann – wenn man ihn lässt. Wir haben hier natürlich den Sonderfall, dass Danny Givens selbst Unternehmer, Chef und Führungskraft war, sich deswegen frei entfalten konnte und so dem Unternehmen seinen individuellen Stempel aufgedrückt hat. Das hält uns aber nicht davon ab, einen Blick auf ein paar seiner tollen Qualitäten zu werfen ...

Realitätssinn gepaart mit Optimismus

Da sind zunächst sein *Chancenblick* und sein *Mut*. Givens schaut nach vorne, statt zu klagen. Er fragt nicht »Warum ich?« oder verharrt in einer Analyse der Umstände, die den Online-Giganten zum Aufstieg verholfen haben. Sondern er achtet darauf, was er selbst aktiv tun kann, anstatt im Problem zu bleiben. In persönlichen oder strukturellen Krisen gibt es immer Opfer, aber es gibt auch immer Gewinner. Die einen schauen grundsätzlich darauf, was sie verloren haben, und bleiben in diesem Zustand. Sie weinen, toben und stellen diese »Warum ich?«-Frage. Das Geheimnis der anderen ist es, dass sie (in derselben oder in einer ähnlichen Krise) darauf blicken, was sie erreichen können. Danny Givens ist so jemand. Darüber hinaus hat er das nötige Selbstvertrauen und glaubt daran, dass er etwas bewegen kann – kurz: Er traut sich etwas. (Coutu, 2002)

Die Researcherin Carol Dweck von der Stanford University nennt das den Unterschied zwischen einem »Fixed Mindset« und einem »Growth Mindset«. Sie war die erste, die gezeigt hat, dass wir in der Lage sind, unser gesamtes Leben dadurch zu beeinflussen, wie wir selbst über unsere Talente und Fähigkeiten denken und wie stark wir daran glauben, die Dinge nach unserem Willen regeln zu können. Mit dem Glauben an sich ist es natürlich nicht getan, denn die PS müssen auf die Straße. Es geht also darum, aktiv zu werden und seine eigenen Fähigkeiten mutig auszubauen – »trial and error« inklusive. (Dweck, 2007)

Abbildung E.3 zeigt die mit den jeweiligen Mindsets verbundenen Schlüsselqualitäten. Die Angst vor dem Scheitern und eine übermäßige »Präventions-Mentalität« sind Indikatoren für ein »Fixed Mindset« und erklären sich aus dem Glauben an begrenzte Fähigkeiten: Wer grundsätzlich denkt, dass er nicht adäquat auf Herausforderungen reagieren kann, muss eben versuchen, sie um jeden Preis zu vermeiden. Hätte Danny Givens so eine Einstellung gehabt, wäre ihm wohl nichts anderes übriggeblieben, als seinen Laden zu schließen. Denn in der VUKA-Welt gibt es nichts zu vermeiden: Die Herausforderungen tauchen einfach (häufig ganz plötzlich) auf, und wir müssen mit ihnen umgehen. Der Aufstieg der Online-Handelsriesen lag völlig außerhalb des Einflussbereiches des kleinen Vor-Ort-Buchhändlers. Er hätte aufgeben können, aber er hat die Herausforderung angenommen, an

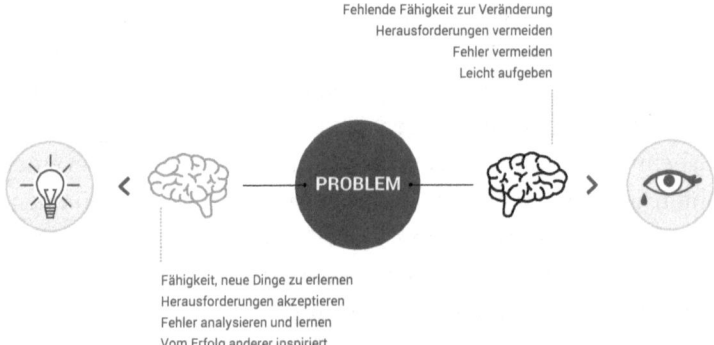

Abbildung E.3: »Fixed Mindset« vs. »Growth Mindset«

sich und seine Lernfähigkeit geglaubt und sich aktiv weiterentwickelt.

Resilienz unter VUKA-Bedingungen hat eben viel damit zu tun, mehr in Richtung »Heilung« als in Richtung »Prävention« zu denken. Statt allein starre Regeln aufzustellen und (zu) viel Zeit mit Antizipation, Diagnostik und Einschätzungen zu verbringen, ist es besser, schon während eines solchen Denkprozesses aktiv zu werden beziehungsweise sich auch durch aktives Handeln ein klareres Bild der Situation zu verschaffen. (Weick/Sutcliffe, 2015) Denken und Handeln gleichzeitig beziehungsweise eine immer mehr Momentum und Dynamik gewinnende Aufwärtsspirale aus beidem wäre hier der Idealzustand.

Und noch etwas ist wichtig: Viele Menschen sehen an dieser Stelle den *Optimismus* in der Rolle einer Schlüsselqualität für Resilienz. Das stimmt aber nur bedingt. Eine positive Grundeinstellung ist gut und wichtig, aber nur solange, wie sie uns nicht die Realität durch eine stark rosa gefärbte Brille sehen lässt und dadurch unsere Wahrnehmung verzerrt. Grundloser Optimismus ist gefährlich und kontraproduktiv, wie uns das folgende kleine Beispiel eindrücklich zeigt ...

Kraft durch Realismus

Der US-amerikanische Autor und Management-Forscher Jim Collins hatte genau diese These – nämlich, dass erfolgreiche Organisationen von optimistischen Menschen geleitet und bevölkert werden. Im Zuge der Recherchen zu seinem Buch Good to great führte er ein Interview mit dem US-Admiral und Vietnam-Veteranen Jim Stockdale, der acht schreckliche Jahre in einem Gefangenenlager des Vietcong unter Folter und den schlimmsten Bedingungen überlebt hatte.

Nach dem Interview war Collins ein Stück schlauer – und seine These leider hinfällig. Stockdale erzählte nämlich, dass es genau die Optimisten waren, die es nicht lebend aus den Lagern schafften. Ihre (durch nichts begründete) Einstellung war: »Spätestens Weihnachten werden wir hier raus sein.« Als das nicht funktionierte, konzentrierten sie sich auf Ostern als Zeitpunkt, dann aufs Erntedankfest, und dann war es schon wieder Weihnachten. Als die Jahre vergingen, gaben sie auf und starben an der puren Enttäuschung und an einem gebrochenen Herzen. Stockdales Philosophie war es dagegen, die Dinge ganz nüchtern zu betrachten, bodenständig zu bleiben – und sich aufs Überleben zu konzentrieren. (Collins, 2001) In seinen eigenen Worten klingt das so: »You must never confuse faith that you will prevail in the end – which you can never afford to lose – with the discipline to confront the most brutal facts of your current reality, whatever they might be.« (ebd., zitiert nach Lei, 2017:3)

In der Unternehmenswelt gilt dasselbe. Die Realität zu verleugnen, kann tödlich sein. Sich ihr zu stellen, ist dagegen emotional anstrengend, es ist unangenehm, es zwingt vielleicht auch dazu, Ressourcen frei zu machen, aber es kann über Leben und Tod entscheiden. Ich erinnere an unser Einstiegsbeispiel oben, an Morgan Stanley und den 11. September 2001.

Diese Erkenntnis deckt sich mit dem, was sich als eine erste These zu einer Resilienz-Qualität herauskristallisiert, wenn man sich durch einen Berg an Forschung wühlt:

> Resiliente Menschen besitzen einen ausgeprägten Sinn für die Realität und akzeptieren die Umstände, in denen sie sich wiederfinden. Das gilt eins zu eins für resiliente Organisationen!

Die Suche nach dem Sinn

Hier musste Danny Givens nicht allzu weit suchen. Sein starkes inneres Wertesystem hat ihm sehr dabei geholfen, den Weg aus der Krise und hin zum Erfolg zu finden: Er glaubte zum Beispiel an den Wert der Neugier an sich und war selbst auch sehr neugierig. Menschen, die so ticken, haben oft weniger Angst und probieren mehr aus. (Naughton, 2016) Das half ihm persönlich bestimmt dabei, die Umsetzung seiner Ideen immer beherzt anzupacken. Aber es ermöglichte ihm auch, ein funktionierendes Konzept für seinen Laden zu entwickeln, weil er in der Lage war, Neugier auf einer Meta-Ebene zu schätzen. So wusste er genau, wie er diesen Impuls bei seinen Kunden triggern musste. Weiterhin wollte Givens ein dienender Unternehmer sein und Nutzen stiften – für seine Kunden und für seine Mitarbeiter. Dadurch entwickelte er sein Konzept der speziellen Weiterbildungen durch Spieleabende, darum band er seine Mitarbeiter in unternehmerische Entscheidungen ein, und deswegen wollte er weiterhin vor Ort für seine Kunden da sein. Diese Werte prägten automatisch Givens Motivation beziehungsweise Verhalten und trugen so zu seinem Überleben und seinem Erfolg bei.

Die Idee, dass Sinn und Werte entscheidende Treiber für das Überleben und Gedeihen von Menschen sind, stammt von dem österreichischen Psychologen und Holocaust-Überlebenden

Viktor Frankl. Er ist der Erfinder der »Logotherapie« und hat die Idee dazu in Auschwitz entwickelt. Wenn man sieht, unter welchen Umständen genau diese Idee entstanden ist, versteht man sie noch besser ... (Coutu, 2002)

Der Moment der Erkenntnis

In seinem Buch ... trotzdem Ja zum Leben sagen beschreibt Frankl 1946 seinen persönlichen Moment der Erkenntnis, der ihm half, das KZ zu überleben. Eines eisigen Wintermorgens nach dem Erwachen sah er sich mit dem wohl schlechtesten Tag konfrontiert, den ein bösartiger Gott für einen kleinen Menschen am Reißbrett entwerfen konnte: Es war kalt, er fühlte sich schwach und war hungrig. Auf seinem Weg zum Arbeitseinsatz überlegte er, ob er seine letzte Zigarette für eine Schale Suppe eintauschen sollte. Er würde alle seine Kräfte brauchen, wenn er den Tag unter einem neuen Kapo überstehen wollte, den er schon als besonders sadistisch kannte. Plötzlich rollte eine Welle von Abscheu durch ihn hindurch und überschwemmte ihn mit Gedanken darüber, wie leer, bedeutungslos und trivial sein Leben geworden war. Waren das die Fragen, die ihn für den (womöglich kümmerlichen) Rest seines Lebens Tag für Tag beschäftigen sollten? Falls ja, so konnte er einpacken, das wurde ihm schlagartig klar. Mit dieser Art von Hoffnungs- und Perspektivlosigkeit würden seine Kräfte schnell schwinden, und der Tag, an dem er aufgeben, sich in der Baracke zur Wand drehen und sterben würde, war nahe. Er erkannte, dass er seinem Leben wieder einen Sinn geben musste, wenn er überleben wollte. Er besann sich darauf, wer er war, was er konnte, und stellte sich vor, wie er nach dem Krieg einen Vortrag über die Psychologie der KZs halten würde. Er würde einen Beitrag dazu leisten, das Ungeheuerliche begreiflich zu machen, und er würde Menschen zeigen, dass es möglich ist, unter den widrigsten Umständen noch einen Sinn im Leben zu finden. Und dazu musste und würde er überleben ...

Natürlich sprechen wir hier »nur« über Frankls innere Landschaft und seine innere Kraft. Die äußeren Umstände direkt zu beeinflussen, dazu hatte er keine Macht. Wäre viel Pech mit im Spiel gewesen, hätte ihn vielleicht ein SS-Mann eines schlechten Tages erschossen oder er wäre Opfer einer Selektion für die Gaskammern geworden. Dann hätten die äußeren Umstände letztlich über sein Schicksal entschieden. Das verhält sich analog zum Anschlag aufs World Trade Center und der Frage, wer zum kritischen Zeitpunkt im Nord- und wer im Südturm saß. Trotzdem (oder gerade deswegen) spricht viel, wenn nicht sogar alles, dafür, in einer Krise selbst für sich aktiv zu werden, auch wenn man die äußeren Faktoren nicht direkt beeinflussen kann. Der Punkt ist, dass es einen wieder in eine Art Machtzustand zurückversetzt, weil man die Initiative ergreift. Und wenn es dann eine Chance gibt, ist man bereit, sie zu nutzen, weil man mental vorbereitet ist. Und so steigt die Wahrscheinlichkeit, dass etwas Gutes passiert – wie im Sprichwort, wo dem Tapferen das Glück lächelt ...

Was soll ich sagen? Es ist Frankl gelungen zu überleben. Es gibt keine Garantie dafür, dass es gelingt, aber der Wille, in einer Krise den Benefit zu sehen und den Sinn zu finden, ist der sehr wichtige zweite Aspekt von Resilienz – und immer den Versuch wert.

Das gilt auch im Business. Alle prosperierenden Organisationen haben starke Wertesysteme. Dabei ist es unerheblich, ob diese Werte nach moralischen Kriterien »gut« oder »schlecht« sind. Wichtig ist vielmehr, dass sie der Arbeit in der Organisation Sinn verleihen, Menschen Identifikationspotenzial bieten und ihnen Kraft geben. Bei der Entwicklung von Wertesystemen oder Leitlinien wird öfter die Grenze zur Religion tangiert oder sogar überschritten. Beschwörende Formulierungen fließen in die entsprechenden Texte ein, oder das Unternehmen ermutigt Mitarbeiter dazu, bestimmte Rituale auszuüben. Auch ich sage hier nicht, dass das (moralisch gesehen) eine »gute« Sache ist – aber sie funktioniert. Stichwort Religion: Die wahrscheinlich am meisten resiliente Organisation der Welt ist die katholische Kirche, die bis jetzt mehr als 2000 Jahre lang Kriege, Machtkämpfe, Intrigen, Korruption und Paradigmenwechsel überstanden hat. Ihre unveränderlichen Werte sind ein Glaubensbekenntnis!

Wenn Unternehmen auf diesen Zug aufspringen, sprechen sie von ihrem »Credo« oder von ihrem »edlen Zweck«. Noch einmal: Das hat nichts mit Ethik zu tun. Im Gegenteil: Gerade in Branchen, die sich durch ihr Geschäftsfeld gerne im Zwielicht wiederfinden, finden wir starke Wertesysteme. Der Pharmariese Johnson & Johnson schwört neue Mitarbeiter rituell auf sein »Credo« ein. Der Tabakkonzern Philip Morris hält den Wert der »freien Wahl eines Erwachsenen« (zu rauchen oder auch nicht) hoch. So eine gemeinsame Wertebasis eint ein Team besonders in schweren Zeiten, wenn eine Firma in die Diskussion oder unter Beschuss gerät. Oder denken wir an einen Extremfall, an die Mafia. Ein strengerer Ehrenkodex und ein weniger flexibles Wertesystem finden sich fast nirgends, und die Organisation überlebt in der Illegalität unter widrigsten Umständen nicht nur – sie wächst und gedeiht. Werte und Sinn, seien sie nun ethisch gesehen gut oder böse, schaffen diese Kapazitäten, zu überleben und sich zu entwickeln.

Das führt uns zu der *zweiten* Qualität, die resiliente Menschen und Organisationen gleichermaßen auszeichnet:

> Sie glauben daran, dass das Leben (ihre Existenz und ihre Arbeit) einen Sinn und eine tiefere Bedeutung hat. Dieser Glaube wird oft durch stark vertretene Werte untermauert.

Do it yourself! Ritualisierter Einfallsreichtum

Noch ein letztes Mal zurück zu unserem resilienten Buchhändler Danny Givens: Was hatte dieser Mann für gute Ideen! Heute hat jeder große Buchladen eine Kaffeebar, aber Ende der 1980er-Jahre konnte davon noch keine Rede sein. Und »Learning by doing« beziehungsweise »Selling by having played« als Konzept zur spielerischen Weiterbildung der Mitarbeiter – genial! Und die Steigerung des Identifikationspotenzials mit dem Unternehmen und die Mitarbeiterbindung gab's gratis dazu …

Givens setzte dabei immer auf Naheliegendes: bei den Weiterbildungen, später bei seinem Engagement in der »Buy-local«-Bewegung und dann bei der Direktansprache der Kunden. Er hat immer auf seine besonderen Stärken gesetzt und war damit erfolgreich.

Improvisieren, damit zurechtkommen, was man gerade zur Hand hat, die Lösung eines Problems hinbekommen, obwohl man gerade nicht die hundertprozentig richtigen Werkzeuge oder Materialien besitzt: Das ist die dritte Qualität, die Resilienz ausmacht. (Coutu, 2002) Dabei ist es egal, wenn man Werkzeuge oder Objekte zweckentfremdet – Hauptsache, man kommt weiter und was man erreichen wollte, funktioniert. Im KZ etwa gab es keine nicht nützlichen Gegenstände. Ein herumliegendes Stückchen Schnur oder Draht konnte über Leben oder Tod entscheiden. Hatte man es aufgehoben und dann später genug Fantasie, sein Paar Schuhe damit zu flicken und so mit weniger Erfrierungen über den Winter zu kommen – Zweck erfüllt! Das Ziel zählt; wie man es erreicht, kann man zur Not improvisieren.

Resiliente Organisationen wissen das und schätzen Improvisationsfreudigkeit hoch. Schon unter normalen Umständen, aber besonders unter Druck. Denn Resilienz hat nichts damit zu tun, unter Stress wie das Kaninchen auf die Schlange zu starren. Oder damit, noch einen letzten Versuch mit einer Methode zu starten, die sich schon als Fehlschlag erwiesen hat. Vielmehr ist Kreativität gefragt, um zum Erfolg zu kommen …

Ein Unternehmen, das diesen Ansatz durch und durch lebt, ist UPS. Das Ziel aller Mitarbeiter ist es, »to get the job done«, sprich, die Pakete an die Adressaten zu bringen. Wenn man daran denkt, was alles passieren kann, wird klar, dass die Fähigkeit zu improvisieren in so einer Branche der Schlüssel zum Erfolg ist: ein platter Reifen, eine eingestürzte Brücke, Schneestürme oder sogar Hurrikans ... Herausforderungen gibt es genug, und sie kommen auf allen Ebenen. Ein kreativer Umgang damit scheint bei UPS in der Firmen-DNA verankert zu sein. Im Falle des Falles trifft man sich und spricht darüber, was zu tun ist und wie man abseits der normalen Wege weiterkommen kann.

Dabei ist das Geheimnis des Erfolges hier nicht ungehemmte Kreativität, sondern eine, die durch Regeln und ein Netzwerk nützlicher Bestimmungen kontrolliert wird. Präzision wird bei UPS ganz großgeschrieben. Das klingt vielleicht paradox, schafft aber in Wirklichkeit ungeahnte Freiräume. Wenn man nicht mehr darüber nachdenken muss, dass oder wo man sich trifft, wo der Schlüssel des Transporters liegt, wie die Tür des Wagens sicher verschlossen wird oder wo welche Tasche in der Uniform sitzt, macht das Kapazitäten frei für kreative Lösungswege. Außerdem helfen Routinen unter Stress, weil sie eine beruhigende Wirkung haben und so Blockaden verhindern.

Es war genau eine Kombination aus allen drei Resilienzfaktoren, die es UPS zum Beispiel ermöglichte, 1992 nach dem Hurrikan »Andrew« in Florida weiter erfolgreich zu arbeiten: Man war vorbereitet und in der Lage, die Situation einzuschätzen und es mit ihr aufzunehmen. Es gab ein Regelwerk, auf das man im Ernstfall zurückgreifen konnte. Alle Standards funktionierten wie geschmiert. Es gab Notfall-Standorte, die schnell in Betrieb genommen wurden. Alle Mitarbeiter gaben ihr Äußerstes, weil sie den Sinn darin sahen, ihren Teil zur Beseitigung des Chaos und der Katastrophe beizutragen. Das Wertesystem der Firma spiegelte genau diese Philosophie wider. Und so konnten Kreativität und Ideen da entstehen, wo sie gebraucht wurden, und die Pakete fanden ihren Weg, egal, ob die Empfänger noch in ihrem Haus lebten oder in ihrem Auto campen mussten ...

Resilienz-Qualität Nummer drei lautet also:

> Resiliente Menschen oder Organisationen verfügen über eine schon fast unheimliche Fähigkeit zu improvisieren.

Seltsamerweise scheint es so zu sein, dass die Kombination von nur zwei der Resilienz-Qualitäten eine Art von »Stehaufmännchen«-Modus ermöglicht. Diese Kompetenz wird öfter auch als »Bounce back« bezeichnet. Diese Menschen oder Organisationen können Krisen »wegstecken«, überleben und wieder in ihren Normalzustand zurückfinden. Sie erholen sich und erreichen wieder den Status quo und eine Art Gleichgewicht. Nur, das Wachstum, die Verbesserungen und die Innovation bleiben dann leider auf der Strecke ...

Sind wir jetzt schlauer? Ein bisschen. Aber noch lange nicht am Ende – denn es gibt einen weiteren entscheidenden Faktor:

> Sie müssen Resilienz wollen!

Kehren wir noch einmal zu dem »Growth Mindset« von oben zurück. Wenn Sie den schon haben, müssen wir nicht extra darüber sprechen, ob Sie Resilienz wollen oder nicht – ein »Ja« ist dann bereits gesetzt. Falls nicht, könnte eine gute Anschub-Motivation dafür, den »Fixed Mindset« hinter sich zu lassen, die Erkenntnis sein, dass *unternehmerischer Erfolg heute so zerbrechlich ist wie nie zuvor!*

Das liegt in erster Linie an VUKA (und an dem anderen »ganz normalen Wahnsinn«), denn diese aktuellen Rahmenbedingungen führen dazu, dass alle bisher bekannten und bis dato verlässlichen Wettbewerbsvorteile bröckeln. Einige der konkreten Auswirkungen könnten sein ...

Die Eisscholle wird immer kleiner

Der Absatz *gut eingeführter Produkte*, die sich über einen sehr langen Zeitraum hinweg einer wachsenden oder zumindest stabilen Nachfrage erfreuten, geht zurück. Nehmen wir als Beispiel Coca-Cola: Wir werden nun schon seit Jahren Zeugen des Kampfs der Company, sich in einem Markt, der von einem wachsenden Gesundheitsbewusstsein der Konsumenten dominiert wird, neu aufzustellen. Light, zero, green – Coca-Cola passt die Produktpalette an, und das Angebot wird immer diverser, aber die Basis bleibt gleich. Das Herz des Geschäftsmodells ist nach wie vor das über einhundert Jahre alte »Geheimrezept«.

Dito läuft die Entwicklung bei General Motors: Autos haben schon seit über hundert Jahren vier Räder, ein Lenkrad und einen Verbrennungsmotor – nur, dass das heute mit Hybrid- beziehungsweise Elektroantrieb und Voll- oder Teilautonomie immer weniger stimmt! Wo wird die Entwicklung mit diesem statischen Geschäftsmodell wohl hingehen? Sie sehen, worauf ich hinauswill – inzwischen nehmen selbst Nicht-Experten die dunklen Wolken wahr, die für diese Branchen am Horizont aufziehen und den Absatz der immer weniger zeitgemäßen Produkte gefährden.

Oder was ist mit Unternehmen, die von Beginn an in ihrem Markt die Nase vorn hatten, weil sie einfach Schnellstarter waren? McDonald's etwa war ein solcher *First-Mover* unter den Burgerketten. Aber seit Jahren schon ist die Jagdsaison eröffnet, denn die Konkurrenz schläft nicht, und in jeder Innenstadt tummeln sich inzwischen genug Ketten – die sich gegenseitig die Kunden abgraben. Dazu kommt: Diese Kunden sind sowieso auf dem Absprung, denn handgemachte Burger sind voll im Trend – und kleine Manufakturen schnappen den Ketten die Kunden weg. Und: Zusätzlich macht sich eine allgemeine Fleischmüdigkeit breit. Ob vegetarische oder vegane Burger-Varianten (sei es vom Fließband oder handgemacht) hier allerdings die Lösung sind, bezweifle ich.

Natürlich gibt es Werte, die auch unter VUKA noch wichtig bleiben: Eine bekannte Marke zu sein, ist sicherlich von Vorteil, und einzigartiges Know-how sowie gute Vertriebswege zu haben, ist weiterhin günstig – aber es ist fatal, sich auf diesen Faktoren auszuruhen, denn auch sie sind in Bewegung und machen im Ernstfall nicht mehr den entscheidenden Unterschied. (Hamel/Välikangas, 2003)

Anders werden statt nur besser

Darum müssen wir uns von der Idee verabschieden, dass wir im bekannten Rahmen oder auf der seit hundert Jahren bewährten Basis immer besser werden müssen! Das klingt in »dieser unserer« Wirtschaftswelt, in der ständige Optimierung gebetsmühlenartig als Allheilmittel gepriesen wird, sicher erst einmal seltsam. Fakt ist aber, dass Verschlankung, Prozessoptimierung und Automatisierung als Reaktionen auf »VUKA-Attacken« nur sehr bedingt funktionieren. Denn genau wie die Konformität und der Verbesserungswille, die etwa Coca-Cola mit der Anpassung an den Gesundheitstrend oder McDonald's mit dem Aufgreifen des Veggie-Ideals signalisieren, sind solche Maßnahmen rein reaktiv. Und führen zu der berechtigten Frage: Wie weit kann man sich verbiegen, bis man bricht beziehungsweise unglaubwürdig wird? Jeder strebt nach Optimierung und nach Anpassung als Reaktion auf bestimmte Entwicklungen. Aber niemand traut sich anscheinend, vorauszuschauen, Entwicklungen zu antizipieren und sich gründlich zu ändern, sich neu aufzustellen (und sich nicht nur im bestehenden Rahmen zu verbessern). Und das *bevor* die äußeren Umstände den Zwang dazu ausüben. Dabei liegt genau dort das Geheimnis. Wir sehen eine gewisse Analogie zum Entschluss Viktor Frankls, für sich einen Lebenssinn unter den unmöglichen und zerstörerischen Bedingungen im KZ zu suchen: Das ist der Wille, sich und etwas zu bewegen, und dafür am Horizont aktiv nach Chancen und Möglichkeiten zu suchen, wie klein und unbedeutend sie zunächst auch scheinen mögen.

Verletzungen vermeiden – und vier Herausforderungen meistern

Der Punkt ist, dass dieser Wille ebenfalls früher aufkommen beziehungsweise ansetzen muss. Wenn die Krise oder der Rückschlag da sind, ist es zu spät, sich noch in strategischen Überlegungen zu verlieren. Unternehmen, die strategische Resilienz anstreben, müssen eben das Vermögen haben, sich zu verändern, bevor die Notwendigkeit dazu sich manifestiert oder auf verzweifelte Weise offensichtlich wird. Bei den beiden Giganten Coca-Cola oder McDonald's gewinnt man eher den Eindruck, dass sie mehr oder weniger verzweifelt ihre Vergangenheit verteidigen, anstatt aktiv an ihrer Zukunft zu arbeiten. Und dann wird eben gebastelt und reagiert, statt vorauszuschauen und mutig umzukrempeln ...

Oftmals (aber nicht immer) sind dieses Festhalten und diese Trägheit typische Konzern-Krankheiten: Bis Supertanker eine Kurswende eingeleitet haben, hat die schmerzhafte Kollision meist schon stattgefunden. Komplette »Turnarounds« mit großen Reorganisationen, Reengineering oder striktem Gesundschrumpfen sind auch darum keine zeitgemäßen Antworten auf Krisen mehr. Vielmehr müssen Veränderungswille und eine hoffentlich tief verwurzelte Flexibilität in einer Art evolutionär geprägtem Fluss zum Tragen kommen – mit dem Ziel, die Kollision völlig zu vermeiden und unverletzt aus Krisen hervorzugehen. Wir können also als erstes Resilienzziel für Unternehmen am besten ein griffiges »Unverletzt bleiben« festhalten. Und auch das hat wieder mit reaktiven versus proaktiven Verhaltensmustern zu tun, denn die ganze Energie, die im »Notfall« in einen »rettenden« Kurswechsel und in eine Neuaufstellung fließen muss, ist woanders viel besser aufgehoben.

»Leicht gesagt«, werden Sie nun, völlig zu Recht, einwenden. Und: »Wo soll die Energie denn hin?« wird dann folgerichtig Ihre dazu passende Frage sein. Aber die ist leicht zu beantworten, denn eine unternehmerische Aufstellung im Sinne von strategischer Resilienz wird Sie vor (mindestens) vier große Herausforderungen stellen: eine kognitive, eine strategische, eine politische und eine ideologische. Und in dem Willen zur Meisterung dieser Herausforderungen ist Ihre Energie bestens aufgehoben ... (Hamel/ Välikangas, 2003)

1. Die Realität akzeptieren

Die Entwicklung in Richtung strategischer Resilienz beginnt damit, dass Sie die »kognitive Herausforderung« annehmen. Das hat viel mit dem oben schon angesprochenen Sinn für Realität zu tun. Leugnen, nostalgische Blicke auf Vergangenes oder gar Arroganz der Marke »Das haben wir immer schon so gemacht, und das wird auch weiterhin so funktionieren« sind echte Erfolgskiller. Diese führen dann zu »absoluten Überraschungen«. Nämlich dann, wenn Unternehmen entdecken, dass sie in der inzwischen veränderten Welt nicht mehr funktionieren und dass nicht nur das Gedeihen, sondern auch (ganz plötzlich) das Überleben auf dem Spiel steht. Morgan Stanley und Admiral Stockdale sind leuchtende Vorbilder, wie Sie erfolgreich mit dieser Herausforderung umgehen: erst die brutalen Fakten und die nackte Realität anerkennen und evaluieren – und dann Entscheidungen treffen.

2. Konstant Neues ausprobieren

Die »strategische Herausforderung« verlangt von Ihnen, in der Lage zu sein, nicht länger funktionierende Szenarien und Strategien schnell durch neue und alternative Möglichkeiten zu ersetzen. Die können Sie nur parat haben, wenn Sie sich die Routine schaffen, ständig begleitend zum Tagesgeschäft an neuen Ideen, neuen Herangehensweisen und neuen Strategien zu arbeiten. Schaffen Sie Vielfalt, und schaffen Sie sich dafür

Routinen. Routinen, um Neues zu schaffen? Das klingt paradox? Ja, vielleicht – aber gerade diese Flexibilität wird Ihnen Sicherheit bringen.

Das ist übrigens eine Herausforderung, der sich nicht nur einzelne Unternehmen, sondern gerade die gesamte Wirtschaft in Deutschland (oder sogar in der Welt) gegenübersieht.

Ein Beispiel: Unsere neue digitale Arbeitswelt schreit geradezu nach flexiblen Arbeitszeitmodellen, und nur deren Einführung könnte uns (zum Teil) die Sicherheit schenken, dass unsere Wirtschaft im Rahmen von Globalisierung und Digitalisierung weiter gedeihen wird. Wenn wir mit »prähistorischen« (zeitlich fixierten und an Anwesenheit gebundenen) Arbeitszeitmodellen aus der vor-digitalen Arbeitswelt den notwendigen Wandel aufhalten, verspielen wir mit dieser analogen Bremserei viele Wettbewerbsvorteile, die wir hier am Standort haben. (Kramer, 2017)

3. Bremser ausschalten

Die dritte Herausforderung ist es, sich vom gängigen Optimierungs- und Konformitätswahn zu verabschieden. Mehr, besser, schneller und günstiger zu produzieren, ist nicht mehr genug, um Erfolg (oder auch nur das bloße Überleben) zu garantieren. Trauen Sie sich also, mindestens so viel Nachdruck auf Veränderung und Erneuerung zu legen wie auf Optimierung. Diese »ideologische Herausforderung« anzunehmen, bedeutet zu akzeptieren, dass fortwährende Erneuerung mindestens so wichtig ist wie betriebliche Effizienz.

Diese Herausforderung schließt natürlich an die Ausführungen von oben zum Thema »Anders statt immer nur besser« an. Dazu wiederum ein kleiner Seitenblick und ein Beispiel: In einer Studie einer bekannten Beratungsgesellschaft wird deutlich, dass zwei Drittel aller Konzernvorstände und Manager ihre Mitarbeiter (die sie mit dem schönen Begriff des »Humankapitals«

bezeichnen) nicht als Vermögenswert und Erfolgspotenzial, sondern als belastenden Kostenfaktor betrachten. Im Zuge des Druckes, unter dem sie sich bei der Digitalisierung sehen, setzen sie lieber auf Investitionen in Maschinen, in Automatisierung und in Technologie statt in das ungeliebte »Humankapital«. Wer die richtige Soft- und Hardware am Start hat, hat die Nase vorn – so die vorherrschende Meinung. Das ist natürlich zu kurz gedacht, denn wer hauptsächlich in den »Maschinenpark« (im weitesten Sinne) investiert, investiert zwar in Innovation, aber in eine, die schnell an ihre Grenzen stößt (und zusätzlich auf eine bestimmte Art immer statisch bleibt). Die Grenzen werden nämlich wiederum definiert durch die Fähigkeiten der Entwickler und der Nutzer. Und wenn in die Entwicklung dieser Fähigkeiten keine Ressourcen fließen, hat man zwar vielleicht Produktionsabläufe oder Verwaltungsprozesse optimiert, aber sicher keine Freiräume für Innovationen geschaffen. (Eckert/Zschäpitz, 2017) Die Einsicht, dass »Humankapital« auch und vor allem intellektuelles Kapital ist (das für Flexibilisierung und Innovation unerlässlich ist), gewinnen viele Unternehmen erst, wenn der Crash schon um die Ecke schaut.

4. Ressourcen freimachen

Mit diesen Erkenntnissen bewaffnet, könnten Sie sich jetzt daran machen, Ihre Unternehmenspolitik zu ändern. Diese ultimative »politische Herausforderung« nehmen Sie an, indem Sie Ressourcen, die bisher alten Programmen und Strategien zur Verfügung gestanden haben, in Richtung neuer Ideen und Herangehensweisen umlenken. Ihr Horizont muss sich dafür von einer Fokussierung auf das, was *ist*, erweitern auf das, was *sein könnte*.

Einführung: Unternehmerische Resilienz

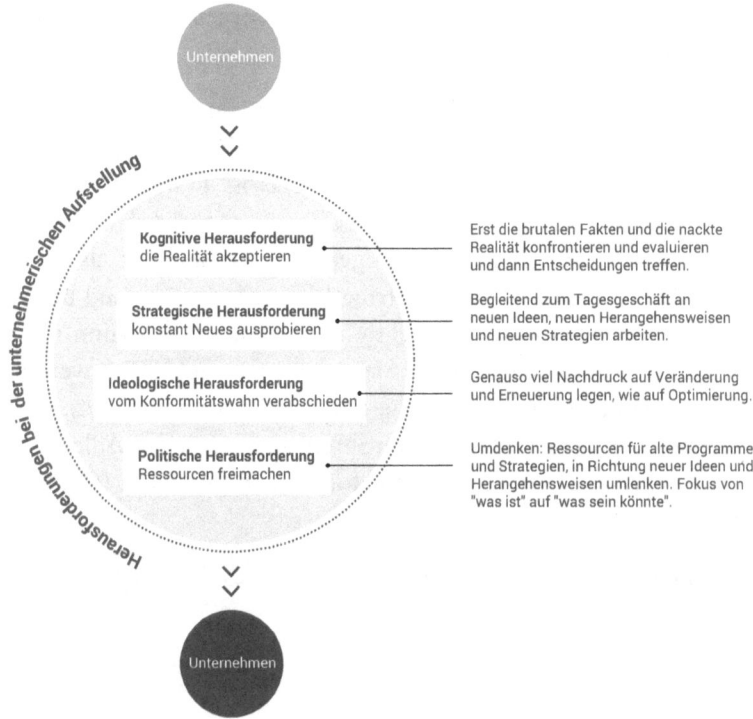

Abbildung E.4: Die vier Herausforderungen bei der Aufstellung des Unternehmens

Die Pflicht und die Kür

Zum Abschluss noch ein Aspekt, der auch Teil eines »Growth Mindset« unternehmerischer Resilienz ist. Der hat damit zu tun, wie wir Resilienz begreifen und in welchem Kontext wir meistens darüber nachdenken und sprechen – nämlich in einem negativen und mit dem Stigma der Krise behafteten. Vorschlag: Wie wäre es, wenn wir den Spieß mal umdrehen? Wenn wir nicht nur den Zustand der permanenten Bedrohung sehen, der uns in eine ständige Wachsamkeit und Auseinandersetzung mit der Realität zwingt, sondern wenn wir unseren Fokus auf die Chancen und Möglichkeiten richten, die dieses »Sitzen im Ausguck« mit sich bringen kann? Hier liegt nämlich durchaus ein Mehrwert (vielleicht sogar ein kleiner Schatz) verborgen, der nur darauf wartet, gehoben zu werden.

Ihre Haltung macht (wieder einmal) den Unterschied. Betonen Sie den Schutz-Aspekt unternehmerischer Resilienz, so *müssen* Sie sich mit ihr auseinandersetzen: Das ist Resilienz als Notwendigkeit. Betonen Sie aber den Chancen-Aspekt, dann *dürfen* Sie sich mit Resilienz beschäftigen: Das ist Resilienz als Möglichkeit. So ein Blickwinkel steigert Ihre Motivation und bringt Sie in einen Flow, der Sie aktiv und gerne im Schlamm nach Risiken wühlen lässt (wobei Sie sicher mehr entdecken werden als jemand, der nur seine »Due-diligence«-Liste abarbeitet). Und darüber hinaus werden Sie mit Ihrem so geschärften Adlerblick jede noch so kleine Chance am Horizont entdecken ... (Gorzén-Mitka, 2016)

Und jetzt: Vorhang auf für die praktische Umsetzung!

Zwischenspiel:
Willkommen in der Wirklichkeit oder:
Warum Sie dieses Buch brauchen

Nach der Lektüre dieser Einführung liegt bei Ihnen im Kopf die Latte bestimmt ziemlich hoch. Es gab dort Erfolgsgeschichten und griffige Definitionen, so weit das Auge reichte. Sie wissen jetzt, worum es geht und wozu eine im Wortsinne resiliente Organisation in der Lage ist. Dazu eine gesunde Prise guter Wille von Ihrer Seite, und schon sollte es laufen bei Ihnen. Ein optimales Szenario hat sich vor Ihnen aufgetan und wirkt fast so hypnotisch wie die Fata Morgana einer Oase, die nach langer Durststrecke über dem vor Hitze flirrenden Wüstensand erscheint. Es gibt reichlich Erfolgsversprechen: Eine resiliente Organisation kann es mit allerhand schwierigen Herausforderungen aufnehmen. Der Betrieb funktioniert weiter – sei es bei einem Hurrikan, während eines Blizzards oder nach einem vernichtenden Terroranschlag. Die Organisation wächst mit ihren Aufgaben und lernt aus den Dingen, die vielleicht in der Krise nicht rund gelaufen sind. Selbst unter dauerhaften VUKA-Bedingungen sind ein Wachsen und sogar ein Gedeihen für Unternehmen möglich. Wunderbare Aussichten!

Tja, ich hasse es, Ihren schönen Tagtraum zu zerstören, aber – ganz so einfach ist es natürlich leider nicht. Deswegen nun die schlechte Nachricht: Sie werden diesen resilienten Zustand nur erreichen, wenn Sie hart daran arbeiten. Sie kennen ja sicher den Spruch von der Inspiration und der Transpiration, bei dem die beiden Komponenten (wie so oft) im ungefähren Verhältnis von 20 zu 80 Prozent wirken, und der auch hier greift (das Pareto-Prinzip gilt eben auf vielen unterschiedlichen Ebenen …).

Das Zauberwort heißt Struktur

Die Inspiration haben Sie ja nun bereits – die Fata Morgana wabert verlockend vor Ihren Augen. Der Trick bei und der Gewinn aus den folgenden Kapiteln jedoch wird für Sie hoffentlich sein, wie Sie die Transpiration (also die Energie, die Sie in Ihre unternehmerische Resilienz stecken) am besten investieren, damit Sie so sicher und so direkt wie möglich zu Ihrem Ziel kommen. Sie kennen das Prinzip, das ich hier meine, wahrscheinlich aus der Finanzwirtschaft: Es geht (im übertragenen Sinne) um »Leverage«. Also um eine Art Hebelwirkung, die dafür sorgt, dass Sie aus Ihrem Aufwand die höchstmögliche Rendite herausholen. Und jetzt mein Versprechen: Ausgerechnet das in Ihren Augen wahrscheinlich am wenigsten spektakuläre kleine Kapitelchen aus der Einführung wird Sie in die Lage versetzen, den Hebel für die Resilienz Ihres Unternehmens wirksam anzusetzen und das meiste aus Ihrer Energie zu machen. Ich spreche von »DIN, ISO & Co.« und vom Nutzen der Normen und Managementsysteme!

Warum das Managementsystem ein blauer Elefant ist

Dazu eine kleine Analogie: Sicher kennen Sie die Geschichte vom blauen Elefanten. Die verdeutlicht eine der grundlegenden Funktionsweisen unseres Gehirns: Wir können nicht nicht denken! Wenn Ihnen jemand sagt: »Denken Sie nicht an einen blauen Elefanten!«, dann ist dies die sicherste Methode, um Sie auf jeden Fall an dieses Fabeltier denken zu lassen. Ähnlich verhält es sich mit Ihrem Unternehmen: Ihr Unternehmen würde nicht existieren und nicht funktionieren, wenn Sie kein Managementsystem hätten. Falls Sie sich nun tatsächlich fragen, ob Sie eines haben, bedenken Sie Folgendes: Auch mal abgesehen davon, dass Sie heutzutage in fast allen Branchen allerlei Normen, Vorschriften und Standards bedienen müssen (Stichwort Compliance!), ist es wie mit dem blauen Elefanten. Sie können gar nicht anders – denn jedes Unternehmen hat ein Managementsystem, und sei es ein implizites. Sie können also »nicht nicht managen«, und die Systemkomponente entsteht dabei durch die Bündelung und (womöglich noch so einfache) Systematisierung von Steuerungs- und Kontrollmechanismen von alleine.

Dass so ein Managementsystem nur implizit vorliegt, wird heute auch eher die absolute Ausnahme als die Regel sein. Schon mit der Umsetzung des Qualitätsmanagements nach ISO 9001 folgen Sie einem Managementsystem. Vielleicht nutzen Sie im Unternehmen ja auch schon Informationssicherheit nach DIN EN ISO/IEC 27001 (EN = Europäische Norm; IEC = International Electrotechnical Commission) oder haben ein Business Continuity Management nach DIN EN ISO 22301, um der Vielfalt an Anforderungen gerecht zu werden. Doch jetzt zurück zum versprochenen Hebel: Wie in der Einführung kurz erwähnt, ist ein Managementsystem, das Standards für unternehmerische Resilienz setzen soll, noch nicht »fertig«. Es gibt Handlungsempfehlungen, das schon, aber der Punkt ist, dass sie noch nicht in einer richtigen Normenstruktur vorliegen. Warum könnte ausgerechnet das wichtig sein?

Die Antwort ist leicht: Es geht dabei um Schnittstellen, und es geht um Synergieeffekte. Das Zauberwort hier heißt »integrierte Managementsysteme«. Aber bevor Sie jetzt an eine ganze Herde blauer Elefanten denken, die organisiert über die Savanne schweifen – stopp! Denn hier würde diese Metapher beginnen zu hinken. Mittlerweile ist es relativ bekannt, dass nahezu alle themenspezifischen Normen und Managementsysteme auf der Basis einer bestimmten Struktur funktionieren. Es ist dies die sogenannte »High Level Structure«, die aus den berühmt-berüchtigten »Kapiteln vier bis zehn« besteht, in denen Folgendes geregelt wird: (4) Umgang mit dem Kontext der Organisation, (5) Führung, (6) Planung, (7) Unterstützung und Ressourcen, (8) Betrieb, (9) Wirksamkeit beziehungsweise Überprüfen der Leistungsfähigkeit und (10) Verbesserung. Das macht es leichter, verschiedene Teilsysteme miteinander zu vernetzen und verschiedene Themenfelder wie Qualitätssicherung oder Informationssicherheit gleichzeitig zu beackern. So lassen sich nämlich häufig mit einem Schlag unklare Verantwortlichkeiten, unnötig parallele Regelungen und grundsätzliche Redundanzen, Doppelarbeiten, widersprüchliche Lösungsansätze und natürlich ein höherer Kostenaufwand ausbügeln oder sogar vermeiden. Es wäre also wirklich zu praktisch, wenn es das passende Managementsystem zur unternehmerischen Resilienz schon gäbe. Denn dann könnten Sie dieses integrieren und wären, na ja, nicht im Handumdrehen, aber doch zügig und zielgerichtet, auf dem Weg zum resilienten Unternehmen. Und der Königsweg wäre es natürlich, ein einziges integriertes Managementsystem zu haben, das (unter anderem) in seiner Ganzheitlichkeit das Resilienz-Thema fast »automatisch« bedient. Nur: Wo es noch nichts gibt, lässt sich nichts integrieren, und so scheint sich die Oase der Fata Morgana in nichts aufzulösen ...

Glücklicherweise steckt hier in meinen Ausführungen ein dicker Denkfehler. Der Punkt ist: So hip, frisch und neu das Thema »unternehmerische Resilienz« auch ist (böse Zungen stempeln es schon als »Buzzword« ab), so wird dabei rein inhaltlich nicht jedes Mal wieder die Welt neu erfunden. Bedeutet im Klartext, dass Sie mit einem integrierten Managementsystem »mit Pfiff« auf dem Weg in Richtung Resilienz schon sehr weit kommen können. Was nichts anderes bedeutet, als dass Sie quasi auf der Basis vorhandener Normen Ihr eigenes Managementsystem für organisationale Resilienz (wir nennen das ein »ORMS«) zusammenbauen können.

Und damit lassen wir die Fata Morgana wieder auferstehen und erlauben ihr, eine echte Gestalt anzunehmen. In den nächsten Kapiteln folgen wir der »High Level Structure« der Managementnormen und den Kapiteln vier bis zehn und füllen sie mit den Inhalten und Tipps, die Ihr Unternehmen widerstandfähiger machen. Dabei bedienen wir uns großzügig an den Handlungsempfehlungen des BS 65000 beziehungsweise der ISO 22316 und bei weiteren relevanten Normen und Standards. Dazu nutzen wir noch das (weithin unterschätzte) Instrument des GMV (Gesunder Menschenverstand) und schauen über ein paar Tellerränder: Wir wildern einige Grundprinzipien unter anderem beim Katastrophenschutz, bei der Feuerwehr oder bei anderen Organen der inneren Sicherheit.

Noch ein Wort zu den umfangreichen Inhalten: Wir bewegen uns hier in einem derart weiten Feld, dass wir nicht immer alle wichtigen Facetten eines Kapitels gleich intensiv ausleuchten können. Darum finden Sie ab hier unter oder in den Kapiteln QR-Codes beziehungsweise Links, mit denen Sie im Internet auf einer separaten Plattform weitere, vertiefende Artikel zu wichtigen Einzelaspekten aufrufen können.

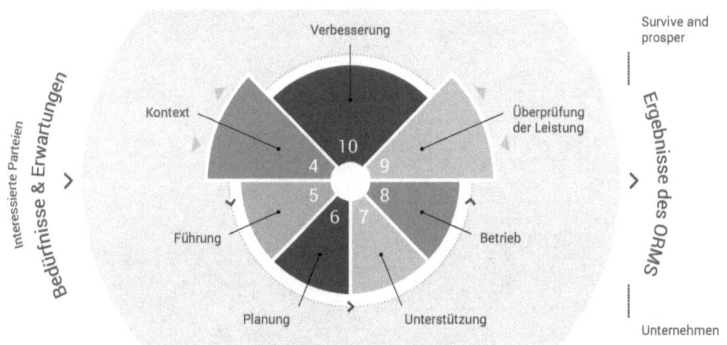

Abbildung Z.1: High Level Structure: Sieben Punkte, auf die es ankommt

Lesen Sie *hier* mehr zum Thema »High Level Structure«.

Link: https://dasbuch.surviveandprosper.de/highlevelstructure

Kapitel eins:
Kontext: Wir sind mittendrin – und ohne ihn ist alles nichts

1. Nachrichten aus der Normenwelt: Der Blick nach außen und nach innen

Kontext! Wir springen direkt hinein in das erste relevante Kapitel der »High Level Structure«. Was haben Normen und Standards zum Thema »Kontextanalyse« zu sagen? Und wie können wir das als Leitfaden oder Skelett zum Aufbau einer resilienten Organisation nutzen? Natürlich haben alle Standards ganz verschiedene Anwendungsbereiche: Qualitätsmanagement, Informationssicherheit, Business Continuity Management – eine Kontextanalyse wird unter diesen verschiedenen Blickwinkeln verschiedenen Schwerpunkte aufweisen beziehungsweise immer nur die direkt relevanten Bereiche beleuchten. Der Ablauf einer solchen Analyse und die zu betrachtenden Punkte sind aber immer gleich – darum sprach ich in der Einführung oben von einem »Skelett«. Zum »Fleisch am Knochen«, den Muskeln und Sehnen, also den Maßnahmen, die Ihr Unternehmen flexibel und beweglich (und damit in der Summe resilient) machen, kommen wir im letzten Teil des Kapitels …

Als wichtigste und erste Frage müssen wir klären: Was ist mit dem Kontext einer Organisation überhaupt gemeint? Grundsätzlich sind das alle Faktoren, die sich auf das Unternehmen auswirken können, also die, die sich im Inneren der Organisation befinden, und die äußeren, also das Umfeld. Das »Kapitel vier« jedes ISO-Standards fordert uns dazu auf, den *internen* und den *externen* Kontext des Unternehmens zu betrachten und zu analysieren. Am Ende einer solchen Analyse haben Sie idealerweise zusätzlich die *Stakeholder* (»interessierte Parteien«) ermittelt, also alle, die ein irgendwie geartetes Interesse an der

Organisation haben. Und deren Erwartungen und Anforderungen ermittelt. Aber alle Theorie ist grau (und die in Normen und Standards besonders) – darum wieder ein Beispiel, bevor wir uns in weitere Fakten vertiefen:

Vor den Toren von Nürnberg, 1485

Als der Drahtziehermeister Friedrich Günnemund im Frühjahr 1485 von einer Reise in ein anderes, nördlicher gelegenes Zentrum seiner Handwerkskunst (nämlich Iserlohn) in seine Heimatstadt Nürnberg zurückkehrte, hatte er die Taschen voller Gold und genoss darum den Schutz einer bewaffneten Eskorte. Nach dem scharfen Ritt der letzten Tage und einer groben Attacke gemeiner Wegelagerer war er heilfroh, als sich am Horizont schließlich die innig herbeigesehnten Türme und Zinnen abzeichneten. Und er war auch zufrieden, hatte er doch im Norden neue interessante Geschäftsbeziehungen zu dem Kollegen Volmar Steinfried knüpfen können, ihm darselbst eine große Ladung dünn gezogenen Eisendrahtes verkauft und im Gegenzug dafür neue und feine Zieheisen und das wertvolle Säckchen mit den Goldstücken erhalten, das nun an seiner Brust ruhte.

Das Herz ging ihm auf, als die Sonne durch die Wolken brach und den Nebel auflöste: Nun konnte er die Kaiserburg gut erkennen, in der aktuell der Burggraf residierte, und auch die links der Burg gelegenen stolzen Kirchtürme stiegen langsam aus dem Dunst auf. Nach kurzer Zeit vergoldete die nun immer stärker scheinende Morgensonne leicht die roten Dächer der Bürgerhäuser, wie sie am Hang gelegen waren, der sanft in Richtung der mächtigen Stadtmauer abfiel. Je näher Friedrich mit seiner kleinen, wehrhaften Truppe kam, desto mehr Details erfreuten seine Augen. Kurz hielten er und seine Männer auf dem Hügel vor dem kleinen Tal außerhalb der Stadt inne und ließen das heimelige und gleichzeitig beeindruckende Bild auf sich wirken: die sandige und von Wegen und Hecken durchzogene Senke direkt vor ihnen und die wehrhafte Stadtmauer mit ihrem Verteidigungsring kleiner

Türme, dem oberen Wehrgang und den sorgfältig bewachten Stadttoren. In die kleinen und gemütlichen Sträßchen des Zentrums konnte er von seiner Warte aus nicht blicken, aber er wusste, dass dort um diese Zeit das städtische Leben schon erwacht war und Händler auf dem Weg zum Markt, Bürgersleute in Eile zur Ratssitzung und Handwerker zu ihren Werkstätten unterwegs waren.

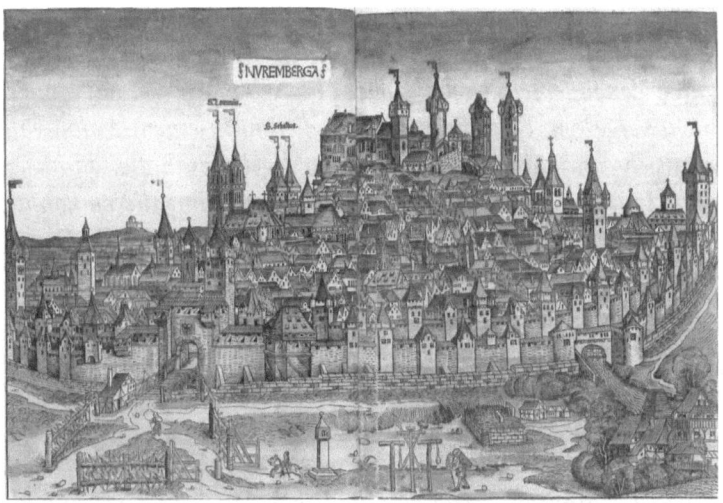

Abbildung 1.1: Älteste gedruckte Ansicht Nürnbergs in der Schedelschen Weltchronik, 1493
(Quelle: Schedel, Hartmann / Wolgemut, Michael [Illustrator] / Pleydenwurff, Wilhelm [Illustrator]: Registrum huius operis libri cronicarum cu figuris et ymagibus ab inicio mudi, Nuremberge, Consummatu[m] autem duodecima mensis Julij. Anno salutis n[ost]re. 1493 [1493.07.12.] [HC 14508 - BSB-Ink S-195 - GW M40784 - ISTC is00307000])

Ein Tross Karren verließ gerade das linke große Stadttor. Tief im Inneren seufzte Friedrich leise und erleichtert auf, herrschte doch trotz der fast allgegenwärtigen gefährlichen und lästigen Wegelagerei nun schon seit vielen Jahren grundsätzlich Frieden im Land. Lange schon hatte kein Feind mehr vor den Toren Nürnbergs gestanden! Kontinuität hieß das Zauberwort, denn kein Kaiser hatte bis jetzt so lange regiert wie sein Namensvetter Friedrich III., der nun schon vor Jahrzehnten im fernen Rom gekrönt worden war, sich aber immer noch bester Gesundheit erfreute. Das war gut für die Zünfte und das Handwerk, aber auch gut für den Handel generell. Friedrich Günnemunds Stadt erlebte eine nie gekannte Blütezeit. Das hatte sogar den Volksmund dazu bewogen, das Sprichwort ›Nürnberger Tand geht durch alle Land‹ aus der Taufe zu heben. Handel und Wandel gediehen enorm; die protzigen Patrizier im Rat hatten vor einiger Zeit sogar verbreitet, dass das Handelsvolumen der Stadt größer sei als das einer ganzen Provinz (sie meinten damit das ferne Böhmen).

Ob er das so glauben sollte, wusste Friedrich nicht, aber dass sie in guten Zeiten lebten, wollte er nicht bestreiten. Und er hatte auch nicht vergessen, dass die Bürgerschaft ihm in einem Anfall von Weitsicht und Großzügigkeit das Gold geliehen hatte, damit er seine ersten Zieheisen kaufen und damit experimentieren konnte – ›zum Wohle deiner Zunft und von uns allen‹ war die Devise dabei gewesen. Na ja, inzwischen hatte er alles mit Zins und Zinseszins zurückgezahlt, und es war ihm gelungen, so feine Drähte wie noch nie zu ziehen – die heute sehr hoch im Kurs standen. Sogar bis in den Norden war der Ruhm seiner Zunft und Nürnbergs, des ›Schatzkästlein des Reiches‹, gedrungen – hatte der Kollege Volmar ihn doch als Ehrengast empfangen und exzellent bewirtet. Tatsächlich spannte sein Reisewams leicht, wie er nun bemerkte; das hatte es bei seiner Abreise noch nicht getan. Mit einem kleinen Willensakt riss Friedrich sich aus seinem Tagtraum, gab seiner Eskorte das Zeichen zum Aufbruch und preschte vom Hügel hinab ins Tal hinein und auf die Tore seiner Heimatstadt zu …

2019, Auditorenausbildung in Nürnberg

So blumig wie hier in der Retrospektive fallen meine einleitenden Worte im Auditorenseminar selten aus, aber das Bild von Nürnberg, das Sie oben gesehen haben, nutze ich dort sehr regelmäßig für den Einstieg ins Thema. Es hilft dabei, den Kontext einer Organisation zu visualisieren und systematisch zu betrachten. Wenn ich die Teilnehmer frage, was sie sehen, kommen die Antworten erst zögerlich, dann immer flotter und schließlich wie aus der Pistole geschossen: »Türme, Kirchen, Kaiserburg,

Stadtmauer, Stadttore, Bürgerhäuser, Straßen, das Land außerhalb der Stadt ...« und so weiter. Wenn wir diese Punkte einmal gesammelt haben, fällt die Transferleistung meist sehr leicht. Die Teilnehmer begreifen schnell, dass sie es hier trotz des vielleicht anachronistisch wirkenden Bildes mit einer ausgewachsenen Organisation zu tun haben, die über einen inneren und einen äußeren Kontext sowie diverse Schnittstellen verfügt.

Kontext konkret – interner und externer Kontext

Der innere und äußere Kontext der mittelalterlichen Stadt lässt sich aus der Abbildung 1.1 gut ableiten: Bei genauer Betrachtung kann man sich vorstellen, wie es damals um die innere Struktur der Stadt, um die Ressourcen, den Handel, die Landwirtschaft und die Politik bestellt war. Und wo die Grenzen, die Schnittstellen, Schwachstellen und Durchgänge zur Umwelt hin lagen. Das Leben in der Stadt, Handel und Wandel, Leitungs- und Kontrollinstanzen wie die Bürgerschaft, die Zünfte, der Adel und der Klerus (die alle natürlich auch interessierte Parteien darstellen), Sitten und Gebräuche, Handwerk und Kultur, das System, mit dem regiert und Macht ausgeübt wird – all das machte den inneren Kontext der Metropole aus.

Der Blick nach innen

Übertragen wir das auf ein Unternehmen, so liegt es nahe, alle Aspekte zu betrachten, die direkt in seinem Einflussbereich liegen und die durch Führungskräfte, Mitarbeiter, Zulieferer und Dienstleister beeinflusst werden können. Eine solche Analyse nimmt folgende Bereiche in den Fokus:
- Strategie, Unternehmenspolitik und Ziele der Organisation,
- Organisationsstrukturen und Prozesse (inklusive Regelungen, Richtlinien, Aufgaben- und Verantwortungsbereiche),
- Ressourcenlage im Unternehmen (zum Beispiel Personal, Technik, aber auch Wissen),

- Informationsflüsse und Entscheidungswege (IT-unterstützte und andere),
- Interessengruppen (zum Beispiel Personalvertretung, Betriebsrat, Aufsichtsrat oder Beirat etc.),
- Unternehmenskultur (etwa Führungsstil im Unternehmen oder die Frage, wie grundsätzlich kommuniziert wird) und
- vertragliche Beziehungen (mit Kunden beziehungsweise Auftraggebern und Dienstleistern beziehungsweise Zulieferern).

Der Blick nach außen

Den externen Kontext dagegen machen die sozialen, technologischen, umweltspezifischen, ethischen, politischen, rechtlichen und ökonomischen Umfelder der Organisation aus. Im mittelalterlichen Nürnberg spielten hier sicher Faktoren wie die Rechts- und Gesetzeslage im Reich, also etwa, ob gerade Krieg oder Frieden im Land herrschte oder ob es einen stabilen Herrscher oder Gerangel um den Kaiserthron gab, eine Rolle. Auch die Lage der Bauern (war die Ernte gut oder schlecht?) und die damit verbundene Zulieferungssituation in die Stadt hinein sowie die Stellung der Stadt im Reich spielten insgesamt eine Rolle.

Im Unternehmen heute gehören dazu etwa:
- die Rahmenbedingungen im Kulturkreis (ethischer und moralischer Art, inklusive Vorlieben und Verhaltensweisen in der Gesellschaft),
- Gesetze und Gesetzesänderungen,
- der Markt und seine Veränderungen,
- das Konkurrenzumfeld und Mitbewerber,
- technologischer Fortschritt,
- die (wirtschaftliche und politische) Lage an eigenen Standorten sowie an Standorten wichtiger Zulieferer,
- das Unternehmensimage und vieles mehr.

Die Norm verlangt nun generell von Ihnen, den Kontext Ihres Unternehmens in ganz regelmäßigen Abständen zu prüfen und zu analysieren. Das sollte mindestens jährlich passieren, aber wenn der Fall eintritt, dass sich im internen oder externen Kontext wesentliche Änderungen ergeben, muss die Kontextanalyse aktualisiert werden. Und mit Hinblick auf den Anwendungsbereich der jeweiligen Norm müssen Chancen und Risiken, die sich aus dem Kontext ergeben, neu bewertet werden.

Kein Unternehmen ist eine Insel

Dass sich der Kontext in einen internen und einen externen aufteilt, wirft zusätzlich die Fragen auf, wie die Organisation abgegrenzt ist, also wie die Schnittstellen zwischen Innen und Außen angelegt, gepflegt oder vielleicht sogar bewacht sind. Während des Auditorenseminars setzt sich diese Erkenntnis immer durch, wenn die Stadtmauer Nürnbergs die Blicke der Teilnehmer auf sich zieht. Sie bildet hier die perfekte Analogie, weil sie mit ihren Toren und Durchlässen ebenso wie die Unternehmen heute viele (auf dem Bild allerdings sehr klar definierte) Schnittstellen mit ihrer Umwelt hat. Schnittstellen, die Risiken bergen, die aber zum Funktionieren und für eine wirtschaftlich sinnvolle Interaktion unerlässlich sind. Hier schlummert eine der ganz großen Herausforderungen beim Thema Kontext. Und zwar deswegen, weil sich nur steuern und managen lässt, was man sauber abgrenzen und beschreiben kann.

Sie sollten sich zum Beispiel fragen, wie eng Ihre Organisation generell eingegrenzt ist. Entspricht sie dem Unternehmen an sich, oder gibt es etwa »verlängerte Werkbänke«, Kooperationen und Lieferketten, die dazugehören? Und wie sind diese wiederum abgegrenzt, auch von der Verantwortung und Haftung her? Lassen sich bei Bedarf Grenzen verschieben oder (wo nötig) Grenzen neu ziehen? Und wie kann das gehen? Dabei geht es nicht so sehr um eine Abschottung, sondern um kontrollierte Zustände, mit denen sich »rechnen« lässt. Und was ist eigentlich ganz genau »innen«, und was ist »außen« mit Bezug zum Kontext? Es gibt etwa in jedem Unternehmen eine Unternehmenskultur, ob sie nun definiert ist oder nicht. Aber es gibt auch ein »kulturelles Umfeld«, das zum externen Kontext gehört. Wechselwirkungen zwischen den beiden sind dabei nicht nur wahrscheinlich, sondern sicher gegeben.

Oder nehmen wir das Vertragswesen: Wie Ihr Unternehmen das generell handhabt, ist eine innere Angelegenheit. Aber Verträge mit externen Parteien (Kunden, Auftraggeber, Dienstleister) reichen über die Unternehmensgrenzen hinaus. Und wieder kommen Fragen auf, etwa: Wer haftet und wo? Und wer managt die Risiken? Und wie die mittelalterliche Stadt sicher schlagkräftige Torwärter (samt Hellebarden) hatte, brauchen Unternehmen eben hieb- und stichfeste Verträge, SLA (= Service Level Agreements), AGB und darüber hinaus Verantwortliche, die sich um die Überwachung der Grenzen kümmern ...

Fließende Übergänge

Die Sorgenfalten auf der Stirn von Geschäftsführerin Olga Offset vertieften sich: Die Umsatzzahlen aus dem letzten Quartal sprachen Bände. Ihre mittelständische Druckerei verlor im Markt mehr und mehr an Boden. Die Konkurrenz aus dem Bereich der Internetdruckereien wurde immer massiver und grub ihrer Firma langsam, aber sicher das Wasser ab. Immer mehr ihrer bis dato treuen Kunden (viele davon Vereine oder kleine Unternehmen) nutzten zunehmend Discount-Online-Angebote und ließen sich ihre Visitenkarten oder Drucksachen jetzt aus der Digitaldruckerei liefern. Was konnte sie tun? Der Change hatte bereits stattgefunden, und mit den Preisen der Discounter konnte sie nicht mithalten.

An der Wettbewerbssituation ließ sich also nichts ändern, so viel war ihr klar. Aber vielleicht lag der Schlüssel zum Überleben und zum zukünftigen Erfolg auch nicht dort, sondern in ihrer

Kundenstruktur. Ihr Gesicht hellte sich auf – sie hatte eine Idee. Vielleicht musste sie damit aufhören, so viel Aufwand in die Akquise von Kleinkunden zu stecken. Die waren nicht treu und schielten eben sehr stark auf die Preise. Mit gutem Service ließ sich hier nicht mehr viel punkten – der Aufwand war zu groß und die Hebelwirkung zu gering. Anders bei größeren Kunden wie Firmen, die regelmäßig Drucksachen brauchten, wo Beratung und Service durchaus gefragt waren und den entscheidenden Unterschied machen konnten. Und Handelsunternehmen, die gut gemachte Kataloge brauchten! Und was war mit der Kulturszene? Theater brauchen Programme und Museen Ausstellungskataloge ...

Natürlich würde sie es dann mit anderen Erwartungen zu tun bekommen: Gut geschulte Mitarbeiter mussten raus zu den Kunden. Nur noch im Büro zu sitzen und auf Anrufe und Aufträge warten, war damit obsolet. Sie würde sich um Kommunikations- und Verkaufstrainings kümmern und vielleicht sogar ihre Belegschaft verjüngen und umbauen müssen. Aber wenigstens sah sie nun wieder Licht am Ende des Tunnels ...

So schnell kann es also gehen: Wir kommen hier ganz leicht von einem externen Thema (Wettbewerbssituation: Konkurrenz durch Internetdruckereien) zu mehreren internen Themen (Fokussierung auf bestimmte Zielkunden, Kompetenz und Auswahl der Mitarbeiter) und spüren die große Wechselwirkung. Und wir sehen, wie eng die interessierten Parteien und ihre Erwartungen mit den verschiedenen Kontextthemen verzahnt sind.

Stakeholder – wen interessiert das?

Das ist die Frage, mit der Sie Ihre Stakeholder, Ihre »interessierten Parteien« leicht ermitteln können. Wenn Sie die Frage »Wen interessiert das?« sorgfältig für jedes relevante Kontextthema beantworten, tun sich einige sehr verschiedene Stakeholder-Gruppen auf: Direkte Kunden oder Endanwender, Lieferanten oder Kooperations- und Vertriebspartner, Regulierungs- und Aufsichtsbehörden oder Gesellschafter für den externen Kontext. Für den internen Kontext eher die Mitarbeiter in der Organisation, die Führungskräfte und Geschäftsführer oder Kontrollorgane wie Aufsichts- oder Betriebsrat. Auch die Interessen dieser diversen Gruppen können ganz verschieden sein: einen Mehrwert oder Wachstum für die Organisation schaffen, Kontrolle ausüben, einen Bedarf decken oder Aufträge bekommen, um nur einige zu nennen.

Analyse und Dokumentation des Kontextes sowie das Identifizieren der interessierten Parteien und ihrer Erwartungen sind die Maßnahmen, die die einzelnen Normen für »Kapitel vier« minimal von Ihnen fordern. Rein »vorschriftsmäßig« sind Sie damit also schon auf der sicheren Seite. Wenn die Kontextanalyse für Sie aber ein reines »Dokumentieren-und-wieder-vergessen«-Thema bleibt, ist nichts gewonnen. Tiefer gehende Analysemethoden können Ihnen einerseits dabei helfen, Klarheit darüber zu gewinnen, mit welchen Rahmenbedingungen Sie es zu tun haben. Was Sie dabei für eine Methode nutzen, sollten Sie von der individuellen Situation Ihres Unternehmens abhängig machen. Vor allem für die Betrachtung des externen Kontextes gibt es viele gute und bekannte Methoden: Mit »PEST« beziehungsweise »PESTEL« überprüfen Sie etwa, welche Einflussfaktoren aus den Bereichen Politics (P), Economy (E), Society (S), Technology (T), Ecology (E) und Law (L) auf Ihr Unternehmen wirken und Sie für die zukünftige Entwicklung und das Überleben beachten müssen. Noch bekannter ist wahrscheinlich die SWOT-Analyse, die Stärken, Schwächen, Chancen und Gefährdungen (Strengthes (S), Weaknesses (W), Opportunities (o), Threats (T)) im Unternehmenskontext aufdeckt. Mithilfe solcher Tools ziehen Sie aus den Anforderungen der Norm echten Nutzen, anstatt sie nur formal zu erfüllen.

Die Tabellenstruktur in Abbildung 1.2 gibt Ihnen die Möglichkeit, Ihren Kontext systematisch zu betrachten und Ihre interessierten Parteien zu ermitteln:

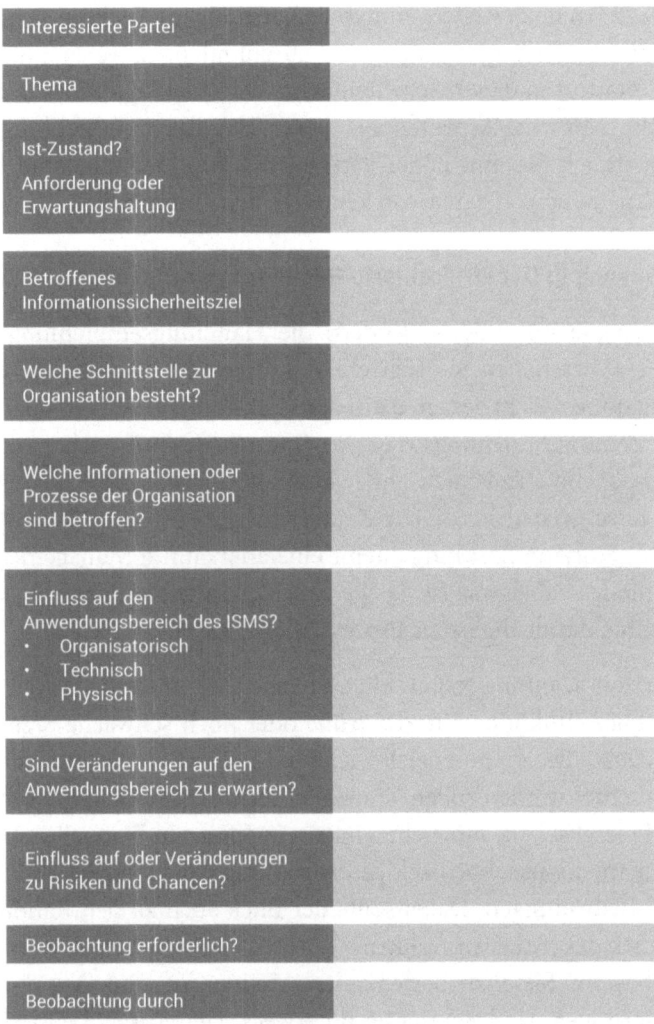

Abbildung 1.2: Blanko-Tabellenstruktur zur Kontextanalyse

2. Das Resilienz-Rezept: Zwei wichtige Zutaten – Horizon Scanning und aktives Gestalten

Darüber hinaus gibt die Norm in Form von Handlungsempfehlungen im British Standard 65000 beziehungsweise in der

ISO 22316 noch weitere sinnvolle Anregungen. Auch muss man ein wenig tiefer »graben«, um herauszufinden, an welcher Stelle der Kontext in diesen Schriften behandelt wird, so lohnt sich die Mühe. Mit zwei Aspekten aus diesen Handlungsempfehlungen möchte ich Sie nun näher vertraut machen, denn sie sind für unser Resilienz-Thema von zentraler Bedeutung:

Horizon Scanning: Der strukturierte Blick ins Ungewisse

»Seien Sie informiert«, fordern die Handlungsempfehlungen, oder »Verschaffen Sie sich ein fundiertes Bewusstsein für die Situation«. Leicht gesagt, denn der Blick aus dem Fenster oder in die Zeitung beziehungsweise ins Internet ist dafür sicher nicht ausreichend. Und auch altbewährte Research- und Planungsprozesse greifen in VUKA-Zeiten vielleicht zu kurz. Was also tun? »Horizon Scanning« heißt eine anerkannte Managementmethode – aber was ist das genau? Verschiedene Aspekte sind wichtig, damit Ihr neuer Prozess auch VUKA-tauglich ist:

Horizon Scanning soll als ein systematischer und strukturierter Ausblick funktionieren, der frühe oder noch schwache Signale entdeckt, die von potenziell wichtigen Entwicklungen ausgehen. Betrachtet werden sollen Trends in Technik, Wirtschaft, Politik und Gesellschaft, mögliche »Joker« in Ihrem individuellen Unternehmensspiel, hartnäckige Probleme sowie mögliche Risiken und Bedrohungen. Dabei sollte der Blick auch zu den Randbereichen des aktuellen Denkens wandern. Querdenken ist gefragt, und wenn Sie Ihre bestehenden Meinungen und Ansichten hinterfragen, sind Sie richtig unterwegs. Der Ansatz beim Horizon Scanning kann ganz frei, auf Neugier basierend und sehr forschungsintensiv sein oder sich bewusst beschränken und sich ganz fokussiert auf ein bestimmtes Informationsfeld richten. Sie können die Methode außerdem kurz-, mittel oder langfristig betreiben – das alles hängt von den Bedürfnissen Ihrer Organisation ab. Horizon Scanning möchte immer bestimmen, was wahrscheinlich konstant bleiben wird, was sich vielleicht ändern wird oder was stark in Bewegung ist und sich also konstant ändert.

Für unser Resilienz-Thema ist vor allem wichtig, dass dieser strukturierte Blick eine Gewohnheit wird. Wie Sie ihn konkret planen, umsetzen und implementieren, ist wiederum eine individuelle Geschichte. Und dass das Anstoßen und Monitoren des Prozesses Chefsache ist, brauche ich sicher nicht extra zu erwähnen ...

Informationsjäger und -sammler

Eine Möglichkeit wäre etwa (je nach Größe Ihres Unternehmens), intern oder extern eine Stabsstelle einzurichten, die aktiv auf die Suche nach relevanten Informationen geht. Alles, was sie sammelt und was an Informationen hereinkommt, wertet sie aus und stellt es dann allen Beteiligten, vielleicht über ein Intranet, gebündelt und geordnet wieder zur Verfügung. Ein oder zwei interne oder externe VUKA- oder Innovations-Scouts machen also den lieben langen Tag nichts anderes, als Relevantes zu sammeln, in Branchenforen zu recherchieren, neue technische Entwicklungen zu beobachten, sich mit demografischen Daten zu befassen, Wettbewerber zu beobachten oder Input zu verarbeiten, der aus dem Unternehmen selbst kommt. Denn auch der ist sehr wertvoll: Außendienstler bringen brandaktuelle Informationen vom Kunden darüber mit, was im Trend liegt oder welche Produkte gerade mehr oder weniger gefragt sind. Vertriebsleiter und Produktmanager gehen auf Fachmessen und kehren inspiriert und informiert über die neuesten technischen Entwicklungen und Möglichkeiten zurück und haben dazu vielleicht gute Ideen. Mitarbeiter haben einen Geistesblitz oder einen Gedanken, was demnächst wichtig sein könnte oder wie man einen Prozess an eine aktuelle Entwicklung anpassen kann und so weiter, und so weiter.

Noch wirksamer ist das Ganze, wenn Sie es schaffen, dazu eine Art »Aktiv-Schaltung« in Ihre Unternehmenskultur zu integrieren. Jedem muss klar sein: Wer eine Idee, eine Information, eine Beobachtung zum Teilen hat, hat eine Bringschuld und sollte seinen Input der wie auch immer gearteten zentralen Sammel- und Verarbeitungsstelle zugänglich machen. Und alle anderen – haben eine Holschuld! Am besten wird es zum zentral gelebten Ritual, sich ein- oder zweimal pro Woche über alles das, was neu ist, zu informieren. Fällt einem etwas auf oder hat man eine Idee – wieder rein damit ins System! So entsteht ganz automatisch eine Art Brutstätte oder ein effektiver Think-Tank für nützliche Innovationen.

Erst einmal versetzt so ein systematisches Horizon Scanning Sie also in die Lage, qualifizierte Annahmen darüber zu treffen, was kommen könnte. Aber wichtig ist noch: Die Signale im Horizon Scanning zu erkennen, ist eine Sache, aber Sie müssen auch (lernen zu) verstehen, was sie bedeuten. Dazu braucht es Erfahrung und letztendlich auch Wissen, das Sie kontinuierlich durch die Recherche und die Beobachtung selbst aufbauen müssen oder vielleicht auch von Beratern zukaufen oder durch Seminare erwerben oder Ähnliches. Und damit Sie keine »Schleifen drehen«, sollten Sie an dieser Stelle auch Wert legen auf eine sorgfältige Dokumentation, damit Sie immer Vergleichs- und Auswertungsmöglichkeiten haben.

Weiterhin gibt es auch Szenario-Simulationen, die Sie nutzen können und die Ihnen zeigen, welche möglichen Auswirkungen sich aus Beobachtungen oder Signalen ergeben können: Welche Überraschungen könnten passieren? Welche Chancen würden sich daraus ergeben? Welche Risiken gibt es? Was auch kommen wird: Sie sind dann besser vorbereitet – das ist das Entscheidende! Denn nur wer vorbereitet ist, kann überhaupt daran denken, seine Zukunft aktiv zu gestalten …

Allerdings ist »Wissen« mit Blick auf die Resilienz Ihres Unternehmens nur die halbe Miete. Am wichtigsten ist, was Sie mit den Ergebnissen Ihrer Analysen tun, nachdem Sie sie an Bord gehievt haben. Worauf ich hinaus will, ist, dass »Kennen« eben nur der erste Schritt ist und »Machen« der zweite, noch wichtigere, der zwingend folgen muss. Wie bei den Kapitalgebern von Meister Friedrich ...

Nicht nur verstehen, sondern auch beeinflussen und gestalten

Ganz kurz zurück zur Auditorenausbildung: Was zum Thema Kontext an Input nicht aus dem Feld der Teilnehmer kommt, ergänze ich im Laufe des ersten Seminarvormittags. So können die angehenden Auditoren etwa die Geschichte der mittelalterlichen »Wagniskapitalgeber« aus der Bürgerschaft, die Friedrichs Drahtzieherei und die gesamte Zunft dieses Handwerks unterstützten, nicht aus dem Bild erschließen. Wesentlich an dieser Geschichte ist aber, dass die Kapitalgeber des Drahtziehermeisters sich auch damals schon nicht damit zufriedengegeben haben, ihren Kontext lediglich zu kennen. Das hätte nämlich nur die Erkenntnis bedeutet: *Ja, es gibt den Meister Günnemund und noch X weitere in dem Metier, und die ganze Zunft arbeitet unter den Bedingungen Y und Z.* Sondern, dass die Kapitalgeber sich im Gegenteil die Mühe gemacht haben, den Kontext aktiv und in festem Glauben an den Erfolg ihrer Aktion zu beeinflussen. Und das bedeutete, dass sie sich die Frage gestellt haben: *Wie können wir die Arbeitsbedingungen von Günnemund und den anderen so verändern, dass sie innovativer, mehr und besser produzieren?* Sowie, dass sie erkannt haben, dass eine Kapitalleihgabe hier ein guter Lösungsansatz sein könnte ...

Vielleicht haben Sie inzwischen ein Gefühl dafür bekommen, wie sehr sich alles aus dem Bild vom alten Nürnberg auf unsere heutige Welt übertragen lässt. Im Klartext heißt das, dass wir es auf diese Weise geschafft haben, die Norm mit ihren Anforderungen zum Leben zu erwecken und sie mit ganz realen (und konkret für Sie und Ihre Organisation relevanten) Sachverhalten zu füllen ...

3. Survive and Prosper: Von Informationsquellen, Influencing und Personas

A. Stille Post oder valide Quelle? Systematische Informationsbewertung

»Der Chef der Firma X hat gesagt, er hätte von seinem Rotary-Club-Kollegen gehört, dass der mit dem Staatssekretär gesprochen habe, der wiederum im Ministerium mitbekommen habe, dass die neue Verordnung zur Dicke der Falzbleche nun bald auf den Weg gebracht würde ...«

Richtig oder nicht? Wichtig oder nicht? Tja ... Wenn das eine Information ist, die Ihren Unternehmenskontext nachhaltig beeinflussen könnte, würde ich an dieser Stelle zur Vorsicht raten.

Wenn Sie mit dem Sammeln Ihrer Informationen systematisch unterwegs sind, bleibt es nicht aus, dass Sie mit einer Masse davon konfrontiert werden. Wie filtern Sie dann die heraus, die wirklich wichtig sind, und auch noch verlässlich? Ich schlage hierfür einen systematischen Ansatz vor, den die Abbildung 1.3 verdeutlicht:

Sie können also ganz einfach in dieser Art Matrix danach schauen, wie sehr Sie der Quelle vertrauen (Y-Achse), wie gut sie Ihnen bekannt ist (X-Achse) und ob sie aus erster, zweiter oder dritter Hand kommt (von links nach rechts). Bezogen auf unser kleines Beispiel oben hieße das, dass Sie dem Chef der Firma X vielleicht vertrauen, weil er ein guter Geschäftspartner von Ihnen ist, die Information aber so stark auf Hörensagen beruht, dass sie (höchstens) aus dritter Hand (wenn auch aus bekannter oder renommierter Quelle) kommt. Mit einer »Vier« als Gesamtnote, die sich dann ergibt, wäre es also gut, die Information kritisch zu bewerten, sie aber als Möglichkeit im Hinterkopf zu behalten, ohne jedoch direkt Maßnahmen zu ergreifen oder gar schon eine Produktionsumstellung in die Wege zu leiten ...

3. Survive and Prosper: Von Informationsquellen, Influencing und Personas

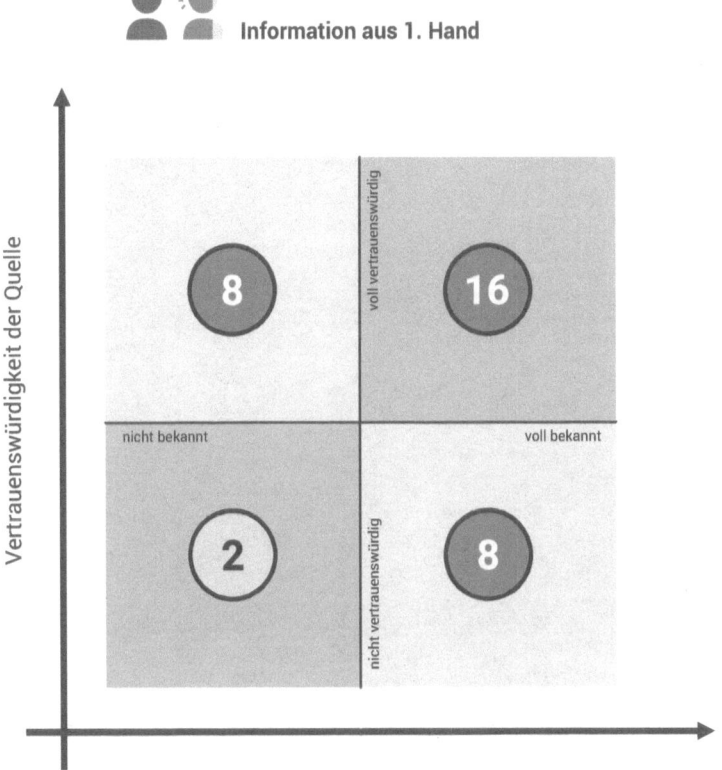

- ● < 8: Valide Informationsbasis
- ○ 2–4: Prüfen, wie Information von Quelle genutzt werden kann
- ● 0–4: Auf keinen Fall nutzen

Abbildung 1.3: Schema zur Informationsbewertung

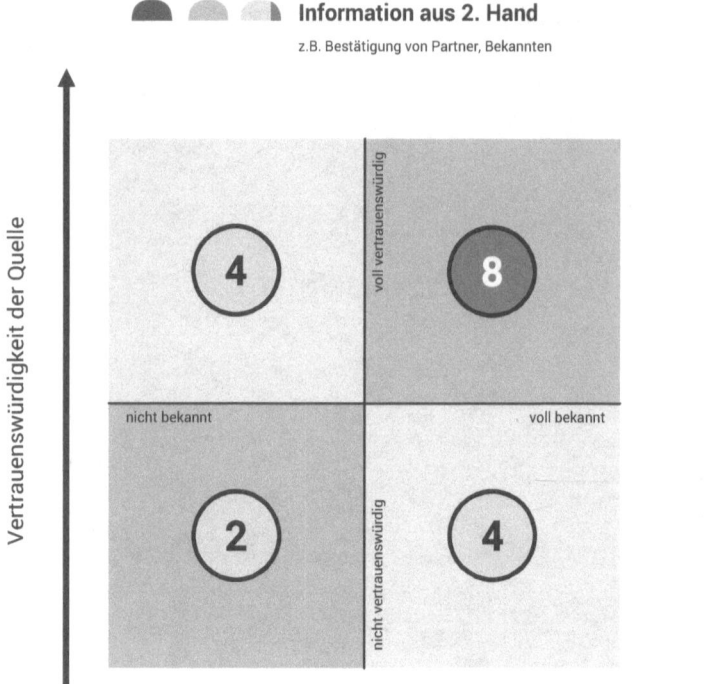

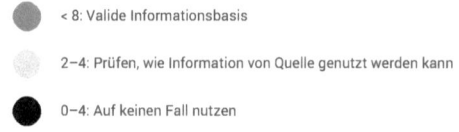

Abbildung 1.3: Schema zur Informationsbewertung – Fortsetzung

3. Survive and Prosper: Von Informationsquellen, Influencing und Personas

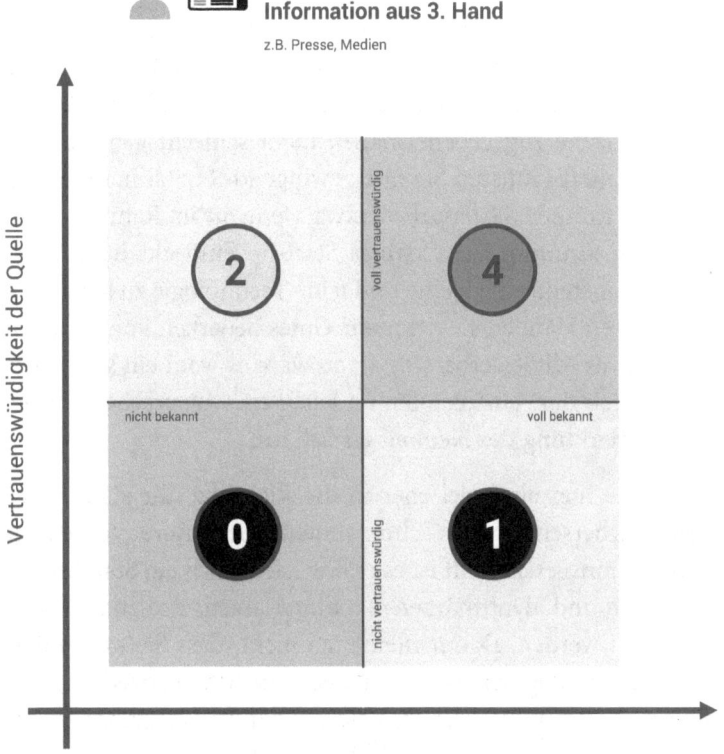

Abbildung 1.3: Schema zur Informationsbewertung - Fortsetzung

B. So werden Sie zum »Kontext-Influencer«

Glücklicherweise haben Sie heute weitaus mehr und subtilere Methoden, Ihren Unternehmenskontext zu beeinflussen, als die Herrschaften aus der Bürgerschaft damals in Nürnberg (obwohl die ihre Sache zugegebenermaßen nicht schlecht gemacht haben). Jedenfalls müssen Sie nicht zwingend Kapital in die Hand nehmen. Können Sie natürlich, etwa, wenn Sie im Rahmen Ihres »Horizon Scanning« ein kleines Start-up entdeckt haben, das kurz davor steht, eine kleine und feine Technologie zu lancieren, die in Ihren Händen so viel mehr Gutes bewirken könnte als in denen Ihres Mitbewerbers ... Dann wäre es wohl ein sinnvoller Schritt, sich dort einzukaufen und sich ein Mitspracherecht bei der Vermarktung der Neuheit zu sichern.

Ich denke hier aber viel eher in die Richtung, die sich in der kleinen Überschrift oben schon andeutet: In unserer vernetzten Informationsgesellschaft ist es relativ leicht, sich ein Standing zu erarbeiten und »Duftmarken« zu hinterlassen, also zum »Influencer« zu werden. Damit meine ich nicht, dass Sie nun unbedingt einen Blog schreiben müssen, um Schleichwerbung für bestimmte Produkte oder Ihre eigenen zu machen. Aber es gibt eine Reihe von Maßnahmen, die Sie in Angriff nehmen können – die Möglichkeiten sind sehr vielfältig. Sie können wiederum die auswählen, die Ihnen am meisten liegen beziehungsweise die ansteuern, die für Ihr Unternehmen den stärksten Hebel darstellen.

Dabei kann es sinnvoll sein, das Beeinflussen des Kontextes wiederum zur Chefsache zu machen. Auf diese Idee hat mich (unter anderem) mein Autorenkollege Daniel Priestley mit seinem wunderbaren Buch *Become a Key Person of Influence* gebracht. Besonders schön an seinem Ansatz ist, dass er seinen Schlüsselbegriff »Key Person of Influence« (KPI) für ein Wortspiel nutzt, denn ein »KPI« ist natürlich auch ein »Key Performance Indicator«. Und das ist ein Benchmark, mit dem ein

Unternehmen sich am anderen misst und vergleicht. Eine Person oder ein Unternehmen setzt also als KPI einen Standard, der »top« ist, andere inspiriert und viel Einfluss hat (Priestley, 2014). Um zu einer »Key Person of Influence« zu werden, machen Sie sich am besten »öffentlich«, damit Sie gehört werden und Einfluss aufbauen.

Gesicht zeigen und sich profilieren

Social Media ist sicherlich einer der Kanäle, die Sie dafür bespielen können. Tragen Sie Ihre Botschaft oder Expertise in die Welt, per Xing, Facebook, Linkedin, Instagram, Youtube, Twitter oder eben in einem Blog. Aber Vorsicht, denn nur relevanter oder nutzwertiger Inhalt für die Zielgruppe bringt Sie dort weiter! Und zum Stichwort »Expertise«: Publizieren Sie sowieso! Bücher, Whitepaper, E-Books – Content *mit Nutzen für die Zielgruppe* verschafft Ihnen geistiges Eigentum und Autorität in der von Ihnen besetzten Nische. Im Idealfall kommt dann dort niemand mehr an Ihnen vorbei. Viele heute weltbekannte Unternehmen starteten damit, Content zu publizieren. So auch die Gründer von Twitter, die ursprünglich Blogger und Autoren waren und auf diesem Wege ihre Ideen über die Zukunft von Social Media im Internet publizierten, bevor sie ihre Kurzinformations-Plattform entwickelten. Oder Microsoft: Bill Gates schrieb Artikel für die Blättchen kleiner Computerclubs vor Ort und zog auf diese Weise die ersten Talente für seine Firma an (Priestley, 2014).

Zusammen sind wir stärker

Sie müssen Ihren Einfluss auch nicht unbedingt allein aufbauen oder nutzen: Überlegen Sie, strategische und produktive Kooperationen einzugehen, denn durch solche Partnerschaften können Sie jeden Zeitfaktor zu Ihren Gunsten beeinflussen und schneller Resultate erzielen! Vielleicht wollen Sie auch mit Menschen oder Unternehmen kooperieren, die selbst schon KPIs sind (ebd.) und über entsprechende Autorität verfügen.

Oder Sie betreiben Lobbying mit einer Gruppe von Gleichgesinnten oder nutzen die Medien durch die Publikation von Interviews oder Artikeln als »Glaubwürdigkeitsverstärker«, oder Sie setzen sich in Gremien ein, in denen Dinge entschieden werden, die für Sie von Interesse sind oder oder …

Am besten machen Sie es zum Teil Ihres »Horizon Scanning«, attraktive Einflussmöglichkeiten zu entdecken, die für Sie eine starke Hebelwirkung haben.

C. Freund oder Feind? Interessierte Parteien besser verstehen

Wenn Sie bei der Analyse Ihres internen und externen Kontextes Ihre interessierten Parteien bestimmt haben, können Sie noch einen Schritt weiter gehen. Denn entscheidend ist ja, dass Sie Ihre interessierten Parteien möglichst gut verstehen und erkennen, welche Interessen sie überhaupt verfolgen, wie sie Ihrem Unternehmen gegenüber stehen und wie das womöglich die Resilienz Ihres Unternehmens beeinflussen kann. Ohne unnötig viel Staub aufwirbeln zu wollen: Bedenken Sie einfach immer, dass es nicht alle gut mit Ihnen meinen. Eine interessierte Partei kann im schlimmsten Fall auch ein Räuber, ein »Predator«, sein – zum Beispiel ein Mitbewerber, der darauf lauert, Ihnen Marktanteile abzuknöpfen.

Um sich in die interessierten Parteien besser hineinversetzen zu können, gibt es einen relativ einfachen Trick: Sie können eine echte »Persona« für jeden Stakeholder entwickeln. Die zugehörige Methode stammt aus dem Design Thinking und dient ursprünglich dazu, möglichst nutzerfreundliche und bedarfsgerechte Produkte zu entwickeln …

»Was sind Personas?«, fragen Sie sich nun. »Und wie entwickle ich sie?« Stellen Sie sich vor, Sie identifizieren Ihre betreffende interessierte Partei und beschreiben sie wie gewohnt, also als »Aufsichtsratsvorsitzenden X«, »Mitbewerber Y« oder »Großkunde Z«. Dann wissen Sie zwar, wer gemeint ist, und sicher haben Sie im Hinterkopf noch viele weitere Informationen zu dem- oder derjenigen, aber initial beschreiben und begreifen Sie diese Person nur mithilfe und entlang eines einzigen Merkmals. Wie viel besser wäre es dagegen, wenn Sie versuchen würden, zu jeder interessierten Partei einen kleinen, aber möglichst voll geformten fiktiven Charakter zu entwerfen? Dabei nutzen Sie einfach alle Fakten, die Ihnen bekannt sind, und ergänzen den Rest, wie Sie meinen, dass es richtig ist. Die Attribute, die Sie der Persona zuordnen, können auf Feld- und Milieukenntnis, auf vorheriger Recherche (Beobachtung, Befragung) oder einfach auf Empathie und Einfühlungsvermögen basieren. So erhalten Sie ein ganzes Bündel von Merkmalen, also etwa Alter, Geschlecht, Beruf, Konsumgewohnheiten, Einkommenssituation, Werte und Lebensziele, Erziehungsstil und Bildungsstand und so weiter. Diese Aktion hat zur Folge, dass Sie Ihre Stakeholder in der Gesamtheit ihrer Lebenssituation wahrnehmen und sie viel besser begreifen können. Was Sie so erhalten, ist zwar immer noch ein Stereotyp, aber einer mit vielen Facetten und einer, der gleichzeitig auf Sach- und Menschenkenntnis basiert.

Sie können dabei so vorgehen:
- Die Persona bekommt oder hat einen Namen,
- das Gesicht ist Ihnen bekannt, oder Sie suchen ein möglichst typengetreu passendes Foto aus (vielleicht sogar eines, das Sie selbst geschossen haben und nicht eines von Fotolia), denn eine Persona soll auch Emotionen transportieren,
- Sie beschreiben die Persona nicht eindimensional entlang der wenigen Dinge, die Sie wissen, sondern entwerfen eine möglichst vollständige und lebendige Gesamtpersönlichkeit auf der Basis von stimmigen und nachvollziehbaren Vorschlägen.

Sie werden merken, dass die Konstruktion von *Personas* eine große Wirkung auf Ihre Sprache und Ihre »Denke« ausübt. An die Stelle von recht abstrakten Beschreibungskategorien tritt eine echte Persönlichkeit mit Namen und Gesicht, die Sie im

Verlauf ihrer Vervollständigung immer mehr »erspüren« können – so dass Sie am Ende fast das Gefühl haben, Sie würden diese Persona wirklich kennen. Interessen und Verhaltensweisen der interessierten Parteien werden auf diese Weise viel besser nachvollziehbar, und Sie werden sehen, dass Ihre Annahmen über die verfolgten Interessen wesentlich umfangreicher und akkurater ausfallen werden, weil Ihre Wahrnehmung differenzierter und ganzheitlicher ist – was Ihnen einen nicht zu unterschätzenden Vorteil verschaffen kann. Sei es bei der Einschätzung der Konkurrenz, bei der Führung von Mitarbeitern oder beim Recruiting: Eine Stakeholder-Bewertung auf der Basis einer Persona muss einfach wesentlich präziser ausfallen!

D. Risiko! Kennen Sie Ihre Abhängigkeiten?

Es muss nicht immer ein Tsunami sein

April 2016: Im Südwesten Japans, unweit der Stadt Kumamoto auf der Insel Kyushu, bebt die Erde. Ein Vulkan im angrenzenden Aso-Massiv bricht aus. Insgesamt kostet die Naturkatastrophe 50 Menschen das Leben. Doch damit nicht genug: Das betroffene Gebiet (das auch »Silicon Island« genannt wird) bleibt in weiten Teilen verwüstet zurück, und die dort ansässigen Produktionsstätten von Kameraherstellern und der passenden Zulieferindustrie werden in Mitleidenschaft gezogen oder gar zerstört. Unverzichtbare Sensortechnik kann nicht mehr gefertigt und geliefert werden. In der Folge kommt es zu Einbrüchen des Börsenkurses bei Sony sowie zu großen Fertigungs- und Lieferproblemen bei Pentax und Nikon. Noch bis zu Beginn des folgenden Jahres bleibt unklar, wann die fehlenden wichtigen Bauteile wieder in ausreichender Zahl geliefert werden können und die große Kundennachfrage nach den aufwändig angekündigten neuen Kamerareihen befriedigt werden kann ... (vgl. www.heise.de)

Wenn so etwas oder Ähnliches Ihr Unternehmen wie ein Blitz aus heiterem Himmel trifft, ist es um Ihre Resilienz nicht gut bestellt. Aber wie Sie sehen, trifft es anscheinend auch die »ganz Großen«, und womöglich auch mit ganz handfesten Folgen für Börsenkurse und Kundenzufriedenheit. Falls Sie nun denken, dass es sich um einen Einzelfall beziehungsweise doch sicher um ein sehr seltenes, singuläres Ereignis handelt, auf das Sie einfach nicht vorbereitet sein können, muss ich Ihnen widersprechen ...

Wenn Computerhersteller und Endverbraucher im Regen stehen

Der Monsun ist in Thailand nichts Ungewöhnliches. Wenn im Mai die Regenzeit beginnt, öffnet der Himmel seine Schleusen, und alle Flüsse treten über die Ufer. Das ist Normalität, und in der Regel wird das Land mit den Wassermassen gut fertig. Anders im Juli 2011, als der von Osten kommende Tropensturm »Nockten« die übliche Regenflut vervielfachte und den Norden von Thailand unter Wasser setzte. In den folgenden Monaten zogen noch mehr Taifune durch, und die Lage verschärfte sich weiter. Die Regierung war gezwungen, den Notstand auszurufen und musste die Schleusen wichtiger Talsperren und Staudämme öffnen, um ein unkontrolliertes Bersten und somit noch größeren Schaden und weiteres Leid (es gab sowieso schon rund 400 Todesopfer durch die Fluten) zu verhindern.

Was diese Maßnahmen aber nicht verhindern konnten, war, dass auch das relativ kontrolliert abfließende Wasser sich seinen Weg der Verwüstung suchte. Und der führte nach Süden, hinein in die flache Ebene bei Bangkok, in der sich Gewerbegebiete mit Herstellerfirmen von Festplatten und deren Zulieferbetriebe befinden. Die Produktion wurde so stark in Mitleidenschaft gezogen, dass Lieferprognosen massiv nach unten korrigiert werden mussten. Im letzten Quartal 2011 wurden in der ganzen Welt nur 122 Millionen Festplatten ausgeliefert – das waren 50 Millionen weniger als in den drei Monaten zuvor. Die Preise stiegen astronomisch an, und die Situation war erst ein ganzes Jahr später wieder als normal zu bezeichnen. Die Situation hatte nicht nur die thailändische Wirtschaft, sondern tatsächlich die Weltwirtschaft spürbar beeinträchtigt.

Tja, das sind die Freuden der Globalisierung: Vor den Toren von Bangkok konzentriert sich ein ganzes Viertel der weltweiten Produktion von Festplatten. Produktionstechnisch und mit Blick auf die Rentabilität vor Ort ist das natürlich sinnvoll. Aber im Falle einer Naturkatastrophe ist der Impact auf die Kunden enorm ... (Grüter, 2013)

Selten, aber regelmäßig: So treten diese singulären und unwahrscheinlichen Ereignisse auf, die dramatische Folgen haben und die der Autor Nassim Taleb als »Schwarze Schwäne« bezeichnet. (»Black Swans«, Taleb, 2017) Das Wesen eines solchen »Schwarzen Schwans« ist es, dass er (zumindest aus der Rückschau betrachtet) mit hoher Folgerichtigkeit, aber mit geringer Wahrscheinlichkeit auftritt. Und wenn er auftritt, dann immer mit gravierenden Folgen ...

Was tun? Die Antwort ist recht einfach: Seien Sie gut informiert, und seien Sie vorbereitet – ich mag mich wiederholen, aber unser Einstiegsbeispiel von 9/11 und Morgan Stanleys Evakuierungsroutine spiegelt diese beiden Empfehlungen perfekt wider. Ein Blick über den Normen-Tellerand kann hier sehr nützlich sein: Die Business-Impact Analyse (BIA) aus dem Business Continuity Management (DIN EN ISO 22301) etwa hilft Ihnen dabei, Ihre kritischen Geschäftsprozesse und Ressourcen sowie eine Wiederanlaufzeit nach kritischen Ausfällen zu bestimmen. Weiterhin können Sie eine Risikoanalyse durchführen, in der Sie untersuchen, welchen Risiken Ihre kritischen Prozesse und Ressourcen überhaupt ausgesetzt sind. Mehr dazu in Kapitel drei ... Und das Tüpfelchen setzen Sie auf das »i«, wenn Sie danach eine Kontinuitätsstrategie entwickeln, um Alternativen bei der Umsetzung von Notfall- und Notfallvorsorgemaßnahmen zu haben.

3. Survive and Prosper: Von Informationsquellen, Influencing und Personas

Lesen Sie *hier* mehr zum Thema Notfall- und Notfallvorsorgemaßnahmen.

Link: https://dasbuch.surviveandprosper.de/kontext

Fazit:

»Ein weites Feld, das Sie systematisch nicht nur beobachten, sondern auch beackern sollten« – so könnte man das Thema »Kontext« wohl auf den Punkt bringen. Die regelmäßige und systematische Analyse Ihres inneren und äußeren Kontextes sowie der relevanten Schnittstellen dazwischen (die Sie sauber definiert haben müssen) ist eine Gewohnheit, die Sie entwickeln sowie pflegen sollten und ein wesentlicher Teil Ihres Resilienzkonzeptes. Die Technik des Horizon Scannings hilft Ihnen dabei, alle relevanten Informationen zu sammeln. Aber nicht nur das Beobachten und Auswerten ist wichtig, sondern auch, dass Sie Ihren Unternehmenskontext aktiv mitgestalten. So sollten Sie Ihre Informationsquellen systematisch mit Blick auf deren Zuverlässigkeit bewerten, nach Möglichkeiten suchen, wie Sie oder Ihr Unternehmen in Ihrem Umfeld zum »Influencer« werden können, und sich intensiv mit allen »interessierten Parteien« beschäftigen – was bedeutet, sie nicht nur gut zu kennen, sondern sie möglichst lebendig werden zu lassen, um maximales Verständnis und einen optimalen Umgang zu ermöglichen.

Kapitel zwei:
Führung: Der Faktor Mensch – schwer berechenbar, aber unentbehrlich

1. Nachrichten aus der Normenwelt: Wer die besten Führungskräfte hat, wird gewinnen!

Wir steigen ein in eines der spannendsten Themen im Unternehmen überhaupt: Führung. Es liegt in der Natur dieses Themas, das es hier zutiefst »menschelt«. So kommt es, dass der grundsätzlich vorhandene Spannungsbogen zwischen der Norm und der Realität sich an dieser Stelle noch einmal kräftig verschärft. Denn die berechtigte Frage lautet: Wie schafft die »abstrakte« Norm es, gerade für Führung und den »Human Factor« par excellence, die Anforderungen glaubwürdig und authentisch zu strukturieren und zu formulieren? Meiner Meinung nach bekommt sie es gerade so hin, denn ihre Helikopterperspektive verschafft ihr den nötigen Abstand. Alle wesentlichen Punkte stehen drin. Aber es ist trocken, um nicht zu sagen: dürr. Der Kopf sagt: Klar, so muss es gehen. Aber lebensnah und konkret ist natürlich anders – oder vielmehr, alles hängt wieder davon ab, was Sie (im Alltag, unter Druck oder sogar in der Krise) daraus machen ...

Management-Commitment: Führung und Verpflichtung

Ein Blick in die Norm wirft Licht auf einen der Gründe, warum Topmanager so viel verdienen. Wie so oft, geht es nicht in erster Linie um die Arbeitslast, sondern um die Verantwortung, die sie tragen. Einfach alles scheint auf ihren Schultern zu ruhen: Das Management verpflichtet sich, die Politik und die Ziele im Rahmen eines Managementsystems festzulegen. Letztere müssen mit Unternehmenskontext und -strategie vereinbar sein. Das Topmanagement muss zusätzlich dafür geradestehen, dass alle entsprechend getroffenen Maßnahmen wirksam sind und greifen. Es muss dafür sorgen, dass prozessorientiert gearbeitet wird und dass alle nötigen Ressourcen vorhanden sind. Die obere Führungsebene ist dafür zuständig, die Bedeutung und Wichtigkeit der Ziele des entsprechenden Managementsystems zumindest allen Führungskräften zu vermitteln und sie dabei zu unterstützen, alle involvierten Personen in einem Top-down-Prozess weiter anzuleiten. Noch was vergessen? Ach ja, die Norm verlangt, dass das Commitment sich natürlich auch in Richtung Kundenorientierung erstreckt: Anforderungen von interessierten Parteien (Kunden, Gesetzgeber und Behörden und vielen mehr) müssen erfüllt, Risiken und Chancen daraufhin überprüft werden, ob sie einer Verbesserung der Zufriedenheit der interessierten Parteien dienen. Uff! Und das war nur das erste Teilkapitel. Weiter geht's mit der Verantwortung für das Festlegen der Unternehmenspolitik, die im Hinblick auf Kontext und Ziele des Unternehmens »angemessen« gestaltet und darüber hinaus »bekannt« gemacht werden muss – sprich, sie muss dokumentiert, transparent dargestellt und für alle relevanten interessierten Parteien verfügbar sein. Und last, but not least, wird noch verlangt, die Rollen, Verantwortlichkeiten und Befugnisse im Unternehmen zu verstehen, sie sauber abzugrenzen, eindeutig zuzuweisen und diese Zusammenhänge wiederum bekannt zu machen.

Das alles liest sich geschmeidig, aber lässt einen mit einer Art leeren Gefühls zurück. Da war doch noch etwas? Ja genau, der menschliche Faktor. All das bezieht sich auf die Führung von Mitarbeitern, also von Menschen. Und von denen hat jeder seinen eigenen Kopf. Es geht also um den Faktor Mensch in Potenz, wenn man so will, und um nicht weniger als einen der größten Resilienzfaktoren, denn: »The Organizations with the best Leaders will win!« (Gregory, 2018:4)

Anstatt das alles theoretisch weiter zu spinnen, lesen wir besser über einen, der bezogen auf die trockenen Anforderungen der

Norm einen ziemlich guten Job gemacht hat – und dabei ein echter Mensch aus Fleisch und Blut ist:

Carlos Castro: Chef, Zuhörer, Weitblicker und Influencer

Dies ist eine Erfolgsgeschichte auf mehreren Ebenen. Aber in der Fluchtlinie läuft sie auf das Engagement und die Fähigkeiten einer einzigen Person hinaus: Carlos Castro – Selfmade Man, Supermarktinhaber, Chef eines Teams von Mitarbeitern und eine Art Galionsfigur der hispanischen Gemeinde in North Virginia. Der Bürgerkrieg in seinem Heimatland El Salvador machte ihn zum Flüchtling. Mit 25 Jahren besaß Castro nichts außer seinem gesunden Körper und einem starken Willen. Es gelang ihm, sich in den USA eine Existenz aufzubauen, seinen Immigrationsstatus zu legalisieren und US-Bürger zu werden. Dann erfüllte er sich seinen Traum. Er gründete »Todos Super Market« und baute das kleine Unternehmen systematisch zu einer Institution in seiner Region auf. »Todos« heißt auf Spanisch »jeder«, und der Name war bei Castro Programm: Jeder sollte bei ihm genau das finden, was er brauchte.

Sein Lebensmittelangebot war zielscharf auf die Bedürfnisse der Latinos vor Ort zugeschnitten, die bei Todos all ihre favorisierten Produkte aus der Heimat finden konnten. Aber Geld mit den kulinarischen Gelüsten seiner Landsleute (im weitesten Sinne) zu verdienen, war nicht das einzige Ziel von Carlos Castro. Weil er grundsätzlich ein offenes Ohr für alles hatte, was seine Kunden ihm erzählten, erfuhr er mehr und mehr über ihre grundsätzlichen und alltäglichen Anliegen, Herausforderungen und Problemchen. Er beschloss, alles zu tun, um das Leben seiner Kunden ein Stück leichter und angenehmer zu machen, aber auch, um ihr grundsätzliches Standing in der Gesellschaft zu verbessern. Schritt für Schritt experimentierte er mit Produkten und Services, die deutlich über die Lebensmittel-Nische hinauswiesen: Kunden wollten Geld in die Heimat schicken? Bei Todos fanden sie einen entsprechenden Money-Transfer-Service! Eine große hispanische

Familie suchte ein neues Haus? Carlos Castro bot Maklerdienste an, hatte bestimmt das eine oder andere im Angebot und half darüber hinaus noch bei der Vermittlung der Hypothek! Die Beratung und Erklärungen dazu, warum es für die Familie besser sei, zu kaufen als zu mieten, gab es bei Castro dann gratis dazu ... Versicherungen, Hilfe bei der Steuererklärung, ein Reisebüro – die Services bei Todos waren divers und doch passgenau auf die Wünsche der Zielgruppe im Alltag zugeschnitten. Wen wundert's, dass Carlos Castro über die Jahre zum Vertrauten und zu einer Art Lebensberater der ganzen hispanischen Gemeinde wurde?

Das aber war keinesfalls Berechnung oder reine Strategie. Vielmehr lebte Castro eine Vision, die er von seinem Vater vermittelt bekommen hatte: Hilf anderen Menschen, weil es richtig so ist! Der echte und gelebte philanthropische Ansatz erwies sich fürs Business als Goldgrube, aber das war der (gewünschte) Nebeneffekt von persönlicher Authentizität. Castro hörte eben auch da zu, wo es nicht mehr nur um Lebensmittel ging, und so erfuhr er immer alles das, was seine Kunden bewegte. Und wo er einen Weg sah, ihnen zu helfen, kreierte er einen Service. Was für seine Kunden funktionierte, war auch für seine Mitarbeiter pure Motivation: Natürlich war Castro der unbestrittene Chef, lebte aber auch hier seine Vision des »Hilfreichen« und agierte als der gute Zuhörer, der seine Leute verstand und sie so oft wie möglich nach ihren Stärken und Wünschen einsetzte. Dass er auch mal mit anpackte und sein ganzes Geschäft mit Hilfsbereitschaft und Einsatzwillen quasi »durchtränkte«, machte ihn nur noch glaubhafter und beliebter. Allen war klar, wie Castro sein Business führen wollte, und alle gaben ihr Bestes, um an den ständigen Anpassungen und Verbesserungen mitzuarbeiten, ihre Ideen und Beobachtungen zu teilen und den Mix aus Produkten und Services so optimal wie möglich zu präsentieren.

Die Attacke, die Krise, die Castro beinahe sein erfolgreiches Business gekostet hätte, kam aus einer völlig unerwarteten Ecke:

2007 bereitete der Vorstand der County Supervisors in Virginia einen Gesetzentwurf vor, der sich gegen illegale Immigranten richtete. Jedem Polizisten sollte es zukünftig erlaubt sein, den Status von Personen zu überprüfen, die sie bei Verkehrskontrollen oder Ähnlichem als auffällig empfanden. Dieser Entwurf führte innerhalb der hispanischen Gemeinschaft mit Blick auf mögliche Diskriminierung und Rassismus zu großen Ängsten, weil schon eine leicht dunklere Hautfarbe ausreichte, um als »auffällig« zu gelten. Schnell formierte sich Widerstand innerhalb der Gemeinschaft: Aktivistengruppen wurden gegründet, und einige davon verschärften die Situation, indem sie (unrichtige) Vergleiche mit den Nürnberger Gesetzen zogen und etwa unter der Bevölkerung verbreiteten, dass Hispanics zukünftig das Betreten öffentlicher Bibliotheken und das Nutzen anderer öffentlicher Services verwehrt sein würde.

Castro bezog öffentlich Position gegen das Gesetz, aber vor allem auch gegen das Vorgehen dieser Gruppen, und äußerte sich strikt gegen Gewalt oder solche Formen von Agitation, wie sie von den Aktivistengruppen an den Tag gelegt wurden. Vielmehr schlug er vor, die Energien der Gemeinschaft zu bündeln und eine politische Lösung anzustreben. Diese vermeintlich »weiche« Position führte dazu, dass viele seiner Kunden ihn als Verräter an der eigenen Sache wahrnahmen und nicht mehr bei ihm kauften. Aktivisten plakatierten Boykottaufrufe an die Fenster seines Supermarkts: Die Krise war da, die Umsätze brachen ein.

Aber Castro ließ sich nicht beirren: Aus seinen Erfahrungen im Bürgerkrieg in El Salvador hatte er gelernt, dass sich solche Krisen am besten innerhalb des Systems lösen lassen. Als ein bekannter und weithin geschätzter Geschäftsmann nahm er nun Kontakt mit lokalen Politikern auf, um ihnen die Auswirkungen des Gesetzentwurfes auf die hispanische Gemeinschaft zu schildern. Letztendlich formte er sogar eine Allianz mit anderen hispanischen Business-Leadern und gründete die »Hispanic Business Coalition«. Die nutzte nun ihr Geld und ihren Einfluss, um in einer PR-Kampagne einerseits wahrheitsgetreu über den Gesetzesentwurf zu informieren und andererseits gegen Rassismus und Ausgrenzung zu arbeiten. Dieses Vorgehen erwies sich letztendlich als erfolgreich: Das am Ende verabschiedete Gesetz war eine abgespeckte Version des ursprünglichen Entwurfs und wurde nur noch durchgewunken, damit bestimmte Politiker das Gesicht wahren konnten.

Es kostete Castro fast fünf Jahre, um die Folgen der Krise für sein Business aufzufangen und sich auch innerhalb der hispanischen Gemeinschaft zu repositionieren. Er kommunizierte die Situation allen Mitarbeitern klar und deutlich, so dass alle wussten, worauf es nun ankam. Er reduzierte sein Produkt- und Serviceangebot auf das Allernötigste. Er entließ keinen einzigen seiner Mitarbeiter, aber wenn jemand von selbst ging, wurde er nicht ersetzt. Viele Mitarbeiter ließen sich abteilungsübergreifend schulen, um noch flexibler einsetzbar zu sein – sie zeigten eine extrem hohe Bereitschaft, denn auch sie wussten, dass dies der einzige Weg war, um ihre Jobs zu behalten. Und dann aktivierte Castro den Turbo: Anstatt nur seine Wunden zu lecken und sein Augenmerk auf die Erholung seines Flaggschiffs zu richten, setzte Castro auf Expansion. In einer anderen Gegend Virginias trieb er die Eröffnung eines zweiten »Todos Super Market« weiter voran, die er schon vor der Krise geplant und angeschoben hatte. Gerade noch rechtzeitig erkannte er dann während der Bauphase, dass die Bevölkerungsstruktur rund um die neue Niederlassung eine andere war als die in seinem ersten Umfeld: Hier würde er neben Hispanos vor allem Afro-Amerikaner karibischer Abstammung als Kunden haben. Sofort reagierte Castro und passte Produkte und Servicepakete an. Seine Kunden dankten es ihm, und heute kann er auf eine noch breitere Kundenbasis zählen, ohne sein grundsätzliches Erfolgsrezept verändert zu haben. (Hernandez et al., 2015)

2. Das Resilienz-Rezept: Transparenz schaffen, ermächtigen und ehrgeizige Ziele verfolgen

Carlos Castro hat uns gezeigt, wie es gehen kann. Drei für seinen Erfolg entscheidende Punkte können wir aus seiner Geschichte direkt ableiten: Erstens hat er es geschafft, seine persönlichen Werte und Prioritäten für seine Mitarbeiter transparent und verständlich zu machen. Aus diesen Werten hat er für Todos eine Unternehmensvision und eine Unternehmensmission geschaffen und erreicht, dass diese beiden Punkte allen in seinem Unternehmen klar sind und von allen mitgetragen werden. Zum Zweiten ist es ihm offensichtlich gelungen, seine Führungsrolle auf eine Weise wahrzunehmen, die seine Mitarbeiter motiviert und zum Mitdenken anspornt. Er hat sie ermächtigt und ihnen Freiraum und Verantwortung gegeben, statt sie zu gängeln und zu kontrollieren. Und drittens hat er auch in der Krise nicht nur »funktioniert« und auf Schadensbegrenzung gesetzt, sondern sich im Gegenteil ehrgeizige Ziele gesteckt und sie konsequent verfolgt ...

Unternehmensvision und Mission Statement – die unverzichtbaren Zwei

Was Castro sozusagen aus dem Bauch heraus richtig gemacht hat, lässt sich im Rahmen eines Resilienzkonzeptes als die »Festlegung langfristiger Unternehmensziele« umschreiben. Diese Ziele legen Sie in zwei Dokumenten oder Absichtserklärungen möglichst kurz und knackig fest:

Mit der *Unternehmensvision* beschreiben Sie den idealen Zustand Ihres Unternehmens in einer ferneren Zukunft und beantworten sich und Ihren Mitarbeitern die Frage, was Sie in zehn oder 25 Jahren mit Ihrem Unternehmen erreichen beziehungsweise erreicht haben möchten. Die Vision erklärt also das übergeordnete Unternehmensziel. Das ist oft nicht so ganz einfach, wie man etwa bei Jim Collins (2004) wieder nachlesen kann: Er nennt diese Vision nämlich auch das »Big hairy audacious Goal« (BHAG) und betont, dass es der entscheidende Unterschied ist, ob ein Unternehmen »Ziele hat« oder sich komplett und eben mit »Haut und Haaren« einer enormen und überwältigenden Herausforderung verschreibt. (Collins, 2004) Und darum muss die Vision tatsächlich »visionär« sein, also von Ideen und Fantasie zeugen und große Maßstäbe setzen. Gleichzeitig sollte sie aber der Realität verhaftet bleiben und auch eng mit Ihren beziehungsweise den Werten verbunden sein, für die das Unternehmen steht. Und diese doppelte Anforderung ist eben »haarig«, wie Collins es so treffend beschreibt ...

Für die Transparenz »durch die Ränge« ist es dabei besonders wichtig, dass die Vision klar und verständlich formuliert ist und am besten in einem Satz (in Konzentration auf die wesentlichen Faktoren) wiedergegeben werden kann. Amazon etwa punktet mit folgender Vision: »*Amazon's vision is to be earth's most customer centric company; it is to build a place where people can come to find and discover anything they might want to buy online.*« Auf Deutsch: »*Die Vision von Amazon ist es, das weltbeste kundenorientierte Unternehmen zu sein, indem wir eine Plattform schaffen, wo Menschen Produkte finden und alles entdecken können, was sie online kaufen möchten.*« Noch ein Stück kürzer und prägnanter hat es vor Jahren Bill Gates für Microsoft auf den Punkt gebracht. Seine Vision war: »*In jedem Haushalt ein PC.*«

Mit der Unternehmensvision sollen sich vor allem die eigenen Mitarbeiter identifizieren. Wenn allen klar ist, wie das Unternehmen Nutzen stiften wird, entsteht ein großer Anreiz, Teil dessen zu werden und seinen Beitrag zu leisten. Es ist auch deshalb so wichtig, dass die Vision im Unternehmen sehr präsent ist und durch alle Kommunikationskanäle immer wieder aufgegriffen wird. Unternehmerisches Nutzenpotenzial, das durch die Vision erschlossen wird, ist etwa:

- Sie erfüllt eine *Legitimationsfunktion*: Die Vision legitimiert die unternehmerische Tätigkeit im gewählten Tätigkeitsfeld gegenüber allen interessierten Parteien.
- Sie hat darüber hinaus eine *Identifikationsfunktion*: Die Vision vermittelt den Mitarbeitern den tieferen Sinn und Nutzen ihrer Arbeit und steigert so die Motivation.
- Sie gibt *Orientierung*: Die Vision gibt dem Management und den Mitarbeitern eine Richtung und eine Basis für strategische und operative Entscheidungen.
- Und sie kann sogar *inspirieren*: Die Vision kann zu Kreativität anregen, wenn Mitarbeiter aktiv reflektieren, wie sie ihre eigenen Potenziale im Rahmen der unternehmerischen Ziele am besten nutzen können. (Collins, 2001)

Die *Unternehmensmission* als zweites wichtiges Dokument überführt die Vision ins Konkrete. Sie ist Ausdruck des Auftrags des Unternehmens, die Vision zu realisieren. Deshalb ist sie direkt mit der Vision verknüpft, erklärt den praktischen Zweck des Unternehmens und legt fest, was die Firma für Kunden und andere interessierte Parteien von außen leisten will. Einfach ausgedrückt, geht es hier nicht darum, was das Unternehmen sein oder wo es in zehn beziehungsweise 25 Jahren stehen will, sondern darum, warum es überhaupt da ist und welchen Sinn es erfüllt. Der Weltkonzern Google zum Beispiel hat folgende Mission: »*Google's mission is to organize the world's information and make it universally accessible and useful.*« Und auf Deutsch: »*Googles Mission ist es, Informationen zu organisieren und weltweit zugänglich zu machen.*« Oder nehmen wir das TED-Konzept mit seinem »*Spread Ideas*« (»*Ideen verbreiten*«) oder ChariTea mit »*Tee trinken und die Welt verändern*« – diese *Mission Statements* sind einfach zu verstehen, leicht zu merken und emotional positiv unterfüttert. Im Idealfall sind Vision und Mission präzise, aber berührend formuliert, wecken Träume und lösen Begeisterung aus – in jedem Fall aber müssen sie klar machen, für wen das Unternehmen da ist und für wen eben nicht. (Collins, 2001)

Collins nennt die Mission auch den »Hedgehog« – den »Igel«. Ihm geht es nicht darum, den Plan oder die Absicht zu haben, der oder die Beste zu werden. Sondern darum, dass Sie verstehen, worin, also in welcher einen Sache, genau Sie brillieren, also am besten sind oder am besten sein können. (ebd.) Weiter unten in diesem Kapitel gehe ich noch auf dieses »Igel-Konzept« ein.

Transparenz von »oben« nach »unten«

Bei Castro und seinem Todos Supermarkt haben wir gesehen, dass es eine waschechte Führungsaufgabe ist, eine Vision und eine Mission für das Unternehmen zu entwickeln und sie zu kommunizieren. Es ist (wie in der Norm formuliert) immer das Topmanagement, das dafür zuständig und verantwortlich ist. Beide Erklärungen bilden so etwas wie das ideologische »Herzstück« des Unternehmens und müssen darum allen Mitarbeitern klar und deutlich über alle möglichen Medien und Kanäle vermittelt und von allen gelebt, mitgetragen und umgesetzt werden. Auch nach außen hin sollte eine klare und einheitliche Botschaft gesendet werden, die mit diesem Herzstück in Einklang steht und das Fremdbild im Sinne des Unternehmens prägt.

Jetzt klingt das alles auf dem Papier recht einfach. »Da draußen« jedoch werden Sie natürlich merken, dass Ihre Vision und Ihre Mission immer wieder aufs Neue herausgefordert werden. Die Herausforderungen, mit denen Sie umgehen müssen, der unvermeidliche Wandel, den Sie durchlaufen müssen, und die Gelegenheiten, die sich vor Ihnen auftun werden, all dies müssen Sie wieder und wieder auf der »Folie« Ihrer Vision und Ihrer Mission betrachten und bewerten. Damit die Entscheidungen, die Sie auf diesen Wegen treffen müssen, im Einklang mit Ihrem »Herzstück« stehen, können Sie sie nur auf der Basis Ihrer Unternehmenswerte treffen, auf denen Sie auch Vision und Mission aufgebaut haben. Denken wir kurz wieder an Castro: Konfrontiert mit dem für die hispanische Gemeinschaft so ungünstigen und potenziell diskriminierenden Gesetz, lag es ihm trotzdem völlig fern, sich den latent gewaltbereiten Aktivsten anzuschließen. Es widersprach seinen innersten Werten, die sich im Bürgerkrieg in seinem Heimatland in Mittelamerika herausgebildet hatten und Teil seiner Persönlichkeit waren. Er wollte eine politische Lösung, traf seine Entscheidung, ergriff Gelegenheiten, die sich ihm boten, nutzte seine speziellen Möglichkeiten als etablierter Geschäftsmann und hatte damit Erfolg. Seine Mitarbeiter trugen seine Entscheidung mit all ihren Folgen mit. Sie wussten, warum es notwendig war, und identifizierten sich mit seinem Vorgehen und den gemeinsamen Werten. Jim Collins hat auch dafür wieder einen handfesten Begriff geprägt: Er nennt solche Prinzipien, die quasi dauerhaft die Leitplanken für unser Handeln prägen, »SMaC«. Das steht für »Specific, Methodical, and Consistent« und ist für ihn eine Art »Rezept« dafür, wie es gelingen kann, strategische Konzepte in die Realität zu überführen. Ein Rezept, das dauerhafter wirkt als eine pure Taktik – und von inneren und echten Werten mitgetragen wird. (Collins/Hansen, 2011)

Noch ein letzter Punkt zu Vision und Mission: Bezogen auf unternehmerische Resilienz kann es ein zusätzlich entscheidender Schritt sein, um das Streben nach Resilienz ausdrücklich und in klaren Worten sowohl in der Vision als auch in der Mission zu verankern, damit es allen betroffenen und interessierten Parteien immer präsent ist.

Also: Transparenz erreichen Sie mit Ihrer Vision und Ihrem Mission Statement dann, wenn Sie sich in Ihrer Organisation insgesamt über die Ziele und die Ausrichtung der Organisation im Klaren sind – und das bei aktiver Beteiligung aller Mitarbeiter.

Sich strecken für den Erfolg: Ehrgeizige Ziele (»Stretch Goals«) verfolgen

Vision und Mission Statement sind weit mehr als »emotionale Dekoration«, so viel sollte nach der Lektüre oben deutlich sein.

Ganz konkreten Nutzen entwickeln sie, wenn Sie sie als Grundlage für die Entwicklung klarer und individueller Managementprinzipien nutzen und aus ihnen konkrete Ziele ableiten, die ruhig ziemlich ehrgeizig sein dürfen. So wie Carlos Castro es getan hat, als er schon ganz kurz nach seiner großen Krise die Eröffnung seiner nächsten Filiale vorantrieb, obwohl er dafür mit einigen Ressourcen jonglieren musste. So ein ehrgeiziges Ziel ist ein typisches »Stretch Goal«.

Weniger Turnaround, mehr Turnover

Generell verbindet man solche »Stretch Goals« mit zwei Faktoren: mit der extremen Schwierigkeit, das Ziel zu erreichen, und mit der Notwendigkeit, völlig neue Wege zu gehen, um zum Ziel zu gelangen. Ein Beispiel, wie so ein echtes »Stretch Goal« erfolgreich erreicht wurde, liefert die US-amerikanische Fluggesellschaft Southwest: Statt, wie vorher jahrelang, bei ihren Flügen nun noch länger Umkehrzeiten (»Turnaround Times«) von circa einer Stunde an Flughäfen zwischen Landung und Neustart in Kauf zu nehmen, lautete das neue Ziel vor einiger Zeit plötzlich – zehn Minuten. Denn: »Flugzeuge verdienen nur Geld, wenn sie in der Luft sind«, wie es ein damaliges Vorstandmitglied der Airline auf den Punkt brachte. Es war klar, dass dieses Ziel damals über die Grenzen der als normal empfundenen Möglichkeiten und Ressourcen hinausging. Die Aufgabe war bekannt, aber das Ziel so weit vom Status quo entfernt, dass es viel Kopfschütteln auslöste. Out-of-the Box-Denken war hier eine Minimalanforderung; alle mussten nicht nur härter, sondern vor allem anders arbeiten. Die Arbeits- und Denkweisen von Flug- und Bodenpersonal mussten völlig neu aufgesetzt werden, das Verhalten der Fluggäste musste analysiert und antizipiert werden, um die beste Herangehensweise zu finden. Southwest war letztendlich erfolgreich, doch inzwischen hat die Realität die Airline eingeholt: Neue Sicherheitsvorschriften verlangsamen das Procedere, aber Southwest hat mit einer Umkehrzeit von jetzt 25 Minuten bei der Konkurrenz immer noch die Nase vorn. (Sitkin et al., 2017) Wen wundert's, dass im Mission Statement von Southwest verankert ist, »*To become the World's (...) most profitable Airline*«? ...

So eine Erfolgsgeschichte erzählt aber nur die halbe Wahrheit: Stehen die ehrgeizigen Ziele nicht in Übereinstimmung mit den Unternehmenswerten oder sind sie einfach zu »weit weg« und es fehlen jegliche Berührungspunkte mit dem Status quo, kann der Schuss nach hinten losgehen. Ein Entfremdungsgefühl und Überforderung bei den Mitarbeitern, die daraus resultierende fehlende Motivation und Ressourcenmangel oder ein Überstrapazieren der Reserven im Unternehmen kann ein Unternehmen an einem Stretch Goal glorreich scheitern lassen. Die feste Anbindung an eine bestehende und gelebte Unternehmenskultur und der kritische Blick auf vorhandene Ressourcen sowie ein inkrementelles Vorgehen (Schritt für Schritt) machen ein Stretch Goal erst zu einem Erfolgsbringer.

Gamification oder Disziplinarprozess? Motivieren und ermächtigen statt kontrollieren und gängeln

»Führungsstil« ist das Stichwort, wenn es um die erfolgreiche Umsetzung solcher ehrgeizigen Ziele geht, denn eine Kultur der Innovation und deren Festschreiben in Vision und Mission Statements sind ein Ding, aber das Leben einer Führungskultur des Vertrauens und der Offenheit ein anderes. Sicher hilft es, wenn auch diese Führungskultur im »ideologischen Herzstück« des Unternehmens festgeschrieben ist (ich würde es sogar unbedingt empfehlen). Aber die guten Vorsätze oder vielmehr die PS müssen ja auch auf die Straße ...

Kurze Wege, lange Leine und sorgfältig definierte Rollen und Verantwortungsbereiche

Das sind in aller Kürze die Zutaten für eine Art »Zaubertrank«, dessen Anwendung garantiert zu mehr unternehmerischer Resilienz beiträgt. Ganz praktisch betrachtet – beziehen Sie folgende Punkte in Ihre Überlegungen mit ein:

1. Leben Sie eine Lenkungsform, die Entscheidungen möglich macht

»Governance« ist im Resilienzkontext ein »kleines« Reizwort: Hierarchien sind kompliziert und fressen Ressourcen, die Struktur aber, die sie liefern, ist wichtig und ein Effizienzverstärker. Ein Widerspruch? Stimmt, aber während die hierarchisch aufgestellte Grundstruktur für das Unternehmen eine Art notwendiges »Betriebssystem« darstellt, hindert Sie niemand daran, zusätzlich auf diesem System so etwas wie flexible »Apps« zu installieren, die in nicht hierarchisch gegliederten Teams nebenher laufen, Innovationen vorantreiben und schnelle Entscheidungen ermöglichen. Der Autor Lars Vollmer hat diesen Gedanken in seinem Buch *Zurück an die Arbeit* (2016) noch ein wenig weiter gesponnen und unterscheidet zwischen »Regeln« und »Prinzipien«. »Regeln« sollen Komplexität reduzieren und als feste Pfade fungieren, auf denen Unternehmen und Mitarbeiter möglichst reibungslos laufen können. »Prinzipien« sind nötig, um Komplexität zu beherrschen, und sind dementsprechend mehr als eine Form von Zielorientierung zu verstehen, die genug Raum für eigene Entscheidungen lässt. Innerhalb eines resilienzorientiert genutzten Managementsystems muss es beides geben, so dass die Vorteile der Hierarchie genutzt, aber auch deren Grenzen erkannt werden können. Mehr dazu, wie das konkret gehen kann, in Teil drei dieses Kapitels ...

2. Sie wollen doch nur spielen ...

Um bei Punkt eins sauber anzudocken und entsprechende »App«-Teams aufzusetzen, brauchen Sie vor allem: Vertrauen und eine lange Leine. Warum also das ganze Thema Führung nicht einmal spielerisch betrachten? Denn wer spielt, ist intrinsisch motiviert, schaut weniger auf die Uhr und bringt mehr Leistung. »Gamification« heißt dieser Ansatz und umfasst drei

Bestandteile, die auch jedem guten Spiel zu eigen sind: eine spannende Herausforderung, die Realisierung, dass die zu erledigenden Aufgaben relevant sind, und die Freiheit, auch mal jenseits der Regeln experimentieren zu dürfen. Ein wirklich gutes Spiel bringt also nicht einfach eins zu eins berechenbare Belohnungen in Form von Punkten und Auszeichnungen ... (Leitl, 2011)

Natürlich gilt auch hier wieder: Generell muss jeder Bereich im Unternehmen, der über diesen Ansatz nachdenkt, individuelle Lösungen für sich finden. Es muss zur allgemeinen Unternehmensphilosophie passen und zur Branche und zu den Mitarbeitern.

3. Rollen und Verantwortlichkeiten

Lange Leine, intelligente Spiele und flexible Apps – wenn das keine leeren Buzzwords sein und die Ressourcen und Energien der Mitarbeiter nicht verpuffen sollen, gilt es, die Rollen und die Verantwortlichkeiten im Unternehmen von vorneherein sauber zu definieren. Das erspart Reibungsverluste:

Lesen Sie *hier* mehr zum Thema »Rollen und Verantwortlichkeiten«.

Link: https://dasbuch.surviveandprosper.de/fuehrung

3. Survive and Prosper: Echte Führungsstärke – von gesunder »Humbition«, zielführender Strategieentwicklung und der Kraft der zwei Systeme

Echte Leader sind bescheiden – und wild entschlossen

Die Management-Literatur ist voll von den (Auto-)Biografien der Poser, Autokraten und der starken Männer. Mehr als nur ein Hauch von Testosteron und Machismo etwa steigt aus den Seiten von Lee Iacoccas *Amerikanischer Karriere* auf. Doch nicht nur in Übersee wird diese Form der Selbstdarstellung gepflegt, auch in Deutschland sind die starken Männer an der Spitze von Unternehmen gesellschaftsfähig. So werden zum Beispiel in *Leistung aus Leidenschaft* Josef Ackermanns Weg an die Spitze der Deutschen Bank und seine übergroße Persönlichkeit ebenfalls erfrischend unkritisch dargestellt. Das sind beileibe keine Einzelfälle, aber dennoch befindet sich die Art von Führungskultur, die diese Männer repräsentieren, glücklicherweise schon länger auf dem absteigenden Ast. Denn dass die Autokraten, die Alleinherrscher und Ego-Shooter nach ihrer »großen« Zeit in den 1980er- und 1990er-Jahren ausgedient haben könnten, weil sich ihr Verständnis davon, wie Führungspersönlichkeiten zu sein und zu agieren haben, überlebt hat und nicht mehr zeitgemäß ist – diese Ahnung bestätigt sich mehr und mehr. Bleibt die Frage, welche Art von Leadern denn heute wohl »Fit for Sucess« sein könnte … Dazu wieder eine wahre Geschichte (die erstaunlicherweise alles andere als neu ist – aber dafür wegweisend):

Eine ungewöhnliche Wahl

Anfang der siebziger Jahre in den USA: In einem verstaubten Großunternehmen der Papierindustrie, dessen Aktien im Zeitraum der letzten 20 Jahre um mehr als 35 Prozent unter den Marktdurchschnitt gefallen sind, tritt der frisch gewählte CEO Darwin Smith seinen Job an. Er ist voller Selbstzweifel, denn er hat das Gefühl, als Rechtsexperte und bisheriger Firmenanwalt, der er ist, nicht recht in die vermeintlich geforderte Rolle eines starken Sanierers zu passen. Seine eigenen Zweifel spiegeln sich in den Reaktionen mancher Vorstände, die seine Wahl nicht unterstützt haben, wider. Die sind sich nämlich nicht zu schade, Smith daran zu erinnern, dass er nicht hundertprozentig für seine neue Aufgabe qualifiziert ist. Smith aber ist trotzdem entschlossen, die Herausforderung anzunehmen. Und er wird Recht behalten: Er bleibt 20 Jahre CEO der Firma. In dieser Zeit leitet er eine überwältigend erfolgreiche Transformation ein, die letztendlich dazu führen wird, dass seine Firma innerhalb der Branche weltweit eine Führungsposition einnimmt. Prominente Rivalen wie Scotts Paper oder Procter&Gamble wird er auf die Plätze verweisen. Seine Firma wird ihren Anlegern viermal so hohe Dividenden zahlen wie der Rest der Branche – und so auf dem Feld der Rendite sogar andere Weltkonzerne wie Hewlett Packard, 3M, Coca-Cola oder General Electric aus dem Feld schlagen.

Die Frage danach, was Smith anders gemacht hat als seine Vorgänger und seine Kollegen bei den Mitbewerbern, liegt auf der Hand. Seine Amtshandlungen aber sind eine Sache, viel interessanter ist es, tiefer zu graben und zu schauen, wodurch sein Handeln motiviert war, und dabei einen Blick auf seine Persönlichkeit zu werfen: Verglichen mit den »starken« Männern seiner und der nächsten Generation scheint Darwin Smith vom Mars zu kommen. Er ist unmodern, fast schon schlecht gekleidet, trägt eine dicke Brille und hasst es, persönlich im Mittelpunkt zu stehen. Als ein Journalist ihn während einer Pressekonferenz fragt, wie er seinen Führungsstil beschreiben würde, starrt Smith ihn an, schweigt lange und sagt schließlich leise: »Als ausgefallen.« Öffentliche Aufmerksamkeit ist Smith peinlich, er tritt nur dann vor Publikum auf, wenn er es nicht vermeiden kann, und reduziert seine Repräsentationsaufgaben auf ein Minimum. Doch wer ihn darum unterschätzt, ist komplett auf dem Holzweg. Sein ganzes Handeln ist geprägt von einer wilden Entschlossenheit. Während seiner ganzen Zeit als CEO verfolgt er nur ein Ziel: die Firma *wieder zum Marktführer zu machen. Nichts kann ihn aufhalten. Weniger als ein Jahr nach seinem Start auf dem CEO-Posten wird bei ihm Krebs diagnostiziert. Die Ärzte geben ihm noch ein Jahr, vielleicht weniger. Er informiert Vorstand und Aufsichtsrat, stellt aber dabei direkt klar, dass »er keinerlei Absicht habe, bald zu sterben«. Er schultert weiterhin seine normale Arbeitslast und integriert die notwendige Strahlentherapie in seinen ohnehin schon vollen Terminkalender. Er überlebt die Diagnose um mehr als 25 Jahre, 20 davon ist er CEO des Unternehmens.*

Ein typisches Beispiel für seinen Stil, die Firma zu führen, ist nicht minder stark von diesem unglaublichen Willen geprägt: Ebenfalls relativ kurz, nachdem er seinen Posten übernommen hatte, beschließt Smith mit seinem Team, das Kernstück der Firma, die Papiermühlen, abzustoßen. Die waren zwar unerlässlich für das bisherige Geschäft des Unternehmens (die Herstellung von beschichtetem Papier), aber Smith will die Firma aus dem Dunstkreis dieses Business befreien, weil dort die Mittelmäßigkeit regiert – dieser Wirtschaftszweig läuft traditionell schleppend, und der Wettbewerb ist entsprechend schwach auf der Brust. Er plant, viel stärker in den Markt für Konsumgüter aus Papier einzusteigen: Hygiene- und Kosmetikprodukte sollen zukünftig im Fokus der Firma stehen. In diesem Bereich der Feuchttücher, Windeln und Küchenrollen ist die Nachfrage hoch, aber man wird es als Konkurrenz auch mit Konzernriesen wie eben Procter&Gamble zu tun bekommen. Willentlich also zwingt er das Unternehmen (wie der General, der nach der Landung auf feindlichem Gebiet seine Boote verbrennt, um eine Flucht unmöglich zu machen) in eine Situation des Siegens oder Sterbens.

Die unmittelbaren Folgen seiner Entscheidung sind schwierig: Die Medien laufen Amok, und die Wall Street wertet die Aktien des Unternehmens ab. Smith jedoch verfolgt seinen Weg unbeirrt weiter, und die erzwungene Bewährungsprobe erweist sich auf lange Sicht als die richtige Strategie. 25 Jahre später hat seine Firma den unmittelbaren Konkurrenten Scotts Paper geschluckt und macht in sechs von acht Kategorien ein besseres Geschäft als Procter&Gamble. Smiths Kommentar dazu: »*Ich habe nie aufgehört zu versuchen, mich für den CEO-Job zu qualifizieren.*« *(Collins, 2001a)*

Wow! Ich denke, nach dieser Lektüre ist vollkommen klar, was ich oben mit »wild entschlossen« meinte. Aus jeder dieser Zeilen sprechen ein starker Wille und viel, viel Mut. Smith weiß, dass er derjenige ist, der die Entscheidungen treffen und die Gelegenheiten ergreifen muss. Besonders interessant ist eben seine spezielle Form von Mut, die Chuzpe, »Against the Grain« zu handeln, also das »Gegen-den-Strich-gebürstet-sein«. Vor allem, weil er es tatsächlich wagt, mit sehr traditionellen, tief verankerten Mustern zu brechen. Eine Papierfirma braucht unbedingt eigene Papiermühlen? So denken der Mainstream, die Presse und eben auch die Börsenaufsicht – aber nicht er. Darum muss man aber nicht denken, dass er die Existenz der Firma leichtfertig aufs Spiel gesetzt hätte. Seine ungewöhnliche Entscheidung basierte auf harten Fakten und einer gründlichen Marktanalyse. Risikominimierung eben. Und auf der Frage: Wo können wir wirklich groß werden? Was ist das eigentliche Ziel unseres Unternehmens, unsere Daseinsberechtigung? Wozu machen wir das alles?

Frag' immer erst, warum

Der wunderbare Autor Simon Sinek (2011) hat sich mit der Idee des »Warum?« oder »Wozu?« eines Unternehmens intensiv beschäftigt. Die häufigste »Fehldenke« bei Unternehmen ist aus seiner Sicht, dass sie das »Was?«, also die Produkte oder Dienstleistungen, in das Zentrum ihres Tuns stellen. Danach verwenden sie ihre Energie auf das »Wie?«, und wenn sie dann noch Planungs- oder Reflexionskapazität übrighaben, enden sie beim »Warum?«. Oft kommen sie gar nicht so weit, weil sie ihr »Warum?« gar nicht kennen (wollen). So spielen sie vermeintlich auf Sicherheit, denn sie fangen mit den Dingen an, die sie kennen und die offensichtlich sind, und enden bei denen, die ihnen unklar sind. Und das ist ein großer Fehler: Firmen verkaufen zwar das, *was* sie tun, die Kunden aber kaufen sehr oft, *warum* sie es tun. Apple ist ein viel strapaziertes, aber gutes Beispiel dafür. Ist Apples Technik führend? Darüber sind die Meinungen geteilt. Aber Apples Credo? Ist unglaublich attraktiv: Bestehendes in Frage stellen, anders denken, cool sein – all das übt eine magnetische Anziehungskraft auf die Kunden aus und führt zur Bildung einer echten Fan-Gemeinde. Aber unser Thema hier ist ja Führung. Und das Tolle ist: Hier funktioniert das »Warum?« genauso. Niemand ist so motiviert wie einer, der genau weiß, warum er bei einer Firma arbeitet – und nicht bei einer anderen.

Doch zurück zu unseren Führungspersönlichkeiten: Die oben beschriebene »unschlagbare« Mischung aus Bescheidenheit (Englisch: humility) und Ehrgeiz (Englisch: ambition) beziehungsweise wilder Entschlossenheit geistert als »Level 5 Leadership« (Collins, 2001a) oder als »Humbition« (Taylor, 2013) durch die Wirtschaftsliteratur. Einer der entscheidenden positiven Unterschiede zum Führungsstil der »starken Männer« wie Lee Iacocca liegt darin, dass »Humbition« viel nachhaltigere Ergebnisse erzielt. Klar, denn achten Manager mehr auf das, was sie tun, um dem Unternehmen zu nützen, und weniger aufs Image oder die Darstellung ihres Muskelspiels in den Medien, werden die notwendigen Energien dort behalten, wo sie hingehören, anstatt zu verpuffen. Noch einmal kurz zurück zu besagtem Lee Iacocca: Seinen Ruhm begründete er durch die zu Recht gefeierte Rettung des Autoriesen Chrysler. In seinen besten Zeiten schafften es die Aktien des Autoherstellers, im Vergleich zum sonstigen Markt um das 2,9-Fache zu steigen – eine enorme Leistung! Doch ungefähr zur Hälfte seiner Amtszeit begann Iacocca, seinen Aufmerksamkeitsfokus zu verlagern, und konzentrierte sich mehr auf sich selbst als auf die Firma: Er erschien regelmäßig in allerlei Talkshows, übernahm Rollen in mehr als achtzig Werbespots und schrieb seine berühmte

Autobiografie, die sich über sieben Millionen Mal verkaufte. Auf dem Gipfel seiner Hybris dachte er sogar darüber nach, für das Präsidentenamt der USA zu kandidieren (Sie sehen: Die fragwürdige Idee, dass einer, der ein erfolgreicher Manager ist, auch erfolgreich eine Weltmacht lenken könnte, ist nicht neu …).

Dumm nur, dass Iacoccas persönlicher Marktwert zu dieser Zeit zwar alle Grenzen sprengte, Chrysler sich aber schnell wieder auf einem absteigenden Ast wiederfand und in der zweiten Hälfte von Iacoccas Amtszeit 31 Prozent an Wert verlor.

Lächelt dem Tapferen wirklich das Glück?

Noch ein weiteres Wort zu dem oben erwähnten »Level 5«-Konzept: Als sich Jim Collins um die Jahrtausendwende damit beschäftigte, was Unternehmen tun oder haben müssten, um sich von »gut« zu »großartig« zu entwickeln, beobachtete er, dass eine überdurchschnittliche Anzahl der Firmen aus der Kategorie »großartig« mit CEOs gesegnet waren, die bescheiden und eher leise auftraten. In solchen Unternehmen regierten eben sehr oft die »Smiths dieser Welt«, die schüchtern und furchtlos zugleich waren, was sie aus der größeren Masse der »nur« kompetenten Manager (in Collins' System Level 3) beziehungsweise der »effektiven« Führungskräfte (bei Collins Level 4) heraushob.

Collins beobachtete, dass diesen »Schüchtern-Furchtlosen« scheinbar überdurchschnittlich oft »das Glück hold« war, was die Entwicklung der Unternehmen in Richtung »großartig« stark begünstigte. Darüber hinaus neigten diese bescheidenen Führungspersönlichkeiten dazu, grundsätzlich hervorzuheben, wie viel »Glück« sie bei einer Entscheidung oder einer Entwicklung gehabt hatten. Mag Letzteres der nun vielfach erwähnten Bescheidenheit geschuldet sein, so lohnt sich doch ein Blick auf diesen seltsamen »Glücksfaktor«, der bei näherem Hinsehen durch sechs Verhaltensweisen beziehungsweise Einsichten im Führungsstil der »Schüchtern-Furchtlosen« forciert wurde (Collins, 2001a):

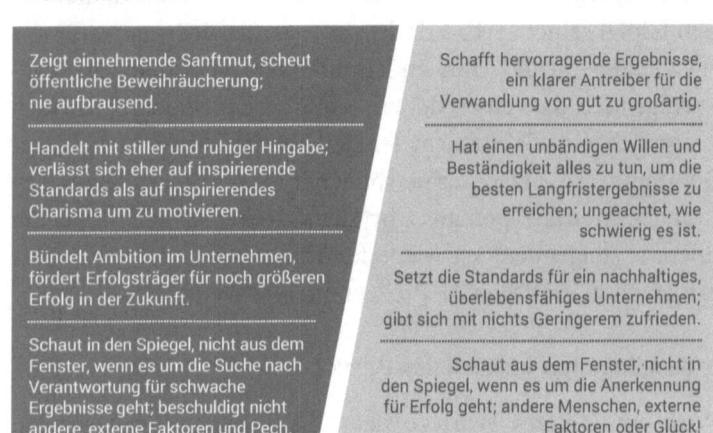

Abbildung 2.1: Das Yin und Yang großer Führung

Führungsprinzip 1: Sie kümmern sich erst um die Menschen, dann um die Strategie

»People first, strategy second« bedeutet, erst die richtigen Menschen an Bord zu holen und sich in der Zwischenzeit von den falschen zu trennen. Dann, im zweiten Schritt, die richtigen Mitarbeiter auf die richtigen Posten zu setzen und erst dann zu beschließen, wo das Schiff hinsteuern soll.

Führungsprinzip 2: Sie leben den begründeten Optimismus

Das Konzept ist uns aus der Einleitung des Buches wohl bekannt: Unbedingt die realen Fakten anerkennen, wie brutal sie auch sein mögen, aber gleichzeitig ganz fest davon überzeugt sein, dass es besser werden wird und dass es Wege aus der Krise gibt.

Führungsprinzip 3: Sie drehen konsequent das Schwungrad

»Momentum gewinnen« ist hier die zugrunde liegende Idee. Eine Transformation in Richtung Resilienz und Unternehmenserfolg passiert nie über Nacht. Der Dreh am Schwungrad wird es beim ersten Mal nur für eine Umdrehung in die richtige

Richtung schicken, beim zweiten Mal für zwei Umdrehungen und danach für fünf und schließlich für zehn Umdrehungen. Die Energie muss solange einwirken, bis sich das Rad nicht mehr aufhört zu drehen und der Durchbruch erreicht ist.

Führungsprinzip 4: Sie nutzen das »Igel-Konzept«

Der Philosoph Isaiah Berlin beschreibt zwei Herangehensweisen an das Denken und das Leben generell: Der Fuchs weiß wenig über viele Dinge, und der Igel weiß alles über eine große Sache. Wenn Unternehmen »Igel-gleich« sehr viel über nur drei sehr wichtige Bereiche wissen, werden sie erfolgreich sein: Sie müssen wissen, worin sie Weltklasse sein können, wie sie wirtschaftlich am besten funktionieren können und wie und mit was sie die Leidenschaft ihrer Mitarbeiter am besten triggern.

Führungsprinzip 5: Sie sind wählerisch bei Technologien

»Nicht auf jeden modernen Zug direkt aufzuspringen« ist hier der Grundgedanke, sondern genau zu bewerten, welche Technologien die Firma weiterbringen, und in diese dann tief einsteigen – vielleicht sogar ein Pionier in ihrer Nutzung werden. Das kann mit großen Investitionen verbunden sein, aber wenn diese an das »Igel-Konzept« der Weltklasse in einem begrenzten Bereich und der Wirtschaftlichkeit anschließen, werden sie dem oben genannten Schwungrad noch mehr Momentum verleihen.

Führungsprinzip 6: Sie sorgen für und leben eine Kultur der Disziplin

Disziplinierte Mitarbeiter, diszipliniertes Denken und diszipliniertes Handeln sind unverzichtbar. Die Idee dahinter ist: Wenn eine Firma disziplinierte Mitarbeiter hat, braucht sie keine (oder weniger) Hierarchien. Diszipliniertes Denken macht Bürokratie weitgehend überflüssig. Und diszipliniertes Handeln braucht weniger Kontrolle. Das Fazit hier: Wenn die Einstellung stimmt und die Beziehungen zwischen den Menschen und den Abteilungen eng genug sind und gut funktionieren, braucht es bedeutend weniger Regeln. Und all dies macht: agil!

People first, strategies second

Vor allem Prinzip Nummer eins möchte ich hier ein wenig vertiefen: Es schließt direkt an eine Einsicht an, die in der Resilienzforschung grundsätzlich diskutiert wird (die ich aber im richtigen Kontext jederzeit unterschreiben würde): »People make or break the organization.« Wir sprachen oben schon davon: Traditionell wird der Mensch in der Wirtschaft oft eher als »Unsicherheitsfaktor« gesehen. Technik und künstliche Intelligenz bekommen bei Investitionen häufig Vorfahrt, weil sie so schön berechenbar und verlässlich sind. Aber die neue Resilienzforschung zumindest ist sich einig: Gerät eine Organisation unter Druck, kommt es auf die Menschen an. Die vorherrschende Führungskultur sowie das Auftreten und die Kompetenzen der Führungsriege sind kriegsentscheidend, wenn es um die Resilienz der Mitarbeiter und des gesamten Unternehmens geht. (Seville, 2018) Allerdings werden gemäß den »alten Überlegungen« immer noch große Ressourcen in eine mittel- oder sogar langfristige Strategieentwicklung gesteckt. Aber ist das überhaupt sinnvoll?

Sind Strategien generell überbewertet?

Diese Möglichkeit ziehe nicht nur ich, sondern zieht auch Peter Drucker mit dem berühmten ihm zugeschriebenen Zitat »*Culture eats strategy for breakfast*« in Erwägung. (In Wirklichkeit hat sich dieses bekannte Zitat wahrscheinlich aus den Worten des nur unwesentlich weniger berühmten Wirtschaftspsychologen Edgar Schein (1985) »*Culture determines and limits strategy*« entwickelt, aber das nur am Rande). Aber was ist eigentlich das Problem mit Unternehmensstrategien, dass sie zunehmend zu einer Art »Prügelknaben« im Rahmen der Agilitäts- und Resilienzdiskussion werden? Ganz einfach ...

- ihre Entwicklung dauert zu lange und sie werden womöglich noch im Prozess durch die Notwendigkeit für bessere oder neuere Strategien überholt,
- sie werden, einmal öffentlich gemacht, von Mitbewerbern kopiert,
- es liegt heute sehr viel Macht in Kundenhand. Das Verhalten der Kunden aber lässt sich schwer vorhersagen. Das erschwert eine passgenaue Entwicklung und begünstigt das Überholtwerden oder das Sich-selbst-überholen,
- es dauert generell zu lange, bis es zur Umsetzung einer Strategie kommt und
- niemand fühlt sich wirklich zuständig für die Umsetzung …,
- aber leider geht es ganz ohne Strategie doch nicht!
(Bonchek, 2017, beziehungsweise Moss Kanter, 2017)

Diese Liste könnten wir noch verlängern, aber ich denke, der Punkt ist deutlich geworden. Klar ist auch, dass wir immer ein Spannungsfeld haben werden zwischen der (notwendigen) Strategie und ihrer Umsetzung und dass dieses Spannungsfeld vom Grundsatz her eigentlich ein Führungsthema ist. Technologie und Strategie sind wichtig, aber die Menschen sind das wirklich Wichtige, und echte Führungspersönlichkeiten erkennen genau das.

Aber was ist zu tun? Wie kann man das Thema Strategie »resilienztauglich« machen, eine einmal entwickelte Strategie in den Köpfen der Mitarbeiter verankern und schnell von der Strategie zur Umsetzung kommen? Hier ein paar Gedanken dazu …

- Die Strategie muss transparent und ihre Grundsätze müssen allgegenwärtig sein. Sie müssen sich einbrennen bei allen Mitarbeitern.
- Das Wesentliche einer Strategie muss kurz und knackig und in weniger als drei Sekunden auszusprechen sein.
- Verpacken Sie zum besseren Verständnis die Strategie in eine Story, die Beteiligte mitreißt und von ihnen verstanden wird.

- Es muss erlaubt sein, die Strategie in Frage zu stellen. Kritische Fragen und unterschiedliche Denkweisen sind keine Kritik, sondern eine große Chance. Nutzen Sie sie, um schnell Veränderungen vornehmen zu können und die Strategie realitätstauglich zu machen.
- Bestimmen Sie alle interessierten Parteien und beziehen Sie sie mit ein. Jeder muss sich »zuständig« fühlen für die Umsetzung.

All das ist Führung pur und bedeutet nichts anderes, als dass sich fähige Führungskräfte weniger auf die Strategie an sich als vielmehr auf deren Umsetzung fokussieren. (Bonchek, 2017 beziehungsweise Moss Kanter, 2017) Sie können zum Beispiel damit anfangen, die Struktur und das Organisationsdesign des Unternehmens so aufzusetzen, dass die Umsetzung generell erleichtert wird – siehe etwa Führungsprinzip 6 »Disziplin« und »Gute Beziehungen statt Regeln« oben …

Und last, but not least noch ein wichtiger Punkt: Ob eine Strategie erfolgreich ist, sollten Sie an den wirklich wichtigen Parametern messen. Also nicht pur an der monetären Entwicklung einer Strategie, sondern vielmehr daran, wie gut die geplanten Veränderungen greifen. Wenn Sie zum Beispiel ein neues digitales Angebot implementiert haben, ist es wichtiger, zu wissen, wie sich die Nutzerzahlen entwickeln und wie lange die Nutzer aktiv bleiben, anstatt nur auf die reinen Umsatzzahlen zu schielen. Solch eine Überlegung spiegelt sich etwa in einem optimalen »Product-Market-Fit« wider, der besonders für Startups wichtig ist und alles darüber aussagt, wie gut ein (neues) angebotenes Produkt zur Zielgruppe passt: Wenn der Wunsch der Zielgruppe nach einer (besseren) Lösung ihres Problems groß ist, das betreffende Produkt die Bedürfnisse der Zielgruppe erfüllt und ihr beträchtliche Vorteile gegenüber dem Status quo liefert und es bei der Zielgruppe keine Probleme erzeugt, die den Kauf verzögern oder verhindern könnten, haben Sie diesen »Fit«.

Und der führt dann zu der gewünschten »Retention«, also dazu, dass die Nutzer und Kunden Ihnen treu bleiben.

Die richtigen Menschen am richtigen Ort

Punkt zwei zu den Menschen im Unternehmen: Teambuilding ist eine Kunst. Ein Beispiel: Ein internationales Unternehmen hatte sich vorgenommen, eine neue »Spitzenmannschaft« aufzubauen. Scheinbar folgerichtig hat die Personalabteilung daher in ganz Europa die jeweils Besten auf ihrem Fachgebiet recherchiert und für enorme Summen eingekauft. Da jeder der absolute Experte auf seinem Gebiet war, ließ man die Leute machen – Spitzenergebnisse würden sich dann doch wohl von selbst einstellen? Leider kam es, wie es kommen musste: Der gesamte neu aufgestellte Bereich scheiterte mit Pauken und Trompeten, und nach einigen Jahren sowie ein paar zusätzlichen Fehlern meldete sogar die ganze Firma Konkurs an.

Daraus folgt: Die »Besten« und die »Starken« werden nicht von selbst zu Spitzenleistern, sondern sie müssen ein ihnen gemäßes Umfeld haben. Sind sie nicht am richtigen Platz im Unternehmen, stimmt die Leistung womöglich nicht. Außerdem kommt erschwerend hinzu, dass viele Top-Fachexperten zusammen noch lange kein funktionierendes Team bilden müssen. Was will eine Abteilung mit zehn Häuptlingen, wenn sie keine Umsetzer hat?

Diese Überlegung geht also in Richtung des bekannten Ansatzes »Stärken stärken«. Konkret und bezogen auf Projekte etwa kann man vier Rollen identifizieren, die ein Projektmanager ausfüllen kann – und das kann er nur bestmöglich machen, wenn die jeweilige Rolle auch seinem Typus entspricht. Es ist also eine echte Führungsaufgabe, danach zu schauen, mit welcher Aufgabe ich gerade konfrontiert bin, und dann die richtigen Leute dafür einzusetzen. Hier ein paar Tipps dazu:
- *»Propheten«* sind Weitdenker, haben Fantasie und gute Ideen. Kleinteiliges Schritt-für-Schritt-Umsetzen ist ihre Sache

nicht. Sie blühen auf, wenn eine Strategie verändert oder eine große Vision erarbeitet werden soll.
- »*Spieler*« dagegen haben ein Näschen für das, was funktioniert. Wenn die grundsätzliche Strategie steht und verfolgt werden soll, aber Weggabelungen auftauchen und Entscheidungen getroffen werden müssen, wissen sie, welche »Wette« sie auf den Erfolg der jeweiligen Alternative abgeben können.
- »*Experten*« haben ihren großen Auftritt, wenn die ursprünglich angedachte Strategie nicht funktioniert und sie angepasst werden muss. Im Vorfeld können sie die notwendigen Änderungen analysieren und fundierte Vorschläge machen.
- »*Macher*« sind in ihrem Element, wenn eine Strategie funktioniert und ganz »einfach« nur umgesetzt werden muss. (Pedersen/Ritter, 2017)

Ein heikles Thema: Muss Führung ethisch sein oder ist erlaubt, was gefällt?

Ein dritter und letzter Punkt zum Thema »Menschen«: Auch Führungskräfte und Topmanager sind nur Menschen – aber was ist noch vertretbar, und was überschreitet ethische Grenzen? »Sex, Drugs and CEO« titelte das *managermagazin* im März 2017 und stellte die erschreckende Zahl in den Raum, dass zwischen 2012 und 2016 rund ein Viertel aller gefeuerten Unternehmenslenker aus »ethischen Gründen« gehen musste. Betrug, Bestechung, Insiderhandel, Lügen auf Lebensläufen oder sexuelle Übergriffe standen dabei ganz oben auf der Liste der konkreten Verfehlungen, und die Tendenz ist steigend: Zwischen 2007 und 2011 waren es noch lediglich 12,5 Prozent der CEOs, die durch Fehltritte dieser Art ihre Sessel räumen mussten. Sicherlich gibt es eine Art Schnittmenge zwischen den Autokraten und »Testosterongesteuerten« (wie oben beschrieben) und diesen »echt bösen Jungs«. Dass Protz und übermäßige Selbstdarstellung für die Unternehmensresilienz kontraproduktiv sind, haben wir gesehen und liegt auf der Hand. Solche CEOs sind vielleicht erfolgreich, weil getrieben, aber Nachhaltigkeit, Fingerspitzengefühl und Führungsqualitäten bleiben schon mal auf der Strecke. Öfter sind auch die Grenzen zwischen »Genie und Wahnsinn« fließend, wie die immer wieder aufflammende Diskussion um Elon Musk und die Zukunft von Tesla zeigt.

Nun ist die moralische weiße Weste ja tatsächlich eine Sache, und wichtig dazu: Es muss aber nicht immer um Fehlverhalten gehen, das an Verbrechen grenzt. Oft reicht es schon, Mitarbeiter ungebührlich unter Druck zu setzen, um den nachhaltigen Unternehmenserfolg zu gefährden. Es gibt etwa eine Studie (Badrinarayanan et al., 2018), die untersucht, wie die Leistungen im Vertrieb zurückgehen, wenn das Verhalten von Kollegen oder Chefs als »fragwürdig« wahrgenommen wird oder regelmäßig »grenzwertige« Aktionen zur Umsatzsteigerung von den Mitarbeitern vorausgesetzt oder aktiv verlangt werden – wie etwa unverhältnismäßiges Upselling beim Kunden oder aggressives Auftreten im Kundengespräch, um die Zahlen aufzuhübschen.

»Vorbild« ist hier wohl das (viel strapazierte, aber richtige) Wort, denn »Führen heißt vorleben« (Grundl, 2007), und die Strahlkraft und letztendlich die Motivation, die von einer integeren und authentischen Führungskraft ausgehen, sind nicht zu unterschätzen. Der Umgang mit Fehlern ist zum Beispiel so ein Punkt, wo sich auch die Spreu vom Weizen trennt: Die Implementierung einer echten Fehlerkultur im Unternehmen ist Chefsache. Wenn sich Führungskräfte erlauben, aus ihren Fehlern zu lernen und sie als Möglichkeit zur Verbesserung (mehr dazu in Kapitel sieben) zu verstehen, werden sie dasselbe auch ihren Mitarbeitern zugestehen (müssen) (Keating et al., 2017), und das ganze Unternehmen wird davon profitieren.

Zum Schluss des Kapitels noch das versprochene Praxisbeispiel zu den Ausführungen oben in Teil zwei zum Spannungsfeld zwischen effizientem Tagesgeschäft »Betriebssystem« und Innovation im Unternehmen (»flexible App-Teams«):

Die Kraft der zwei Systeme

Wettbewerbsfähigkeit: In Zeiten ständiger Turbulenzen und Disruption ist sie ein Zauberwort und gleichzeitig eine schwere Aufgabe für Unternehmenslenker. Daneben ist sie ein großes Problem und oft eben auch der Tod für die heute notwendige strategische Agilität – das liegt an der enormen Fokussierung auf Effizienz im Unternehmen, die nötig ist, um wettbewerbsfähig zu sein und zu bleiben: Diese Effizienz-Fokussierung braucht nämlich feste Strukturen und festgelegte Prozesse. Schnell und agil geht also unter solchen Vorzeichen meist gar nicht, und dann bleiben Chancen ungenutzt beziehungsweise Bedrohungen können zuschlagen und entsprechend Schaden anrichten.

So ein gefährlicher Moment läuft immer ähnlich ab: Eine Organisation wird sich einer Bedrohung oder Chance bewusst und aktiviert einen bereits bewährten Change-Prozess, um die anstehende Transformationsphase zu meistern. Das gelingt aber meist schon gar nicht mehr, denn die »bewährten« Methoden greifen unter den neuen VUKA-Bedingungen zu kurz. Das ist besonders schlimm, weil die Zahl der (positiven oder gefährlichen) Herausforderungen gleichzeitig immer mehr steigt. Darüber hinaus werden sie diverser und kommen aus allen Ecken des Unternehmenskontextes. Was tun? Es ist unmöglich, die einmal gewählte strategische Ausrichtung des Unternehmens ständig zu verändern und anzupassen – denn Kurskorrekturen brauchen Zeit und Ressourcen, und beides ist im Ernstfall knapp.

Warum Ihr Unternehmen besser ein Smartphone werden sollte

Die Frage ist: Wie kann die Führungsebene konstruktiv mit dieser Art von Dilemma umgehen?

Der laufende Betrieb verlangt die bewährten und auf Effizienz gerichteten Strukturen, und die Transformationen im Umfeld schreien geradezu nach Flexibilität und agilen Prozessen. Eine von »Performance« im klassischen Sinne besessene Unternehmenskultur hat keinen Platz für Neugierde oder gar kontinuierliches Ausprobieren oder Lernen. Beides aber ist unumgänglich notwendig, um die Wachstumskultur zu schaffen, die (am besten parallel zur »normalen« Performance) entstehen muss, um in der VUKA-Welt zu bestehen. (Schwartz, 2018)

Eine mögliche Antwort auf dieses scheinbar ausweglose Dilemma liegt in einer simplen Analogie: Nehmen Sie Ihr Smartphone zur Hand. Natürlich wissen Sie, wie das funktioniert: Auf einem grundlegenden, zuverlässigen und effizient arbeitenden Betriebssystem laufen schnell und ganz nach Bedarf des Users völlig verschiedene Apps. Aufs Unternehmen übertragen bedeutet das: Das »klassische« Betriebssystem erfüllt die täglichen Anforderungen bei der Steuerung der Organisation. Traditionelle Hierarchien und Managementprozesse garantieren Effizienz und ein möglichst reibungsloses Funktionieren des Tagesgeschäftes. Total zu kurz greifen sie jedoch bei den speziellen VUKA-Herausforderungen: Um schnell Chancen zu identifizieren, entsprechende Initiativen ins Leben zu rufen und sie dann schlagkräftig und vor allem schnell umzusetzen, ist das Betriebssystem schlicht ungeeignet. Und hier kommen die Apps ins Spiel! Sie können für die etablierten Strukturen eine fantastische Ergänzung darstellen. Und: Sie laufen unter der Regie des Betriebssystems und haben Schnittstellen, müssen also Hand in Hand mit ihm (und nicht dagegen) arbeiten. (Kotter, 2012)

Wie das konkret funktionieren kann? Das folgende Beispiel kann auch als eine Art Fazit des Kapitels fungieren ...

Clever & Co.: Der Supertanker mit eingebauter Schnellbootflotte

Medizintechnik ist grundsätzlich eine Wachstumsbranche – das war auch Vertriebsmanager Dirk Hildebrand seit Langem klar. Umso beunruhigender, dass das Umsatzwachstum beim Clever-Konzern nun schon seit geraumer Zeit zurückging. Doch die

Alarmglocken begannen bei ihm erst wirklich zu schrillen, als es dabei nicht mehr blieb, sondern seiner Abteilung reale Marktanteile verloren gingen. Er war ein heller Kopf und hatte längst begriffen, dass eine neue Gesamtausrichtung der gesamten Unternehmensstrategie viel zu aufwändig, zu langsam und letztendlich auch nicht zielführend sein würde: Die aktuelle Krise war weder die erste, noch würde sie die letzte sein, und auf jede dieser Krisen mit massiven Kurskorrekturen des Konzerns zu reagieren, konnte nicht die Antwort sein. Zudem hatte sich in seinem schnellen Hirn schon längst formiert, was die aktuelle Krise in seinem Verantwortungsbereich lösen könnte: Er wollte eine günstigere und besser aufgestellte Verkaufsorganisation, mehr und diverser agierende Distributoren, die Fähigkeit, schneller mit Produkten und Dienstleistungen auf den Markt zu kommen, und mehr Fokus auf den größten Wachstumsmarkt der Branche, nämlich Asien.

Rückendeckung war bei einem so ehrgeizigen Projekt unerlässlich, und so holte er die gesamte Geschäftsführung des Vertriebs mit ins Boot. Statt jedoch eine Krisensitzung abzuhalten, arbeiteten sie daran, mögliche Chancen zu identifizieren und zu formulieren. Es war für alle Beteiligten unglaublich motivierend zu sehen, dass genug Chancen vorhanden und auch die entsprechenden Stellschrauben relativ leicht zu identifizieren waren: Wenn es Clever gelänge, sich schneller auf fluktuierende Kundenbedürfnisse einzustellen, so das Wachstumspotenzial in den ausländischen Märkten abzugreifen und zu bedienen und insgesamt agiler zu werden, wäre ein Umsatzwachstum von 50 Prozent innerhalb von zwei Jahren möglich. Den entscheidenden Schritt in die richtige Richtung machte das Führungsteam mit der Entscheidung, zum Anschieben der nötigen Veränderungen eine »Task Force« von 20 Freiwilligen aus verschiedenen Abteilungen zusammenzustellen. Alle diese waren sowohl emotional als auch intellektuell mit im Boot, was das erarbeitete Chancen-Statement betraf, und setzten sich sofort das ehrgeizige Ziel, die Hälfte der gesamten Verkaufsabteilung »Fit for the Future« zu machen.

Das würden sie natürlich nicht allein schaffen. Ihre erste Aufgabe war es also, möglichst vielen Vertrieblern die Einmaligkeit und die Dringlichkeit der aktuellen Chancenstruktur zu vermitteln, um sie zur Mitarbeit zu motivieren. Mithilfe von Blogs, Videos und Geschichten aus dem Unternehmen ermutigten sie die Beschäftigten via Intranet, sich für eine Mitarbeit im entstehenden Strategienetzwerk »Chancenblick Vertrieb« zu bewerben. Die Resonanz war überwältigend, und das Netzwerk begann seine Arbeit. Übrigens ganz ohne Leiter, nur mit einem Moderator, der die Treffen, Telefonate und kleinen Konferenzen organisierte. Führung war ein Thema, das sich hier von selbst zurechtrückte: Für jedes zu beackernde Thema übernahm derjenige die Leitung, der am besten informiert, am stärksten motiviert oder thematisch sehr kompetent war.

Die Vision und das Mission Statement des Netzwerks ließen nicht lange auf sich warten und formulierten auf emotionale Weise die ehrgeizigen Ziele: Eine doppelt so hohe Wachstumsrate in den Schwellenländern zu erreichen, Innovation als ein eigenes Fachgebiet zu besetzen und zu betreiben, Entscheidungszeiträume um die Hälfte zu verkürzen und insgesamt zur am meisten bewunderten Verkaufsorganisation in der Branche zu werden. Initiativen zur Umsetzung dieser »Stretch Goals« waren der nächste Schritt – und dann gingen alle Informationen zusammen an die oberste Geschäftsführung. Ein begeistertes »Go!« gab den Startschuss für die erste Phase der angestrebten Breitenwirkung. Alle im Vertrieb mussten mit ins Boot: Strategie und Vision sollten unters Volk, Schulungen begannen, das Intranet wurde mit Informationen bestückt, und viele, viele direkte und begeisterte Gespräche fanden statt.

Echte Ergebnisse gab es schon nach einem halben Jahr: Fünf konkrete Umsetzungsinitiativen mit jeweils einem bis zu sechs Unterpunkten waren auf dem Weg. Die Arbeit kam schnell in einen Flow: Alle Beteiligten tauschten ganz regelmäßig alle nötigen Informationen untereinander aus oder warfen Fragen ins

Netzwerk. Alle konzentrierten sich darauf, lösungsorientierte Antworten zu geben und auftauchende Hindernisse schnell aus dem Weg zu räumen. Und ganz wichtig: Jeder sprach mit jedem, ganz sach- und zielorientiert und über alle Hierarchiegrenzen hinweg. Manager lieferten Informationen an alle Beschäftigten und bekamen Input aus deren Arbeitswelt zurück, den sie sonst nie erhalten hätten. Schon der erste Erfolg des Strategienetzwerkes war bahnbrechend und wegweisend: Nach diesem ersten halben Jahr lag ein neues und wesentlich einfacheres IT-Werkzeug vor, das dem Außendienst massiv die Arbeit erleichterte. Gebührend gefeiert und bekannt gemacht, steigerte dieser Erfolg das Momentum und das Standing der Idee der »Task Force« im gesamten Unternehmen.

Darum war schnell klar, dass alle wichtigen Errungenschaften des Netzwerkes den Weg in den Alltagsbetrieb finden würden. Dazu hatte sich eine neue Denkweise institutionalisiert: Niemand hatte Angst vor »zu viel Wandel« oder »zu viel Arbeit«, weil der Fluss zwischen Netzwerkprojektarbeit und »etablierten Stellen« so gut funktionierte. Der Motivationslevel blieb hoch, weil die Einblicke in die »fremden Welten« der anderen Hierarchien so spannend waren. Dazu kam noch das Gefühl, wirklich etwas bewegen zu können – und das an Stellen, die vor allem die eigene Arbeit betrafen und erleichterten. Nach drei Jahren Arbeit mit den zwei Systemen konnte Clever die ersten echten »Stretch Goals« einstellen: Das Umsatzwachstum in Asien lag bei 60 Prozent! Und auch die Aussichten waren inzwischen rosig: Die Geschäftsleitung plante für die Zukunft, die Kraft der zwei Systeme zukünftig für alle Abteilungen zu erschließen – und so das gesamte Potenzial des Ansatzes zu entfesseln!

Kapitel drei:
Planung: Viel mehr als nur Risikomanagement

1. Nachrichten aus der Normenwelt: Umgang mit Risiken und Maßnahmenplanung

Im Kapitel sechs in der High Level Structure der ISO dreht sich alles um eine sichere und erfolgsorientierte Planung. Vor allem mit Blick auf die in Kapitel vier genannten Faktoren *Kontext der Organisation* und *Interessierte Parteien* gilt es laut der Norm, so zu planen, dass das jeweilige Managementsystem funktioniert. Ein Unternehmen soll dadurch Risiken möglichst ausschalten, dabei aber Chancen und Möglichkeiten zur Weiterentwicklung ergreifen sowie seine Ziele erreichen.

Meine Meinung dazu: Für ein so »heißes« Thema sind die Anforderungen der Norm in diesem Bereich erstaunlich allgemein gehalten, fast könnte man sie als »leidenschaftslos« formuliert bezeichnen. Spezielle Vorgaben oder gar Anforderungen an bestimmte Risikomanagementmethoden sucht man vergebens. Vielmehr wird im ersten Unterkapitel nur darauf verwiesen, wie man mit möglichen Risiken umgehen könnte: So soll eine Organisation planen beziehungsweise von Fall zu Fall entscheiden, ob sie ein bestimmtes Risiko (wenn möglich) vermeidet, ob sie versucht, die Risikoquelle zu beseitigen, das Risiko durch eine bewusste und fundierte Entscheidung »aushält« oder probiert, die Eintrittswahrscheinlichkeit zu verringern beziehungsweise die Konsequenzen (den »Impact«) eines Risikos abzumildern. Ziel dabei soll immer sein, die beabsichtigten Ergebnisse zu erzielen, erwünschte Auswirkungen zu verstärken und unerwünschte Auswirkungen zu verhindern (oder zumindest zu verringern). Und natürlich die Möglichkeit zur Verbesserung der Unternehmensperformance immer im Auge zu behalten.

Im zweiten Unterkapitel dreht sich alles um die Festlegung von operativen und bewertbaren Zielen und um die Planung, wie sich solche Ziele erreichen lassen. Diese Planung ist gespickt mit den »normenüblichen« Vorgaben der Messbarkeit, der Berücksichtigung aller relevanten Anforderungen (vor allem der Kundenzufriedenheit) und der sorgfältigen Aktions- und Ressourcenplanung. Idealerweise konkretisiert sich hier der in Unterkapitel eins der Norm dargestellte Umgang mit möglichen Risiken in einer echten Maßnahmenplanung.

2. Das Resilienz-Rezept: Never mind the risks, just take your chances!

Das ist natürlich eine sehr griffige Überschrift, aber wir wollen ja wiederum versuchen, »Fleisch an den Knochen« der Normenstruktur zu bekommen. Nehmen Sie sie darum bitte als Ermunterung und nicht als strikte Handlungsanweisung ... Worauf ich in diesem Kapitel im Endeffekt hinauswill, ist Folgendes: Für unser Wachstum hin zu unternehmerischer Resilienz macht es keinen Sinn, das »Phänomen Risiko« an sich hochzuspielen oder überzubewerten, nicht unbedingt zur Freude meiner ehemaligen Uni-Dozenten zum Thema Risikomanagement. Was uns dagegen bei dem Thema Planung interessieren sollte, sind vor allem drei Aspekte:
1. Es sind eben weniger die Risiken selbst, die uns Kummer machen sollten, als vielmehr ihre Auswirkungen. Also der »Impact«, der Ihr Business trifft, wenn die gefürchteten Situationen eintreten und Wirklichkeit werden. Darum werden Sie höchstwahrscheinlich mit Ihrer wunderbaren Risikoanalyse im Regen stehen bleiben, wenn sie das einzige Tool ist, das Sie nutzen. Nur die Vernetzung mit einer Business Impact Analyse (BIA) kann Ihnen Durchblick verschaffen und die richtigen Handlungsimpulse geben.
Lesen Sie *hier*, welche unterschiedlichen Schwerpunkte Risikoanalyse und BIA haben und wie Sie beide optimal nutzen.

2. Das Resilienz-Rezept: Never mind the risks, just take your chances!

Link: https://dasbuch.surviveandprosper.de/planung

2. Korrespondierend zu Punkt eins stelle ich leider häufig fest, dass die in einer Risikoanalyse festgeschriebene Eintrittswahrscheinlichkeit eines Risikos in den Planungsüberlegungen die Hauptrolle spielt. Jedenfalls tut sie das in der Managementliteratur, denn ewig grüßt hier die Gauß'sche Normalverteilungskurve und suggeriert uns, wie »wahrscheinlich« es ist, dass uns ein bestimmtes Risiko treffen wird. Häufig ist die »Eintrittswahrscheinlichkeit« auch das Feigenblatt der Beruhigung für nervöse Manager, um damit Risiken akzeptieren oder besser ignorieren zu können. Logischerweise soll dann diese Wahrscheinlichkeit die Basis sein, auf der wir die Entscheidungen treffen, wie wir uns schützen. Ich sehe das ein wenig anders und differenzierter: Resilienz hat viel damit zu tun, gerüstet zu sein. Vor allem für die Risiken mit dem schlimmsten Impact, nicht aber unbedingt für die wahrscheinlichsten Risiken (die unter Umständen unseren Betrieb nur marginal schädigen). Letzteres ist auch oft sehr einfach, Ersteres dagegen erfordert engagiertes Hinschauen, eine gute Planung und unter Umständen viele Übungen in der Praxis. Manchmal kann es auch äußerst hilfreich sein, nur von einem bestimmten möglichen Impact auszugehen (etwa: totale Zerstörung beziehungsweise Unbenutzbarkeit des Gebäudes der Firmenzentrale), denn es ist einfach zweitrangig, durch

welches Szenario (also: Schwelbrand, Terroranschlag, Blitzeinschlag, Hochwasser, Erdbeben ...) dieser Impact ausgelöst wird. Wenn Sie Maßnahmen getroffen haben, den Impact aufzufangen und den Betrieb zu sichern, kann die Ursache ruhig in den Hintergrund rücken ...
3. Zuletzt noch der Punkt, auf den die Überschrift oben eigentlich abzielt: Vergessen Sie vor lauter Beschäftigung mit den Risiken Ihre Chancen nicht! Ein funktionierendes »Horizon Scanning« fördert immer beide Seiten der Medaille zutage – und für echte unternehmerische Resilienz brauchen Sie eine Impactminimierung für Risiken ebenso wie das Bewusstsein dafür, welche Chancen Sie wie am besten nutzen können.

Es gibt solche Risiken und solche, da sind wir uns sicher einig. Zum Thema Impact ein Beispiel: Dass ein Holz verarbeitender Betrieb grundsätzlich mit einer höheren Wahrscheinlichkeit für den Ausbruch eines Brandes »gesegnet« ist als etwa eine Versicherung, klingt logisch. Aber auch die Auswirkungen auf den Betrieb durch ein Feuer wären im ersten Fall sicher wesentlich gravierender, wenn die Lagerplätze für Holz, die Sägemühle und der Maschinenpark in Schutt und Asche gelegt werden. Während ein reines Dienstleistungsunternehmen viel leichter eine seriöse Schadensbegrenzung durch Ausweichbüroräume mit einer entsprechend aufgesetzten, funktionierenden IT-Infrastruktur betreiben kann und keine Produktion hat, die es wieder neu aufstellen und ankurbeln muss. Obwohl: Ich habe es tatsächlich selbst erlebt, dass bei einer Versicherung in einem Büro ein (relativ kleiner) Brand ausbrach; die Ursache war der defekte Lüfter eines PCs. Alles kein großes Ding, und normalerweise wäre kein großer Schaden entstanden ... Aber: Durch die Klimaanlage wurde der Rauch schön verteilt, unter anderem hinein in das Aktenlager, wo alle wichtigen Versicherungsunterlagen lagerten. Man musste zwar in kein Ausweichbüro umziehen, aber diese Unterlagen mussten nach dem Brand mit hohem Aufwand durch speziell geschulte Firmen gereinigt werden. Ein

Schaden, der sehr teuer wurde. Aber zurück zur Holzverarbeitung: Dazu wieder eine kleine und wahre Geschichte ...

Abgebrannt – und doch Feuer und Flamme fürs Business

2015 war der Holz verarbeitende Betrieb der Familie Griffith in Woolwine, einer Kleinstadt nahe den Appalachen im US-Bundesstaat Virginia, ein prosperierendes Unternehmen mit mehr als 50 Angestellten. Schon in der vierten Generation auf die hochqualitative Verarbeitung bestimmter Harthölzer aus der Region spezialisiert, strebten die Griffiths ständig danach, ihre eigenen, sehr anspruchsvollen Qualitätsstandards immer wieder nicht nur einzustellen, sondern sie zu übertreffen.

Firmengründer Earl Griffith, der von seinem Vater 1933 eine alte Sägemühle gekauft und damit Entwicklung und Wachstum des Unternehmens angestoßen hatte, war noch lange nach Antritt seines Ruhestandes bestimmend für die Werte und die Philosophie der Firma geblieben, die er noch kurz vor seinem endgültigen Ausscheiden so beschrieb:

»Der Schlüssel zu unserem Erfolg ist, dass wir unsere Mitarbeiter sehr sorgfältig in anspruchsvollen Methoden der Holzverarbeitung ausbilden. Zusätzlich gehen wir immer völlig offen und ehrlich mit unseren Kunden um und bieten ihnen ein erstklassiges Produkt zu einem guten Preis. Indem wir unsere Standards in guten wie in weniger guten Zeiten hochhalten, schaffen wir es, dass unsere Kunden und unsere Mitarbeiter uns treu bleiben. In einer Studie der University of Virginia wurden tatsächlich verschiedene Produktproben aus drei unterschiedlichen Sägewerken des Bundesstaates untersucht, und wir waren in allen Bereichen und bei allen Proben absolut führend. Die Studie lobte explizit die Qualität unserer Verarbeitung und gab als Grund die Kompetenz und die Motivation der Mitarbeiter an.«

Doch zurück ins Jahr 2015: Earl Griffith war zu diesem Zeitpunkt leider nicht mehr am Leben, aber seine Philosophie blieb be-

stimmend für das Familienunternehmen. Tatsächlich wäre die Firma ohne diese »Attitude« im besten Sinne wahrscheinlich inzwischen nicht mehr am Markt. Denn sechs Jahre zuvor, im April 2009, wurde »Griffith Lumber« von einem verheerenden Brand getroffen, der den gesamten Betrieb fast dem Erdboden gleichmachte. Rein wirtschaftlich betrachtet, war dieses Risiko durch den Abschluss einer hohen Versicherung abgedeckt und somit »gemanagt«. Alle Teilhaber hätten sich nach Zahlung der Versicherungssumme bequem zur Ruhe setzen können. Doch das kam nicht in Frage, denn zwei Punkte trieben die Familie stark um: Wie konnte so ein Brand trotz der sehr hohen Sicherheitsstandards passieren? Und was würde aus den perfekt ausgebildeten und engagierten Angestellten werden, wenn die Familie das Handtuch werfen würde? Die Familie beschloss darum einstimmig, den Betrieb wieder aufzubauen, anstatt in den (Zwangs-)Ruhestand zu gehen. Der Weg dahin war lang und mit allerlei Konsequenzen verbunden. Erstaunlicherweise waren die meisten davon positiv, denn aus der vermeintlich katastrophalen Situation und der folgenden Durststrecke ergaben sich (ganz unverhofft) viele neue Möglichkeiten ...

Fast sofort begann sich das Engagement der Firmenleitung auszuzahlen, denn sie fand im näheren Umkreis innerhalb kurzer Zeit zwei stillgelegte Sägewerke, die sie mieten, wieder zum Leben erwecken und damit ihre Angestellten nach und nach wieder in Lohn und Brot bringen konnte. Fruchtbare Beziehungen entstanden auch zu den Besitzern dieser Werke, die begeistert davon waren, dass ihre vorher ungenutzten, brachliegenden Gebäude wieder Gewinn abwarfen und mit Leben erfüllt waren. Nachdem das ursprüngliche Werk wieder aufgebaut war, fand sich Griffith Lumber »plötzlich« in einer Situation wieder, die sich im Vergleich zu vor dem Brand als erfreulich »expansiv« beschreiben lässt: Die Firma hatte eines der vorher geleasten Werke gekauft, das alte wieder aufgebaut und die dritte Sägemühle weiterhin exklusiv geleast. Dabei arbeiteten nach einer gewissen Zeit alle

2. Das Resilienz-Rezept: Never mind the risks, just take your chances!

drei Werke profitabel. Sogar neue Bezugsquellen für den Rohstoff Holz mussten erschlossen werden, und den Feuerschutz machten die Griffiths in allen drei Werken zu einem ganz zentralen Thema, wobei der neu aufgesetzte Sicherheitsprozess (getreu der Firmenphilosophie) nun weit über alle bekannten Standards hinausging. (Hernandez et al., 2015)

Der große Sprung – in vielen kleinen Schritten

Aus einem solch maximalen »Risikoimpact« wie Phönix aus der Asche zurückzukommen und in eine Situation zu gelangen, in der man vom Krisen- ins Chancenmanagement wechseln kann (oder es sogar muss), ist schon eine enorme Leistung. Im beschriebenen Fall waren dafür die mutige Entscheidung, den Betrieb fortzuführen, das aktive Scannen daraufhin, was grundsätzlich machbar ist und überhaupt im Bereich der Möglichkeiten liegt, sowie das Festhalten an den exzellenten Standards mit verantwortlich. Ein wichtiger »Twist« in der Herangehensweise, das Unternehmen wieder aufzubauen, war es, aus dem wichtigen und alles überragenden »Stretch Goal« (also den gesamten Betrieb wieder aufbauen und unter den scheinbar katastrophalen Vorzeichen wieder beleben zu wollen) konkretere, überschaubare und damit operationalisierbare Ziele zu machen, zum Beispiel: Wir müssen etwas finden, wo wir schnell wieder überhaupt mit einer Art Produktion beginnen können. Und wir wollen dort zumindest einen Teil unserer Mitarbeiter wieder zügig an die Arbeit bekommen …

Eine solche Schritt-für-Schritt-Herangehensweise hat den Vorteil, dass sie das scheinbar Unerreichbare herunterbricht in relativ kleinere Einheiten, die sich mit viel Lösungsorientierung, Kreativität, Konzentration und durch hartnäckiges Dranbleiben dann auf einmal doch meistern lassen. Nur dürfen Sie dabei nie einerseits das Machbare und andererseits den Bezug zu dem großen Ganzen aus dem Auge verlieren, wie die folgende Geschichte zeigt …

Der Traum von 200 Kilometern pro Stunde

Wirtschaftswachstum ist (unter anderem) eine Frage von reibungslos funktionierender Infrastruktur. Der Auf- und Ausbau einer solchen wird allerdings nicht einfacher, wenn sich die zur Entwicklung ausgeguckten Landstriche durch steil abfallende und tief eingeschnittene Meeresarme und eine wild-bergige Landschaft auszeichnen. 1955 nahm sich Japan im Zuge des Wiederaufbaus nach den Verheerungen des Zweiten Weltkriegs genau so einer Herausforderung an: Das Herz der Wirtschaft Japans schlug (und schlägt) zwischen den Großstädten Tokyo und Osaka, wo sich auch ein großer Teil der Bevölkerung zusammendrängt(e). Rohstoffe und Menschenmassen reisten damals üblicherweise mit dem Zug, aber weil das Schienennetz so veraltet und die Strecke so schwierig war, konnte diese Reise von etwas mehr als 500 Kilometern auch schon mal 20 Stunden dauern. Ein unhaltbarer Zustand für ein Land, das sich extremes Wirtschaftswachstum auf die Fahnen geschrieben hatte und dessen Kultur von massivem Ehrgeiz geprägt war und ist.

Der verantwortliche Chef des Eisenbahnsystems gab also die Direktive heraus, einen viel schnelleren Zug für diese Strecke zu entwickeln, und forderte die besten Ingenieure des Landes zum Sparring: 200 Kilometer pro Stunde sollte die durchschnittliche Reisegeschwindigkeit zwischen den Städten betragen und die Reisezeit so auf unter drei Stunden gedrückt werden. »Unmöglich«, war die Antwort aller Techniker: 105 Kilometer (mit viel Glück 120 Kilometer) pro Stunde – das sei das definitive Ende der Fahnenstange. Passende Lokomotiven dazu hatten die Ingenieure während der Anfangsphase des Projekts schon entwickelt; für damals eine echte Meisterleistung und im weltweiten Vergleich durchaus konkurrenzfähig. Doch der Chef zeigte sich weiterhin konsequent unzufrieden und hielt an seiner Vision fest: 200 Kilometer pro Stunde blieb seine durch die Ränge kommunizierte Vorgabe. Immerhin fragte er nach den Gründen, die die Umsetzung des Ziels in den Augen der Ingenieure verhinderten. »Vor allem das sehr bergige Gelände«, war die Antwort des Teams. Die Züge würden bei einer höheren Geschwindigkeit als 120 km/h aus der Kurve fliegen und entgleisen. Aber warum sollten die Züge Kurven fahren müssen? – Denn schließlich könne man doch Tunnel bauen, war die lakonische Reaktion aus der oberen Etage. Koste es, was es wolle, aber schließlich ging es um die wirtschaftliche Transformation einer ganzen Nation. Ein Kredit der Weltbank für das Projekt schaffte den finanziellen Engpass für dieses spezielle Problem schließlich aus der Welt.

Schritt für Schritt und mit dieser Information im Hinterkopf ging das Projekt in kleinen Etappen vorwärts. Immer ausgefeilter wurde die Technik der Züge, ein völlig neues Antriebssystem wurde entwickelt, neue und stabilere Schienen wurden entworfen, gebaut und verlegt – hunderte kleiner Innovationen und ein mit unglaublicher Ausdauer in die Berge gesprengtes Tunnelnetz ermöglichten schließlich nach »nur« neun Jahren endlich den überlebensgroßen Moment: 1964, rechtzeitig zu den Olympischen Spielen in Tokyo, fuhr der erste Tokaido Shinkansen, der erste Hochgeschwindigkeitszug der Welt, auf der Strecke Tokio-Osaka mit einer Durchschnittsgeschwindigkeit von 200 km/h. Heutzutage sind 300 km/h längst Standard ...

Dabei hält sich die Tradition der Stretch Goals bei der japanischen Eisenbahngesellschaft hartnäckig: Sie experimentiert zurzeit mit einer Magnetschwebebahn (»Maglev«), mit deren Hilfe 500 km/h in den Bereich des Möglichen rücken! (Duhigg, 2016)

Das Stretch Goal eines dickköpfigen Bahn-Funktionärs der Japan National Railways hatte den Rahmen gesetzt, und die Hartnäckigkeit bei der Planung und Schritt-für-Schritt-Umsetzungsstärke eines Haufens von hochqualifizierten Ingenieuren hatte es geschafft, den passenden Weg dazu zu finden. Gemeinsam hatten sie darin Erfolg gehabt, eine Bahn-Technologie zu entwickeln, die Japans enormes Wirtschaftswachstum bis weit in die 1980er-Jahre hinein befeuert hat – und innerhalb weiterer zehn Jahre ganz ähnliche Projekte in Deutschland, Frankreich und Australien angestoßen sowie industrielles Design generell revolutioniert hat.

Für Planer in Unternehmen ist diese Geschichte eine echte Offenbarung: Die Risiken und Schwierigkeiten, die mit einem solchen Mammut-Projekt verbunden sind, sind unvorstellbar und schwer einzuschätzen. Man denke nur an die häufigen Erdbeben in Japan. Hohe Sicherheitsstandards während der Projektphase und auch im Zugbetrieb später sorgten allerdings dafür, dass alle möglichen – und nach menschlichem Ermessen erkennbaren – Risiken (wenn sie denn eintraten) kaum Auswirkungen zeigten, also geringen oder keinen Impact hatten: Der Shinkansen ist noch heute mit keinem einzigen Unfalltoten in über 50 Jahren Betrieb der sicherste Hochgeschwindigkeitszug der Welt. Unzählig jedoch waren dabei die Chancen und Möglichkeiten, die das Projekt mit sich gebracht hat: Jede Lösung, jeder noch so kleine Schritt nach vorn, war ein Fortschritt und ein Türchen für neue Weiterentwicklungen, auch in angrenzenden technischen Bereichen. Mit anderen Worten: Nicht nur die neue und verbesserte Infrastruktur brachte Japans Wirtschaft nach vorne, sondern auch die zahllosen Innovationen, die das Mega-Projekt angestoßen und mit sich gebracht hat, wirkten ihren Zauber.

3. Survive and Prosper: Die kognitive Bewertung von Risiken und ein Risiko-Radarsystem, das Ihnen weiterhilft

Wenn der »Schwarze Schwan« seinen Auftritt hat

Ich schulde Ihnen noch die Begründung dafür, warum ich mich oben so nonchalant über die Frage der Eintrittswahrscheinlichkeit eines Risikos hinweggesetzt habe und weshalb mein Fokus im Rahmen der Resilienzfragestellung so stark auf dem Risikoimpact liegt. Viel davon hat mit meinem »ersten Leben«

zu tun, in dem ich im Rettungsdienst und als Katastrophenschützer sowie als Chef einer entsprechenden Notruf-Leitstelle tätig war. Dort habe ich viel gesehen, und längst nicht alles davon hatte mit Logik, Wahrscheinlichkeit oder mit »normalen« Kausalketten der Form »Wenn dies geschieht, dann passiert auf jeden Fall das ...« zu tun. Vielmehr kamen die »dicken Dinger«, die Unfälle oder Unglücke mit ganz ernsthaften Folgen, fast immer aus der Kategorie »Never seen before« beziehungsweise »Das hätte ich ja nie gedacht ...«

Und das ist genau mein Punkt: Das, was scheinbar leicht, schnell oder oft passiert, ist meist auch routinemäßig gut zu lösen. Bei uns hieß das: Verband drum, Pflaster drauf oder eine Spritze geben – und schon war das Schlimmste vorbei. Ganz so einfach war es zwar nicht, kommen die meisten Ereignisse ja aus dem internistischen Umfeld, aber Sie verzeihen mir bitte diesen handfesten Vergleich. Selbst zur Behandlung eines akuten Herzinfarktes gibt es notfallmedizinische Standards, die angewendet werden – von Rettungssanitätern und Notärzten weltweit. Sie werden in Ihrem Unternehmen natürlich ebenso Prozesse haben, um mit all den kleinen Widrigkeiten umzugehen, die Ihnen tagtäglich Schwierigkeiten machen können. Sie wissen, was zu tun ist, wenn Lieferung X wieder einmal verspätet kommt oder Maschine Y ihren holprigen Tag hat. Nur für so etwas wie 9/11 hätten Sie sicher kein Procedere gehabt (außer, Sie heißen Morgan Stanley ...) Darum mein Appell: Rechnen Sie auch mit dem Unwahrscheinlichen – jedenfalls dann, wenn es große Auswirkungen auf Ihr Business haben kann! Ein Großbrand? Aber das passiert doch nicht! (Nur bei Griffith Lumber ...) Und wenn doch? Natürlich sollen Sie nicht endlos Ressourcen binden mit dem Blick auf etwas, das vielleicht nie eintritt. Aber Sie sollen ein Bewusstsein dafür haben oder entwickeln, was alles passieren kann, und zumindest eine ungefähre Idee, welche Maßnahmen Ihnen dann aus der Patsche helfen und Ihr Überleben sichern könnten: Back-ups der wichtigsten

IT, Räumlichkeiten, um zumindest einen Kernbetrieb aufrecht erhalten zu können, Versicherungen, die Ihre Liquidität absichern, etc.

Abbildung 3.1: Ausrichtung der Organisation im Umgang mit Risiken und Veränderung

Die Crux mit unserem Gehirn

Das Problem ist: Wissen hilft uns bei der Risikobewertung oft nicht weiter. Statistiken sind nur so gut wie derjenige, der sie gefälscht hat (und das vielleicht nicht mal mit Absicht). Denn unser Gedächtnis ist dynamisch und funktioniert nicht statisch! Wir speichern zu jeder Situation eine Geschichte und haben zu jeder Situation auch ein Gefühl, eine Emotion. Und wenn wir uns an diese bestimmte Situation erinnern, neigen Gefühl und Geschichte dazu, sich immer wieder ganz leicht zu verändern: Wir können also unserem eigenen Gedächtnis nur bedingt trauen, und das hat dann mit realistischer Risikoeinschätzung nur wenig zu tun! Außerdem bringt VUKA es mit sich, dass wir heute noch viel weniger als früher die Zukunft auf der Basis unseres Heute, unserer aktuellen Gegenwart, voraussagen können. Aber leider fühlen wir uns zu sicher in unserem Netz der vermeintlichen Vorhersagbarkeiten und berechenbaren Standardabweichungen. So lange Risikomanager lernen, dass die Gauß'sche Normalverteilungskurve ein realistisches Bild aller Eintrittswahrscheinlichkeiten zeichnet und dass das der Weisheit letzter Schluss ist, so lange werden Unternehmen, die sich auf diese Normalverteilung verlassen (Taleb nennt das ein Verbleiben in »Mediocristan«) und sich plötzlich mit einem schlimmen singulären und unwahrscheinlichen Ereignis konfrontiert sehen (Taleb nennt das »sich in Extremistan wiederfinden« (2007)), daran zerbrechen.

Ein weiterer großer Denkfehler ist: Weil diese außergewöhnlich schlimmen Ereignisse so selten sind (darum nennt Taleb sie auch »Black Swans«), nehmen Menschen an, dass sie unmotiviert und aus heiterem Himmel auftreten. Nichts jedoch könnte falscher sein: Aus der Rückschau betrachtet, fügen sich bei der Genese von 9/11 alle Puzzlesteinchen nahtlos ineinander. Dasselbe gilt für den Ausbruch des Ersten beziehungsweise Zweiten Weltkrieges oder den Börseneinbruch nach dem Dotcom-Boom … (ebd.) – scheinbar plötzlich aus dem »Off« und (scheinbar) ohne Vorgeschichte sind diese Black Swans in Wirklichkeit von einer erschreckenden Zwangsläufigkeit.

Umgang mit Risiken ist auch eine Frage der Denkweise

Voraussagen lassen sie sich also nicht, die schwarzen Schwäne, und vollständig schützen können Sie sich auch nicht – müssen Sie nun die Segel streichen, den Kopf einziehen und der schlimmen Dinge harren, die da kommen werden? Nein, ganz so schlimm ist es sicher nicht … Wenn Sie sich auch nicht hundertprozentig faktisch und konkret vorbereiten können, so können Sie sich doch in einen Zustand versetzen, in dem ein wie auch immer gearteter Black Swan Sie nicht so schlimm trifft oder Sie ihn sogar zähmen können. Folgendes kann Ihnen dabei helfen:

Lassen Sie Ihre mentalen Schubladen offen

Dinge im Kopf in mentale Räume einzusortieren und Glaubenssätze zu entwickeln, hilft uns dabei, unsere Welt zu ordnen und effizienter zu funktionieren. Seien Sie aber immer bereit, Ihre »Schubladen« sofort wieder zu öffnen, wenn Sie mit Hin- oder Beweisen dafür konfrontiert werden, dass Sie mit Ihrer Einordnung falsch liegen könnten. Trauen Sie sich, offen zuzugeben, wenn Sie unrecht hatten, und sagen Sie öfter einfach mal: »Das weiß ich nicht.« Und wenn Sie es aushalten können, lassen Sie Ihre Schubladen ein Stück weit offen und üben Sie, Unsicherheiten zu akzeptieren und sich trotzdem wohlzufühlen. Und passend dazu:

Versuchen Sie, Ihre Lieblingstheorien zu widerlegen

Wir neigen oft dazu, uns kognitiv selbst »einzumauern«, indem wir für unsere Lieblingsglaubenssätze immer neue und vermeintlich handfeste Beweise suchen. Dabei beweist eine noch so große Menge von Positivbeispielen – nichts! Denn zusätzlich blenden wir alles aus, was gegen unsere Lieblingssichtweisen spricht, und entwickeln uns so in eine Art kognitives Einbahnstraßensystem hinein, in dem wir nur noch ausgetretene Denkpfade beschreiten. Viel nützlicher ist es, wenn Sie mal aktiv versuchen, zu Ihren theoretischen »Lieblingen« Gegenbeweise und -beispiele zu sammeln – das hält Sie gedanklich flexibel.

Lernen Sie, wo Sie ein Narr sein dürfen – und wo nicht

Es ist ein Unterschied, ob Sie versuchen vorherzusagen, über was sich Ihr Partner zum Geburtstag freuen wird, oder ob Sie mit Ihren gesamten Ersparnissen auf die Entwicklung des Ölpreises in den nächsten fünfzehn Jahren spekulieren. Seien Sie ein naiver oder gutmütiger Narr, aber kein gefährlicher Idiot!

Realisieren Sie, wenn Sie nichts wissen können

Wenn Sie außerhalb Ihrer üblichen Denkgebiete wandeln, ändern Sie Ihre Denkrichtung. Hier, wo Sie nichts oder wenig wissen, hilft es Ihnen viel mehr, auszuschließen, was Sie sicher als falsch einstufen können, als sich auf die Suche nach der absoluten Wahrheit zu begeben (die Sie so garantiert nicht finden werden).

Vermeiden Sie Dogmatismus

Lösen Sie sich aus Ihren Geschichten, die Sie sich (bewusst oder unbewusst) immer wieder selbst erzählen, indem Sie sich klarmachen, dass sie nur eine Schutzschicht gegen den Zufall sind, der unser Leben regiert. Bedenken Sie, dass unser Universum, unser Planet und Ihr Leben die unwahrscheinlichsten Dinge sind, die passieren konnten – und doch sind sie da. Auch Sie sind also ein schwarzer Schwan (ein guter!) – genießen Sie es!

Es gibt sie – noch mehr gute »Black Swans« außer Ihnen

»Serendipität« – ist ein wundervolles Wort. Leider kennen es nur ganz wenige Menschen. Es bedeutet, dass wir zufällig etwas beobachten, nach dem wir ursprünglich nicht auf der Suche waren, und dass sich genau das als neue, überraschende und äußerst positive Entdeckung erweist. Vielleicht passiert Ihnen das ja während des »Horizon Scannings«. Am wichtigsten ist, dass Sie offen für die Möglichkeit auch eines positiven Black Swans sind, und ihr sozusagen die Tür aufmachen: Eine offene Grundhaltung, das Zulassen von Diversität, der Glaube an ein Quäntchen Glück und an die Chance, ihm aktiv auf die Sprünge zu helfen ... all das hilft Ihnen dabei. Eine Prise Analytik kann auch hierbei nicht schaden: Setzen Sie auf mögliche Chancen, aber nicht gleich alles auf ein Pferd. Versuchen Sie, die Konsequenzen Ihrer Handlungen zu antizipieren, und investieren Sie da, wo Sie eine Unwucht zu Ihren Gunsten wittern.

Fazit: Reality-Check, Risiko-Radar und mehr: Fünf Prinzipien, die Ihre unternehmerische Resilienz nach vorne bringen

1. **Risiko-Radar**

Trotz (oder gerade wegen) der Ausführungen zum »Black Swan« oben ist ein früh greifendes Vorwarnsystem nie zu verachten. Gemäß dem, was ich in Kapitel eins über das »Horizon Scanning« gesagt habe, lassen sich damit sowohl Bedrohungen als auch Gelegenheiten möglichst rechtzeitig erkennen. Das funktioniert am besten, wenn »Awareness« für jeden im Betrieb selbstverständlich ist und dabei ihre proaktive Seite betont und gelebt wird. »Constant Vigilance«, also die ständige Wachsamkeit, die der Auror Alastair Moody in den Harry-Potter-Bänden immer so schön predigte (und dabei sein »verrücktes Glasauge« in alle möglichen Richtungen rotieren ließ), sollte Programm sein.

2. **Gut gepolstert: Der Umgang mit Ressourcen und Unternehmenswerten**

Je nachdem, was sich am Horizont dann so zeigt, ist es von Vorteil, wenn Sie schnell und flexibel reagieren können. Ausreichende und gut differenzierte Unternehmensressourcen und Werte (Vermögen und andere), also ein bequemes Polster von beidem, geben Ihnen die nötige Flexibilität, um auf Bedrohungen zu reagieren oder Gelegenheiten beherzt zu ergreifen. Ihre Abhängigkeiten dabei so weit wie möglich zu begrenzen, ist immer eine gute Idee – sei es die von Geldgebern, von Kunden, von Produkten und Zulieferern oder von bestimmten Märkten.

3. **Vernetzt denken und handeln**

Vertrauen und ein absolut ungehemmter Informationsfluss durch die Ränge und innerhalb Ihres Netzwerkes ist ein Muss. Das beginnt mit der Vision und Mission wie im vorigen Kapitel beschrieben, setzt sich fort in einer »No-Blame-Culture« (in der

Fehler offen zugegeben und alle »Knapp-daneben-ist-auch-vorbei-Ereignisse« – positive und negative – Nutzen bringend kommuniziert werden können) und mündet in eine offene Risikokommunikation. »Glaswände« zwischen Abteilungen (wodurch »Silos« entstehen) beziehungsweise die berüchtigte »Glasdecke« hin zum Vorstand oder zur Unternehmensleitung sind tödlich und berauben Ihr Unternehmen aller Handlungsmacht.

4. Schnell reagieren

Störung, Notfall, Krise: Der Risikofall tritt ein – und was passiert? Viel, und oft, hängt die Macht des gesamten Impacts von der Schnelligkeit ab, mit der Sie reagieren können. Viele Vorfälle lassen sich beherrschen und eindämmen (»containen«) und werden gar nicht erst zu einer Krise, wenn Sie Prozesse festgelegt und den Ernstfall geprobt haben, so dass Sie die Normalität schnell(er) wiederherstellen können. Lassen Sie im Tagesgeschäft Spielräume für beides – damit ermöglichen Sie in einer Krise entscheidende und angemessene Reaktionen. Mehr über den Betrieb, auch im Notfallmodus, in Kapitel fünf ...

5. Gut hinschauen und sich anpassen

Auch frühe Warnzeichen können aussagekräftig sein. Wer sich »zuständig« fühlt, wird im Rahmen einer offenen Kommunikationskultur genau hinschauen und alles berichten, was aus der Reihe tanzt. Sei es, dass etwas beinahe schiefgegangen ist, sei es, dass unerwartet eine Chance auftaucht. Wer sich den »Hut« für ein Thema »aufsetzt«, also »Ownership« dafür übernimmt, schafft Verbindlichkeit und Sicherheit, weil er reagieren wird. Denn: Es hilft nichts, wenn Dinge wahrgenommen, aber nicht kommuniziert werden.

Unabhängiges Betrachten (und Berichten) und der Wille, aus Erfahrungen zu lernen sowie sich ständig zu verbessern, führen zu den Anpassungen, die Ihre unternehmerische Resilienz fördern. (Hopkin, 2014)

Kapitel vier:
Unterstützung: Ressourcen, Kultur und Kompetenzen – was haben wir und was brauchen wir?

1. Nachrichten aus der Normenwelt: Ressourcen – ein weites Feld

In Kapitel sieben der High Level Structure geht es um den »Support«, um die Ressourcen und die unterstützenden Faktoren, die eine Organisation am Laufen halten und ihre Entwicklung fördern. Ein wichtiges Stichwort dazu sind sicher einerseits die faktischen »Ressourcen«, also die »Assets« (Vermögenswerte) eines Unternehmens im Sinne von Gütern und Anlagevermögen. Darüber hinaus spielen aber noch weitere Dinge eine Rolle – die man vielleicht nicht immer direkt »anfassen« kann, die aber darum umso wichtiger sind: die Kernkompetenz einer Organisation, also das »Unternehmensfeld«, die Menschen in der Organisation und das Wissen, das diese Menschen in die Organisation einbringen. Kompetenzen, also Erfahrung, Wissen und Fähigkeiten von Menschen, sind eine Ressource von größter Bedeutung, die unbedingt auf passende Weise »gemanagt« werden muss, damit sie in der Organisation verbleibt, ihr immer zur Verfügung steht und nicht von der Anwesenheit Einzelner abhängt. Strategische Personalentwicklung und Skill-Management sind zwei Stichworte, die im Zusammenhang mit der Ressource »Mitarbeiter« immer wichtiger werden.

Liquidität und die Möglichkeit, mit den finanziellen Ressourcen den Betrieb aufrechtzuerhalten, sind ebenfalls grundlegend, vielleicht sogar zu grundlegend, um es überhaupt zu erwähnen; aber ohne die Möglichkeit, erfolgreich das operative Tagesgeschäft zu betreiben, geht natürlich gar nichts ...

»Awareness«, also das Bewusstsein für bestimmte Zusammenhänge, wird in Unterkapitel drei dieses Kapitels der High Level Structure wiederum thematisiert und meint, dass die Menschen im Unternehmen sich immer der aktuellen Situation bewusst sein sollen, in der die Organisation sich gerade befindet. Diese »Ressource« ist vor dem Hintergrund wichtig, dass die korrekte Einschätzung dieser jeweiligen Situation die entscheidende Grundlage für angemessene und richtige Entscheidungen darstellt, die das Unternehmen vor einer Krise bewahren und es florieren lassen.

»Kommunikation« ist eine weitere tragende Säule der Ressourcen einer Organisation: Interne Kommunikation sollte flüssig und sowohl horizontal als auch vertikal »durch die Ränge« frei von Missverständnissen und Redundanzen funktionieren. Die externe Kommunikation ebenso, und diese umfasst natürlich dann auch Dienstleister, Lieferanten, Kunden und andere externe interessierte Parteien, etwa Anteilseigner und Behörden. Sie ist also noch diverser und sollte auf jeden Fall strategisch funktionieren. Das betrifft besonders die Kommunikation über Risiken und die Gestaltung der Reputation einer Organisation, die sicher auch eine wertvolle Ressource darstellt. Speziell im Krisenfall kann sie bezüglich des Überlebens und Gedeihens für Unternehmen eine entscheidende Rolle spielen. In jedem Fall sollten die Anforderungen an die Kommunikation, die interne und die externe, sauber festgelegt und transparent sein.

Das führt uns zum letzten Punkt der Norm in diesem Kapitel, nämlich der Dokumentation von Information in der Organisation: Alle Medieninhalte, also alle Informationen auf Datenträgern jeder Form, von Papier bis Cloud, müssen gemanagt, also gesteuert und kontrolliert werden. Das bedeutet unter anderem, Antworten für folgende Fragen zu finden: Wer hat Zugriff auf welche Informationsressource? Dürfen alle alles wissen, oder gilt eine »Need-to-know«-Regelung (jeder weiß nur so viel wie er muss, um seine Arbeit gut zu machen), deren Einhaltung mit der Vergabe bestimmter Zugriffsrechte garantiert wird? Und wie sicher liegen die Daten dort, wo sie liegen? Gibt es Back-ups und wenn ja, in welcher Form? Und was gehört überhaupt dokumentiert?

Dazu, wie diese sehr verschiedenen Bereiche ineinandergreifen können und sollen, eine wahre Geschichte …

»Harte« Ressourcen – »weiche« Ressourcen: In jedem Fall alles andere als »Peanuts«

»In the middle of nowhere«, in dem nicht sehr großen und abseits gelegenen Ort Sedley im Südosten von Virginia, existiert ein mittelständisches Familienunternehmen, das in seiner Nische seit 1954 eine kleine, aber feine Marktführerrolle einnimmt: Die »Hubbard Peanut Company« beliefert Leckermäulchen in den gesamten Vereinigten Staaten mit abgepackten Erdnüssen und Süßigkeiten, die allesamt nur nach den höchsten Qualitätsstandards produziert werden. Keine leichte Aufgabe, nicht zuletzt wegen der recht unzugänglichen Lage des Firmensitzes und der Produktionsstätten.

Was sich in den ersten dreißig Jahren quasi in aller Ruhe von einer Produktionsstätte in den vier Wänden der heimischen Küche von Familie Hubbard zu einem sich immer mehr professionalisierenden, echten Unternehmen entwickeln konnte, sah sich ab Anfang der achtziger Jahre mit einer wachsenden Menge an Wettbewerbern und mit einem immer stärker regulierten Markt konfrontiert. Denn einerseits ermöglichten bestimmte technische Entwicklungen es immer mehr Anbietern, ohne größere Hindernisse in den Markt zu drängen. Andererseits legten die hygienischen und organisatorischen Anforderungen in der Lebensmittelindustrie die »existenzielle« Latte für solche Unternehmen höher und höher. Für »Hubs« als kleines Familienunternehmen bedeutete es großen Aufwand, alle nötigen Zertifikate zu erwerben und Audits zu bestehen, die es ihm ermöglichten, weiter in der Hochqualitätsnische zu operieren.

Der Einsatz, das Wissen und die Kompetenz von Geschäftsführerin Lynne Rabil (der ältesten Tochter des »Hubbard-Clans«) waren dabei von großer Bedeutung. Darüber hinaus die Tatsache, dass sie dafür sorgte, dass der »Nachschub« von Rohstoffen (sprich hauptsächlich von Erdnüssen) als eine der wichtigsten Ressourcen immer nur vom Besten und Teuersten war. Aufgrund der geographischen Lage von Sedley in sozusagen der »hintersten Ecke« von Virginia auch keine leichte Aufgabe, gab es dort doch nur eine einzige Straße, die überhaupt für LKW-Verkehr geeignet war. Andererseits bot die direkte Nähe zu den Erdnuss-Farmern in Virginia auch wiederum Chancen: »Hausgemachte« und »regionale« Produkte kamen und kommen bei den Verbrauchern gut an.

Mit anderen, »harten« Ressourcen hatte es das Unternehmen aber auch nicht ganz leicht: Firmensitz und Produktionsstätte waren buchstäblich die letzten Entnahmestellen entlang der regionalen Stromleitung, die Wasserversorgung war mäßig, und Abwasser- und Müllmanagement stellten ebenfalls Herausforderungen dar. Qualifizierte Mitarbeiter zu gewinnen und zu halten, war sowieso ein sehr schwieriges Thema. Man musste schon in Sedley geboren sein, um den Ort schätzen gelernt zu haben, und Bewerber von außerhalb ließen sich regelmäßig von der sehr ländlichen Lage und, im Falle von Familien mit Kindern, auch von dem nur rudimentär ausgeprägten Schulangebot abschrecken.

Allen Schwierigkeiten zum Trotz dachte Lynne Rabil nie ernsthaft darüber nach, den Firmensitz in eine größere oder zentraler gelegene Stadt zu verlegen. Vielmehr investierte sie viel Geld und Zeit darin zu schauen, was sich direkt vor Ort verbessern ließe. Zum Beispiel baute die Familie stetig die grundlegenden Infrastrukturen wie Wasserzufuhr und Abwassersystem auf eigene Kosten aus und war schließlich stolz in der Lage, in beiden Bereichen einen zeitgemäß hohen Standard dauerhaft aufrechtzuerhalten. Doch der Kampf darum, ständig Schritt zu halten mit den sich weiter und weiter verschärfenden Regularien, zehrte an den Rücklagen der Firma und zerrte an den Nerven der Verantwortlichen: noch strengerer Brandschutz, Vorkehrungen gegen Hochwasser und teure Versicherungsbeiträge, weil Sedley nur über eine freiwillige Feuerwehr verfügte, ließen Rabil mehr als einmal an ihrem eingeschlagenen Kurs zweifeln. Bis sich die Situation noch einmal zuspitzte ...

Im August 1998 wurde ein großer Teil von Hubbard's Peanuts ein Opfer der Flammen. Ein Großbrand, der abends ausbrach, zerstörte die gerade neu eingebaute Verpackungsstraße, den Kochraum (in dem die Erdnüsse vor der Weiterverarbeitung immer blanchiert wurden), weitere Gebäude und einige Büros. Damit war Hubbard's erst einmal aus dem Rennen. Doch Lynne Rabil spielte nicht einmal einen ganzen Tag lang mit dem Gedanken, sich mit der Versicherungssumme zur Ruhe zu setzen, sondern krempelte die Ärmel hoch, um den Betrieb so schnell wie möglich wieder aufnehmen zu können. Die große Chance, die Firma an einem anderen Ort wieder aufzubauen, der immer noch nah genug an den Erdnussfarmern, aber leichter zugänglich gewesen wäre, konnte Rabil wegen Vorschriften, die die Versicherung ihr machte, nicht wahrnehmen. Also hieß es, alles neu aufzubauen – am gleichen Ort wie zuvor. Fehlende Dokumentation über technische und andere interne Prozesse führte dazu, dass mehrfach das Rad neu erfunden werden und die Familie finanziell zum Wiederaufbau noch eine erhebliche Summe beisteuern musste ...
(Hernandez et al., 2015)

2. Das Resilienz-Rezept: Kultur hat die Nase vorn

Lynne Rabil und ihr familiäres Management haben in dieser Geschichte gezeigt, was echte »Resourcefulness« ist. Dieses äußerst interessante englische Wort wird meines Erachtens mit »Einfallsreichtum« beziehungsweise »Findigkeit« immer nur mit unzureichend vielfältiger Bedeutung ins Deutsche übersetzt. Zweifelsohne war Rabil einfallsreich und findig, aber es gibt noch einige weitere Komponenten in ihrer »Resourcefulness«, auf die sich ein Blick lohnt ...

»Durchhalten und nicht aufgeben« etwa ist eine davon, »Das Ziel nicht aus den Augen verlieren und so lange weitermachen, bis es erreicht ist« eine weitere, »Willens sein, sich mit immer neuen Herausforderungen zu beschäftigen und sie anzunehmen« ist noch eine, und schließlich hat sie auch noch »harte« Ressourcen (also in ihrem Falle Geld) aus dem nicht allzu üppigen Familienvermögen losgeeist, damit die Firma nach dem Brand den Betrieb wieder aufnehmen konnte. Und sich mit großem Einsatz um die bestmögliche Ausstattung mit und Anbindung der Firma an die notwendigen weiteren »harten Ressourcen« gekümmert. Das Management bei Hubbard's musste von vorneherein viel »Resourcefulness« aufbringen (und durchgängig eine von hohem Einsatz geprägte Kultur im Unternehmen leben), damit es den Zugang zu Ressourcen in Sedley überhaupt gewährleisten konnte, die anderswo ganz selbstverständlich verfügbar waren. Das alles klingt ein bisschen nach »Wo ein Wille ist, ist auch ein Weg« (oder eine Stromleitung und ein Wasserreservoir), und so würde ich es auch bewerten. In diesem Fall ebnete die innere Einstellung als eine eigene (»weiche« (?) – darüber lässt sich sicherlich diskutieren) Ressource den Weg zur Verfügbarkeit der »faktischen«, der »harten« Ressourcen. Es steht zwar nicht so in der Geschichte, aber es hätte mich auch nicht gewundert, wenn die Hubbards zu allem Überfluss auch noch in das Gemeinwesen in Sedley investiert hätten: Etwa dadurch, dass sie den einen oder anderen schulischen Förderverein initiieren, um eine der Haupthürden für den Zuzug von Familien mit qualifizierten Elternteilen (die als Arbeitskräfte in Frage kommen) aus dem Weg zu räumen. Spannend ist weiterhin, dass die fehlende Dokumentation als nicht vorhandene interne Ressource, die sowohl Maschinen und deren Aufbau als auch Arbeitsprozesse betraf, beinahe das Zünglein an der Waage geworden wäre, als es darum ging, den Betrieb nach dem Brand wieder aufzubauen. Was ich oben in der Geschichte nicht erwähnt habe: Die Hubbards haben daraus gelernt. Nach der Katastrophe setzte Lynne Rabil ein vorbildliches Dokumentationswesen auf – bis hin zu einem veritablen Disaster-Recovery-Plan.

Tipp:

Natürlich ist ein intaktes und funktionierendes Wissensmanagement nicht nur in oder nach einer Krise ein Erfolgsfaktor: Wissen und Informationen zu teilen und zugänglich zu machen sowie gegebenenfalls zu managen, wer am besten was wissen darf oder soll, ist ein wesentlicher, grundsätzlicher Resilienzfaktor. Und wie Sie den Zugriff auf wichtige Informationen sicherstellen und sie verwahren, spielt nicht so eine große Rolle: Cloud, IT-Hardware, ja sogar Papier, sind gute Möglichkeiten, wenn sie (nicht nur im Ernstfall) leicht zugänglich und gegebenenfalls redundant genug sind, um auf jeden Fall zur Verfügung zu stehen. Wichtiger als die Aufbewahrungs- und Darstellungsform sind Ihre Inhalte, die relevant, up to date, gut strukturiert und gut verständlich sein sollten! *Und bitte denken Sie daran, dokumentieren Sie nie für Auditoren und Prüfer, sondern immer für Ihr Unternehmen!*

Kurz zum Abschluss dieser Überlegungen ein letzter Punkt zur »Resourcefulness«: Offensichtlich hat sich jetzt bei Hubbard's generell eine (noch stärkere) Bewusstheit durchgesetzt, mit Blick auf den jeweiligen Stand der betrieblichen Resilienz. Und das bedeutet, dass alle Beteiligten enorm dazugelernt haben und daran arbeiten, so viele Sicherheitslücken wie möglich zu schließen. Die Bereitschaft, zu lernen und das dazu gewonnene Wissen direkt wieder einzusetzen, gehört für mich auch noch in dieses vielseitige Konzept der »Resourcefulness«.

Kultur und kognitive Resilienz: Erfolgskonzept durch die Ränge

Wissenschaftlich aufgearbeitet könnte man sagen, dass die Hubbards, und speziell Lynne Rabil, sich als Individuen im

Zustand der »Cognitive Resilience« (Lengnick-Hall, 2011) befinden. Dazu gehören zwei Dinge, nämlich die oben erwähnte »Awareness«, und etwas, das noch gehörig darüber hinausgeht. Vielleicht bezeichnet man dies ebenfalls am besten als eine Art »Mindset«, das ein Individuum innerhalb der Organisation dazu in die Lage versetzt, sich je nach Situation adäquat zu verhalten. Wahrnehmen, interpretieren, analysieren und Antworten finden ist die passende Vorgehensweise innerhalb dieses Konzeptes, das über pures Überleben als Ziel, also einen »Flight-oder-Fight-Response« deutlich hinausgeht und sich immer auch damit beschäftigen muss, welche Ressourcen gerade verfügbar sind oder etwa vorgehalten werden sollten. Wiederum meint »Ressourcen« hier nicht nur Geld, Waren oder (Ersatz-)Teile, sondern auch und gerade Wissen und solche scheinbar profanen Dinge wie Tatkraft und Umsetzungsstärke. Darum ist ein Ergebnis dieser »Cognitive Resilience«, dass Individuen vor allem in Krisensituationen auf eine positive Art und Weise interagieren. Denn auch das ist »Resourcefulness« – unter Druck einen kühlen Kopf zu behalten, nicht in Panik zu verfallen und so den Zugriff auf die eigenen Fähigkeiten zu behalten, um sie der Organisation zur Verfügung stellen zu können. Diese »Cognitive Resilience« zu leben, ist eine wunderbare Aufgabe für die Chefetage, aber eben nicht nur ...

Es ist wohl bis jetzt in allen Kapiteln deutlich geworden, dass Resilienz in Organisationen alles andere als ein starres Konzept ist, das sich am Reißbrett designen oder wie ein Medikament mit berechenbarer Wirkung verschreiben lässt. (Grøtan, 2011) Vielmehr kann man den systemischen Aspekt nicht verleugnen, weil Resilienz nur in einer Kultur von Offenheit, Innovation und Vertrauen (vor allem in die eigenen Fähigkeiten – und die anderer) wachsen kann. Dieser systemische Aspekt betrachtet vor allem die Wechselwirkungen zwischen den drei Leveln der Organisation (Individuum – Team – Unternehmen). (Xiao/Cao, 2017) Darüber hinaus ist eine Organisation ja auch noch eine

2. Das Resilienz-Rezept: Kultur hat die Nase vorn

Art sozio-technisches Konstrukt. Was bedeutet, dass eben neben den Personen und deren Interaktionen auch die Einflüsse und Abläufe der Technik (Produktion oder IT) zu berücksichtigen sind, die ebenfalls »resilient« werden sollen.

Doch zurück zu den drei Leveln: Die Basis ist das Individuum, das idealerweise (unter anderem) mit Optimismus, (Selbst-)Vertrauen und einem Glauben an sich selbst und einem starken Zugehörigkeitsgefühl gesegnet ist. Agieren solche Mitarbeiter dann in einem idealen Team beziehungsweise auf dem Niveau einer organisierten Einheit oder Gruppe zusammen, so kommen die die Resilienz stärkenden Aspekte von Verlässlichkeit und »psychologischer Sicherheit« hinzu. Diese bilden zusammen sozusagen ein »Vertrauen zum Quadrat« und lassen die gemeinsame Überzeugung entstehen, dass man sich im Team sicher genug fühlen kann, um etwa zwischenmenschliche Risiken eingehen zu können. Jeder traut sich dort, sich selbst zu zeigen, wie er ist, und sich voll einzusetzen. Jeder agiert frei von Angst vor negativen Folgen für das eigene Selbstbild, seinen Status oder seine Karriere. Das schließt nahtlos an den in der Managementliteratur (zu Recht) so stark strapazierten Begriff der »Fehlerkultur« an: In einem so sicheren Umfeld traut man sich eher (im übertragenen Sinne), die »Hosen herunterzulassen« und Fehler zuzugeben oder über Missstände zu berichten. Und dort gibt es dann natürlich auch kein »Shoot-the-Messenger«-System, wenn jemand das tut – es wird niemand dafür »bestraft«, eine schlechte Nachricht zu überbringen.

Auf dem Level der gesamten Organisation schließlich bilden flexible Strukturen (die berühmte Agilität), die eine gewisse Freiheit im Denken und Arbeiten zulassen, einen Aspekt dieser kognitiven Resilienz. Kontrolle abgeben und durch Vertrauen ersetzen, wäre hier die Devise. Wenn ein Unternehmen etwa eine Art »Spielgeld«, ein flexibles Funding für agile Kapazitäten und Projekte, zur Verfügung stellt, das drei bis fünf Prozent des Gesamtbudgets ausmachen könnte (Hamel/ Välikangas, 2003), zeugt das von Vertrauen, Offenheit und dem Willen zur Veränderung. Damit werden genügend Ressourcen insbesondere für innovative Ansätze und Experimente geschaffen, damit das Unternehmen nicht allein im operativen Tagesgeschäft verhaftet bleibt, sondern adaptive Kapazitäten entwickeln kann. Weitere Erfolgsfaktoren auf der Gesamtebene sind der Umgang mit Scheitern im Kleinen und im Großen (Besagte Fehlerkultur! Offenheit! Die Bereitschaft zu lernen!) sowie das »Social Capital«, das die Mitarbeiter und Teams und ihre (idealen) Beziehungen repräsentieren.

Oft ist genau dieses »Sozialkapital« ein entscheidendes Zünglein an der Waage, das für eine bessere Performance der Teams oder des Managements sorgt und auch die bessere Nutzung »harter« Ressourcen zur Folge haben kann. Man denke etwa daran, wie positiv es sich auswirkt, wenn eine Organisation sehr gute Beziehungen zu ihren Lieferanten pflegt (was die optimale Nutzung der Lieferkette unterstützt) oder durch ihre Offenheit und klare Positionierung in der Lage ist, strategisch wichtige Allianzen mit anderen Playern einzugehen.

Abbildung 4.1: Die drei Level der Resilienz im Unternehmen
(nach Xiao/Cao, 2017)

Erfolgreich mit einem »Schattenkabinett«

Eine weitere Idee zum Thema kognitiv-resiliente Kultur stammt (wiederum) von Jim Collins aus seinem Buch *Good to great* (2001): Es geht darum, ein »Good-to-Great-Council« einzurichten, damit es der Organisation leichter gelingt, aus ihrem eigenen begrenzten Denken auszubrechen. Es ist als eine Art permanente Institution gedacht, die sich in ganz regelmäßigen Abständen (vielleicht einmal pro Quartal) zusammensetzt. Insofern unterscheidet es sich von der oben beschriebenen Vorgehensweise in der »Kraft der zwei Systeme« in Kapitel zwei.

Eine solches »Council« (oder auch »Shadow Board« – Schattenkabinett) kann etwa aus fünf bis maximal zwölf Leuten (eventuell der jüngeren Generation) bestehen und soll keinesfalls auf das Management-Team beschränkt bleiben. Je besser es durch die Hierarchie und durch die Abteilungen hindurch die Organisation abbildet, desto effektiver wird es sein – es ist ganz klar außerhalb der Linienfunktionen angesiedelt. Schließlich geht es darum, neue Einsichten zu gewinnen und »Out of the Box« zu denken. Persönlicher Ehrgeiz ist fehl am Platze – genauso wie das Bestreben, um jeden Preis einen Konsens finden zu müssen. Es geht um Reflexion und darum, auf dieser Basis intelligente (und darum vielleicht manchmal ungewöhnliche) Entscheidungen zu treffen. Wieder dreht sich vieles darum, sich der Situation bewusst zu sein. Die Fakten müssen auf den Tisch und besprochen und analysiert werden: Wo schneiden wir wie ab? Wo werden wir vielleicht durchschnittlich bleiben? Und wo sind wir richtig gut beziehungsweise haben wir die reelle Chance, brillant zu werden? (Siehe dazu ebenfalls das »Igel-Konzept« aus Kapitel zwei.)

Ein frischer Blick und neue Ideen kommen mit dieser kleinen Krönung einer kognitiv-resilienten Kultur fast von selbst ins Spiel ...

Lesen Sie *hier* mehr: Verjüngungskur fürs Management – das »Schattenkabinett«

https://dasbuch.surviveandprosper.de/unterstuetzung

3. Survive and Prosper: Von kritischen Infrastrukturen, Reputation und strategischer Kommunikation

Reserven managen: Immer Ärger mit Ersatzteilen?

»Immer genug von allem, was wir benötigen, transparent verfügbar haben« – könnte das ein Leitsatz sein, an dem sich Organisationen im Bereich »Support« auf dem Weg zur Resilienz orientieren können? Tja, wie in den meisten Fällen kann die fundierte Antwort nur lauten: Einerseits – andererseits … Denn was wir im Hinterkopf haben sollten: Das Vorhalten – etwa von Ersatzteilen – kostet Geld, und was noch schlimmer ist, »harte« Ressourcen in jeder Form werden vom Herumliegen über Jahre hinweg nicht besser. Besonders in einem hoch technisierten Umfeld sind die Lebenszyklen von solchen »Assets« ein sensibles Thema und lassen sich schwer planen. Wie lange brauchen wir wohl eine bestimmte Hardware und werden sie nutzen (müssen)? Und wie lange wird sie und werden entsprechende Komponenten und Ersatzteile am Markt verfügbar sein? Niemand scheint davor gefeit zu sein, dass solche Assets entweder durch technischen Fortschritt obsolet werden, aus einer Sicherheits-

perspektive heraus gesehen überaltern oder überhaupt nicht mehr zu bekommen sind, obwohl sie weiterhin benötigt werden. Sorgfältige Planung und »Horizon Scanning« für dieses spezielle Segment können eine Lösung sein, sind aber bestimmt nicht in der Lage, immer alle Kapriolen der Technik sicher vorauszusagen. Und so kommt es, dass selbst renommierte Organisationen zu ganz ungewöhnlichen Mitteln greifen müssen, um ihre Probleme zu lösen …

Wenn die NASA im Auktionshaus stöbert …

Nehmen wir die US-Weltraumbehörde als prominentes Beispiel: Als das Spaceshuttle-Programm noch lief, hatte es sich im Laufe der Jahre technisch mehrfach selbst überholt. Denn was Anfang der 80er-Jahre noch als Hightech galt, war Anfang der »Nuller-Jahre« wenig mehr als alter Elektronikschrott. Doch waren nach fast zwanzig Jahren bestimmte Komponenten und Verschleißteile bei der NASA weiterhin heiß begehrt, weil sie im täglichen Betrieb noch immer nicht ausgemustert waren: Gesucht wurden etwa 8086er-Intel-Prozessoren, Acht-Zoll-Diskettenlaufwerke und dergleichen mehr. Um diese unverzichtbaren Ersatzteile zu finden, hatte die NASA zunächst veraltete medizinische Geräte in großen Mengen aufgekauft, weil dort noch die »wertvollen« 8086-Intel-Chips verarbeitet waren und sich recyceln ließen. Aus einer ähnlichen Quelle konnte die Behörde alte Mainboards und Acht-Zoll-Diskettenlaufwerke ergattern. Zwar wollte die NASA diese technologischen Antiquitäten nicht im Spaceshuttle selbst, sondern in den Computern im Kontrollzentrum am Boden einsetzen, aber dennoch waren sie für große Teile des Gesamtprozesses (etwa für die Kontrolle der Startraketen eines Shuttles – den sogenannten »Feststoffboostern«) mit verantwortlich. Der Bedarf war so groß, dass die Weltraumbehörde auf der Suche nach den passenden Komponenten sogar Online-Kaufbörsen wie Ebay oder Yahoo durchkämmte. Erst als die NASA nach 2003 ihr fast 20 Millionen Dollar teures neues, automatisiertes und aktualisiertes

Prüfsystem fertig stellen konnte, verloren die Ersatzteile ihre Bedeutung und die Online-Suche wurde eingestellt. (Delbrouck, 2002)

Ob eine solche Vorgehensweise völlig professionell ist, lasse ich mal offen. Auf jeden Fall aber ist sie kreativ und zeugt von Anpassungsfähigkeit, und so lange sie bestehende Sicherheitsstandards nicht verletzt, ist sie sicher auch vertretbar ...

Mehr als nur lästig: Nicht zugelassene oder veraltete Ersatzteile in Atomkraftwerken

Weniger amüsant als die letzte Geschichte ist das, was weltweit an manchen Stellen im hoch sensiblen Bereich der Kernenergie passiert: 2017 etwa geisterten verschiedene Geschichten durch die Presse, in denen die Schnellabschaltungen und Stillstandszeiten des indischen Atomkraftwerks Kudamkulan (an der Südspitze des Subkontinents gelegen) Thema waren. In den ersten zwei Betriebsjahren musste das Kraftwerk aus Sicherheitsgründen und per Schnellabschaltung insgesamt 90 Tage vom Netz genommen werden; dazu kamen noch 136 Tage reine Wartungszeit. Warum so viel, fragten sich Journalisten und Wissenschaftler. Die Suche nach den Ursachen förderte Erstaunliches zutage: Bei der Durchsicht der in Kudankulam verbauten Komponenten stießen die indischen Experten auf bedenkliche Besonderheiten. Anscheinend gelangten nach dem Zerfall der Sowjetunion Bau- und Ersatzteile, die beim Bau von über 25 Kraftwerken des Typs VVER-1000 g in der Folge des Unglücks von Tschernobyl »übrig« waren, ins Ausland. Die Teile lagen »auf Halde«, weil damals der Bau dieses Typs Kernkraftwerk in der Sowjetunion komplett gestoppt wurde. Im Ausland aber wurden sie einfach, nach einem mehr oder weniger heimlichen Export, für neue Kernkraftwerke verwendet. Auch der Reaktordruckbehälter (zumindest des ersten Blocks) in Kudankulam stammt wahrscheinlich noch aus diesen Altbeständen. Die Inder fanden bei ihm vier Schweißnähte, die nicht den aktuellen Sicherheitsvorschriften entsprachen, die

3. Survive and Prosper: Von kritischen Infrastrukturen, Reputation ...

Russland nach dem Unglück von Tschernobyl festgelegt hatte, und die demnach den Behälter zuverlässig auf die Prä-Tschernobyl-Ära datierten ... (Jehle, 2017).

Ein weiterer Skandal um Bau- und Ersatzteile findet aktuell dort statt, wo ihn niemand vermuten würde: mitten in Europa, in der Schweiz und in Frankreich. Beispielhaft lässt er sich am AKW Gösgen darstellen, das circa 40 Kilometer von der deutschen Grenze entfernt im Kanton Solothurn liegt. Gösgen ging 1979 ans Netz. Für den Bau zeichnete die »Kraftwerk Union« verantwortlich, ein Gemeinschaftsunternehmen zweier deutscher Konzerne, das den Großteil aller Kernkraftwerke in Deutschland errichtet hat. Inzwischen haben wir 2019 – und Gösgen läuft und läuft seit nunmehr 40 Jahren ... In Deutschland dagegen sind inzwischen alle Kraftwerke, die aus der zweiten Baureihe der Kraftwerk Union stammen, stillgelegt. Dass alles wäre halb so wild, wenn Journalisten nicht durch hartnäckige Recherche 2018 festgestellt hätten, dass die Brandschutzklappen in den Atomkraftwerken dieser Generation auf einer problembehafteten Technik aus den 60er-Jahren beruhen und schon seit Jahrzehnten völlig veraltet sind. Ein Austausch allerdings würde den Betreibern enorme Kosten verursachen. Also gehen sie einen anderen Weg und etablieren sich als Teil der Kontrollgremien, die mitbestimmen, welche Technik als sicher gilt und welche nicht. Fest steht: Seitdem die AKW in der Schweiz (und auch in Frankreich) vor nun fast vierzig Jahren ans Netz gingen, wurden nur sehr wenige der Brandschutzklappen ausgetauscht. Immer wieder kommt es zu Zwischenfällen ... (Joeres/Schlange, 2018)

Dies sind erschreckende Beispiele für einen absolut nicht verantwortungsvollen Umgang mit Ressourcen(planung). Die Lage ist umso schlimmer, weil die »Awareness«, die ja durchaus gegeben zu sein scheint, immer wieder bewusst »abgeschaltet« und damit die Resilienz äußerst kritischer Systeme und Infrastrukturen aus Geldgier aufs Spiel gesetzt wird. Eine realistische Planung, die nicht nur auf Gewinnmaximierung setzt, sondern einkalkuliert, dass ein Betrieb Ressourcenverschleiß und -verbrauch (und damit Kosten) verursacht, ist mehr als wünschenswert ... Und das obige Beispiel erklärt auch perfekt, dass Legacy- und Steuerungssysteme so ganz anders behandelt werden müssen als die schöne neue IT- und Cloud-Welt, die sich ja quasi »von selbst« erneuert. Ein iPhone will einfach nach ein paar Jahren ausgetauscht werden und nimmt keine Updates mehr an. Eine Kraftwerkssteuerung oder auch die Abfüllanlage einer Brauerei dagegen ist viel langlebiger ...

Strategisch kommunizieren – nicht nur in der Krise

Ein Gedankensprung – von den realen, greifbaren Unternehmenswerten und Ressourcen kritischer Infrastrukturen hin zu einer ebenso wertvollen und »teuren« Ressource, die sich aber wiederum (wie die Unternehmenskultur oben) nicht anfassen lässt: die Reputation Ihres Unternehmens. Gut im Lichte der Öffentlichkeit und bei allen interessierten Parteien dazustehen, ist wesentlicher Bestandteil eines funktionierenden Resilienzkonzeptes. Und das probate Mittel, um solch eine gute Reputation zu schützen und sie wachsen und gedeihen zu lassen, ist Kommunikation. Bei der erfolgreichen strategischen Kommunikation dreht sich – wieder einmal – alles um die interessierten Parteien. Wie unter Punkt eins in diesem Kapitel bereits erwähnt, sind es durchaus verschiedene Zielgruppen, die in der internen beziehungsweise externen Kommunikation angesprochen und einbezogen werden müssen: Alle Individuen im Unternehmen auf allen Ebenen, Behörden, Endkunden, Geschäftskunden, Lieferanten, Shareholder und Investoren. Wer hier nachlässig ist und das »Gießkannen-Prinzip« (immer gleiche Themen mit größtmöglicher Reichweite zu platzieren) anwendet, hat praktisch schon verloren. Damit wird er nie alle Parteien gleichmäßig interessieren, in die Kommunikation einbinden und in seinem Sinne bespielen können. (Carey/Perry, 2014) Und das gilt nicht nur für die Frage, welche Themen die Unternehmenskommunikation in den Mittelpunkt stellt, sondern auch für die Kommunikationswege und die Zielgruppenansprache. All diese Aspekte müssen diversifiziert und an die jeweilige interessierte Partei angepasst werden.

Horizon Scanning revisited: Themenaufhänger gewinnen und Krisen vermeiden

Nehmen wir die Endkunden als Beispiel: Für die Kommunikation mit ihnen ist Social Media ein sehr wichtiger Kanal. Beim Monitoring über Keywords etwa lassen sich schnell Einblicke in laufende Diskussionen gewinnen, woraus man gute Themenaufhänger für die eigenen Kommunikationsansätze gewinnen kann. Ein weiterer Vorteil eines solchen Monitorings ist es, dass sich etwaige dunkle Wolken am Reputationshorizont (Beschwerden, Shitstorms) frühzeitig erkennen lassen. Zeichnet sich eine Krise ab, ist es umso besser, ihr schon vorbereitet zu begegnen. Es mag ein alter Hut sein, aber bestimmte Statements oder Vorlagen lassen sich bestens vorbereiten, so dass man im Ernstfall auf sie zurückgreifen kann und sie nur noch anpasst, anstatt die angemessene Reaktion unter dem vollen Druck der Situation erst entwickeln zu müssen (das heißt »präventive Risikokommunikation« im Fachjargon). Übrigens: Wer keine internen oder externen Social-Media-Spezialisten beschäftigt, dem kann ein rudimentäres Monitoring zu bestimmten Keywords auch durch das Schalten von Google-Alerts gelingen. (ebd.) Sie merken schon, dass »Horizon Scanning« auch hier wieder ein heißes Thema ist ...

Fest steht, dass die zielgruppenspezifische und strategisch angelegte Kommunikation Zeit und Geld kostet. Zunächst besteht eine ganz spezielle Kommunikationsaufgabe häufig darin, die Unternehmensleitung davon zu überzeugen, dass der Schutz der Unternehmensreputation erstens ein wichtiger Teil unternehmerischer Resilienz ist. Zweitens gibt es (vorgeschaltet) oft noch Diskussionsbedarf darüber, dass diese Resilienz überhaupt unverzichtbar und umsetzungswürdig ist. Zeit und Geld müssten in Vorleistung als Ressourcen fließen, um andere Ressourcen (hier die Reputation) zu schützen beziehungsweise zu schaffen: Denn eine Resilienzstrategie kann in der Außenwirkung wiederum zu einer ganz eigenen Ressource werden. Als vertrauensbildende Maßnahme wirkt sie als Verkaufsargument und Businessturbo zugleich. Und in einem Markt, der zunehmend von der Austauschbarkeit von Produkten und Dienstleistungen geprägt ist, kann solches Vertrauen das Zünglein an der Waage der Kaufentscheidung sein.

Denn entlang dieser Linie gedacht, kann man auch Investoren und Shareholdern durch praktizierte unternehmerische Resilienz (und die Kommunikation darüber) zeigen, dass man sehr bereit ist, sich für den Wert des Unternehmens einzusetzen, sich mit Risiken auseinanderzusetzen, und daran arbeitet, auf kritische Situationen vorbereitet zu sein.

Eine solche Politik des konsequenten Horizon Scannings einerseits und der diversen und strategischen Ansprache aller interessierten Parteien andererseits ist sehr anspruchsvoll. Kommunikation als Ressource im Sinne einer gut aufgestellten unternehmerischen Resilienz genutzt bedeutet also viel mehr, als nur das Management von der Notwendigkeit zu überzeugen, Zeit und Budget dafür bereitzustellen. Beides muss auch entsprechend genutzt werden – um das Unternehmen bei den interessierten Parteien in Szene zu setzen und Reputation aufzubauen, mindestens aber, um im Krisenfall Schaden an der Reputation zu vermeiden oder zu minimieren. (ebd.)

Zu einer ganz konkreten Kommunikationstaktik, etwa nach einem kritischen Vorfall (aber nicht nur), hier noch ein paar Tipps:

Bringen Sie Ihre Fakten sauber rüber!

Sagen sie nur das absolut Wesentliche, und das klar strukturiert. Über-, aber auch Untertreibungen wirken kontraproduktiv. Eine

erste Orientierung geben die fünf »W-Fragen«, die für Notrufe ebenso gelten wie für gute Pressemitteilungen oder eine erste Kommunikation mit den Medien. Wenn Sie diese also kurz und knackig beantworten, ist schon viel gewonnen:
- Was ist geschehen?
- Wer ist beteiligt oder betroffen?
- Wo ist das Ganze passiert?
- Wann ist es passiert?
- Wie war der Ablauf?

Die Frage nach dem »Warum« sollten Sie (vor allem bei Zwischenfällen) außen vor lassen, bis Sie *hundertprozentig* sicher sind, was die jeweiligen Ursachen waren – und ob Sie darüber sprechen sollten. Schauen Sie sich in den Nachrichten den Pressesprecher einer Polizei oder Feuerwehr an: Sie schildern mit eigenen Worten die Situation und weisen Spekulationen über Ursachen zurück. So sollten Sie es auch tun!

Setzen Sie die richtigen Prioritäten!

Wenn etwas die Mitarbeiter der Firma betrifft, müssen sie es auf jeden Fall zuerst erfahren.

Lassen Sie keine unautorisierte Kommunikation zu!

Legen Sie genau (und, wenn möglich, im Vorfeld) fest, wer wann was kommunizieren darf. Das Unternehmen muss mit einer Stimme sprechen – dazu verständlich, mit den richtigen Informationen zur richtigen Zeit und mit so wenig Interpretationsspielraum wie möglich.

Übernehmen Sie sich nicht!

Schalten Sie Spezialisten oder Kommunikationsprofis ein, wenn Ihre Geschichte einen Impact auf nationaler beziehungsweise internationaler Ebene haben könnte oder wenn Sie für eine sehr breite Öffentlichkeit bestimmt ist.

Passen Sie sich an die Bedürfnisse wichtiger Medien an!

Machen Sie sich mit den Deadlines wichtiger Medien vertraut und versuchen Sie, sich mit Ihren Statements daran anzupassen. Immer, wenn Sie die Medien im Regen stehen lassen und nicht rechtzeitig mit Informationen nach draußen gehen, müssen Sie sich nicht wundern, wenn sie sich entsprechend verhalten und selbst spekulieren. Sollten Sie es »ins Fernsehen schaffen«, kondensieren Sie Ihre wesentlichen Informationen auf 23 Sekunden – so lange dauert ein Statement »live on air« durchschnittlich.

Und zum Schluss...

Welche Informationen Sie auch herausgeben müssen – Katastrophenfall oder tolles Quartalsergebnis –, tun Sie es in jedem Fall mit Ihrer ganzen Autorität und mit einer zur Botschaft passenden Emotion! (ebd.)

Fazit:

Ressourcen sind so viel mehr als nur Rohstoffe, Liquiditätsreserven oder Anlagevermögen. Es ist wichtig, diese »harten« Unternehmenswerte strukturiert im Blick und die Übersicht über sie zu behalten. Planung und Management dieser Ressourcen ist quasi die Pflicht. Die Kür aber entwickelt sich rund um die »weichen« Faktoren: Kompetenzen, Wissensmanagement, Beziehungen, Kommunikation und Reputation machen in einem funktionierenden Resilienzkonzept den Unterschied.

Kapitel fünf:
Betrieb: First fly the aircraft!

1. Nachrichten aus der Normenwelt: Operative Planung und Steuerung im Unternehmen

»Operation«, also »Betrieb«, ist die große inhaltliche Klammer für Kapitel acht aller Normen beziehungsweise Managementsysteme, das alle zugehörigen Aspekte im Unternehmen unter einen Hut bringen möchte. Festgelegt ist in der Normenstruktur allerdings lediglich der Inhalt des Kapitels 8.1, in dem sich die Organisation verpflichtet, alle Verfahren und Maßnahmen umzusetzen, die für das Erreichen der Ziele des jeweiligen Managementsystems notwendig sind, wie etwa Qualitätsmanagement, Servicemanagement, Informationssicherheit, Datenschutz, Business Continuity Management, Umweltmanagement, Energie-Effizienz-Management, Arbeitssicherheit und Supply Chain Security Management. Eine Auswahl der wichtigsten betroffenen Bereiche dazu finden Sie am Kapitelende im »Ausblick«. Weiterhin sind im Kapitel 8.1 das Führen angemessener Nachweise (Aufzeichnungen), das Management von Veränderungen und ungewollten Änderungen in der Organisation sowie die Steuerung ausgelagerter Prozesse geregelt.

Mit Blick auf unser zentrales Thema Resilienz wäre nun an dieser Stelle für die Normenwelt die Zeit gekommen, eine Art »Kapitel 8.X« zu definieren, das alle spezifischen Themen unternehmerischer Resilienz mit Bezug zum operativen Geschäft behandeln würde. Die sehr willkommene Folge dessen wäre die »Gründung« eines neuen und spezifischen Management-Systems für organisationale Resilienz (ORMS), in dem in einer thematisch sinnvollen Weise alle wichtigen Aspekte und Resilienzfaktoren, die den Betrieb betreffen, erfasst und definiert würden. Lassen Sie uns so verbleiben: Wir arbeiten dran – unter anderem seit mehr als 100 Seiten, und bis wir (zumindest intern, zwischen Leser und Autor) am Ziel sind, haben wir noch ein weiteres Stück Arbeit vor uns.

Grundsätzliches: Resilienz und »Operational planning and control«

Stichwort »Operational Excellence«: Wenn die operativen Aktivitäten eines Unternehmens von Stabilität geprägt sind, ist das sicherlich ein wichtiger Resilienzfaktor. In relevanten operationalen Bereichen wie etwa dem Einsatz wichtiger Ressourcen, im Personal- und Qualitätsmanagement, aber auch bei der Planung und beim Monitoring von Kapazitäten lassen sich zu Stabilisierungszwecken Kontrollen, Puffer und Erfolg versprechende Routinen in den Prozessen des Unternehmens verankern, um so die Performance kontinuierlich zu überwachen.

Dabei ist ein zentraler Aspekt, wie die oben genannten Routinen gehandhabt werden. Aktuell ist State of the Art, dass Unternehmen sich in einem Spannungsfeld von Stabilität durch Routinen mit klaren Entscheidungsvorgaben versus einer ebenfalls notwendigen Flexibilität bewegen sollten (Ortiz-De-Mandojana/Bansal, 2015). Dies bedeutet, dass sowohl ein stabiler Tagesbetrieb als auch eine Adaptionsfähigkeit bei Änderungen des Kontextes relevant sind, wie wir schon in Kapitel zwei bei der »Kraft der zwei Systeme« gesehen haben. Auf eine andere Möglichkeit, mit diesem Spannungsfeld umzugehen, möchte ich im zweiten Teil des Kapitels noch näher eingehen.

Ein weiteres wichtiges Feld öffnet sich dabei (zum wiederholten Male) durch eben dieses Stichwort »Kontext«. Tiefgreifende Änderungen im externen operativen Umfeld, die eine Reaktion des Unternehmens und einen echten Change erfordern, haben oft mit der Lieferkette, der Supply Chain, zu tun. Ihre Steuerung ist einer der entscheidenden Faktoren für organisationale Resilienz. »Continuity«, also Stabilität beziehungsweise die stabile Verfügbarkeit notwendiger Güter, ist dabei ein Kernaspekt in diesem Bereich, aber die Frage, wie sie sich erreichen lässt, ist nur situationsabhängig zu beantworten. Eine mögliche Strategie ist Redundanz, die sich etwa durch eine »Multi-Supplier-Strategie« erreichen ließe. Aber auch Flexibilität wird als Resilienzwerkzeug gehandelt: Dann müsste die Lieferkette so gestaltet sein, dass sie sich je nach Ereignissen und Änderungen des Kontextes anpassen ließe (Sheffi/Rice, 2005). Auch diese Strategien werden wir weiter unten noch diskutieren. Festhalten sollten wir an dieser Stelle lediglich, dass regelmäßige Resilienz-Checks der Lieferkette ein wichtiger Baustein im »großen Resilienz-Puzzle« sind (Seville et al., 2015).

Augen auf und erfolgreich durch die Krise

Für zentrale Themen der noch zu schaffenden Norm für organisationale Resilienz (ORMS), über die wir oben im »Zwischenspiel« schon gelesen haben, liegt ein deutlicher Schwerpunkt im Bereich Notfall- und Krisenmanagement, Business Continuity Management und in der IT-Disaster Recovery. Die Übergänge zwischen diesen Themen sind manchmal fließend, je nachdem, von welcher Seite eine Organisation das Pferd »Resilienz« aufzäumt oder in welchem Bereich man »Sollbruchstellen« eingrenzen und definieren kann. Dass ein resilientes Unternehmen sein Krisenhandwerk in allen relevanten Bereichen beherrschen sollte, ist im Folgenden unser Ausgangspunkt für die weiteren Überlegungen im dritten Teil des Kapitels.

2. Das Resilienz-Rezept: Flexibilität versus Redundanz und die richtige Unternehmenskultur (revisited)

Supply Chain Management – Lieferketten im globalen Kontext als Herausforderung und Chance

Ein Hoch auf die Globalisierung! Klar, oder? Denn nie zuvor hatte die Wirtschaft, hatten Unternehmen und Organisationen in so hohem Maße und so schnell und leicht Zugriff auf (potenzielle) Zulieferer, Ressourcen und Waren. Und noch nie waren Lieferketten so flexibel, gut strukturiert und im Ergebnis schnell. Produktion, Vertrieb, Forschung und Entwicklung oder Service-Dienstleistungen werden nicht mehr zentral in einem Land abgewickelt, sondern dort, wo sie kostengünstig und effizient durchgeführt werden können. Die Wertschöpfung freut sich, weil durch das Agieren im globalen Kontext die Chance besteht und sich vergrößert, dass Prozesse zielführend integriert sowie Kosten reduziert werden und der Kundennutzen wachsen kann. Andererseits wächst aber auch die Unsicherheit: Die Wirtschaft kämpft mit verkürzten Produktlebenszyklen, stark ausgeprägten Nachfrageschwankungen sowie einem internationalen Wettbewerbsdruck. Denn eine solche Internationalisierung verstärkt natürlich die ohnehin schon komplexen Güter-, Informations- und Finanzflüsse innerhalb einer Lieferkette. Darüber hinaus können Ereignisse in geographisch weit entfernten Orten auf einmal ganz konkrete Auswirkungen für die einzelne Organisation haben: Ein Blitzeinschlag vor Jahren im amerikanischen Werk des Halbleiterherstellers Philips betraf etwa nicht nur ihn selbst, sondern auch seine Kunden Nokia in Finnland und Ericsson in Schweden. Oder wenn Streitereien unter Mitarbeitern im chinesischen Werk eines Elektronikherstellers stattfinden, gefährden sie die Produktion von HP in den USA oder von Sony in Japan. Aber nicht nur solche externen Schocks, sondern auch andere, immer wieder auftretende Unsicherheiten bringen Lieferketten in Gefahr: Entwickelt sich etwa die Nachfrage nicht wie vorhergesagt, entstehen eventuell Lagerkosten oder umgekehrt Produktionsleerstände von teuren, automatisierten Anlagen, die nur rentabel sind, wenn sie mit hoher Auslastung betrieben werden. Oder Lieferverzögerungen, Maschinenausfälle oder der entgegengesetzte Fall, nämlich eine erhöhte Nachfrage, stören die Flüsse in der Lieferkette. Vor allem die Bedeutung der erwähnten »externen Schocks« wird oft unterschätzt – Kriege, Terror oder Naturkatastrophen in normalerweise »ach so fernen« Ländern wirken sich mit einem Mal heftig auf Produktion und Unternehmenszahlen aus ...

Sell what you have: Aus der Not eine Tugend machen

Als ein Erdbeben am 21. Dezember 1999 die Stadt Chi-Chi in Taiwan durchrüttelt, Menschen tötet, Gebäude zerstört und die Wirtschaft dort insgesamt lahmlegt, hat das verheerende Auswirkungen auf große Computerproduzenten in den USA. Vor allem Apple und Dell sind in der Folge vom Zusammenbrechen der Halbleiterproduktion dort betroffen – die Konsequenzen dieses tiefen Bruchs in der Lieferkette sind jedoch für beide Unternehmen recht unterschiedlich. Apple sieht harten Zeiten entgegen, weil das Unternehmen außerstande ist, die neue iBook-Laptop-Reihe beziehungsweise die geplante G4-Desktop-Reihe ohne die kritisch wichtigen Halbleiter zu produzieren. Tausende von Orders für die bereits angekündigten Geräte sind mit einem Mal hinfällig, und als Apple versucht, eine langsamere Version des neuen iBooks in den Handel zu bringen, laufen die Kunden Sturm, und zahllose Beschwerden brechen lawinenartig über das Unternehmen und den Einzelhandel herein. Im Ergebnis führt das zu einem großen Reputationsschaden und zu schlechten Quartalszahlen.

Dell hingegen überlebt diese Krise nicht nur, sondern profitiert auch noch von den Schwierigkeiten, denen sich die anderen Hersteller gegenübersehen. Wie kann das sein? Relativ einfach, denn Dell operiert nach dem »Build-to-order«-Prinzip und hat nicht nur lediglich eine Fünftagesproduktion am Lager, sondern danach auch ein leeres Auftragsbuch vorzuweisen. »Risiko!« meinen die einen, »Freiheit und Flexibiltät!« rufen die anderen (für beide Standpunkte gibt es sicherlich Argumente), aber in diesem Fall hat die Flexibilität klar die Nase vorn. In erster Instanz gelingt Dell der Abverkauf des Bestands mithilfe attraktiver Preise und guter Beratung, die natürlich in so einer »Verknappungsphase« bei den Kunden auf besonders fruchtbaren Boden fällt. Im zweiten Schritt baut Dell dann einfach, was mit den aktuell erhältlichen Komponenten möglich ist, und setzt dann die gleiche Strategie erneut ein, um die Kunden zu diesen Produkten hinzuführen. Auch der Stress im Unternehmen hält sich absolut in Grenzen, denn Dell tut eigentlich nichts anderes als schon in der Zeit davor und nutzt seine bewährte Fähigkeit, die Kunden genau dahin zu steuern, wo es sie haben will. Anstatt also Kunden zu enttäuschen oder zu verlieren, hat Dell ein enorm gutes Quartal und steigert seine Zahlen um 41 Prozent im Vergleich zur gleichen Periode des Vorjahres. (Sheffi/Rice, 2005)

Das Beispiel oben öffnet die Denkrichtung für eine Grundsatzfrage, die es im Zusammenhang mit Resilienz und Lieferkette zu entscheiden gilt: Bauen Sie mit Ihrem Unternehmen auf Redundanzen oder auf Flexibilität? Zwar hatte Apple ja gerade scheinbar keine Redundanz in seine Supply Chain eingebaut (denn sonst hätte der Konzern die Halbleiter sicher aus anderer Quelle beziehen können), sondern sein Stolperstein war eher der »Puffer« der vorhandenen Bestellungen, die nicht bedient werden konnten. Aber auch dies ist, genau wie etwa eine umfassende und vielleicht sogar ausufernde Lagerhaltung, eine Strategie, die auf Sicherheit statt auf Flexibilität ausgelegt ist. Dell hingegen vertraute in diesem Fall zu Recht auf seine flexibel erfolgreiche Absatzpolitik, eine flexible Lieferkette und eine Lagerhaltung, die nach dem Prinzip »so wenig wie möglich, so viel wie nötig« funktionierte.

Die Grundsatzfrage, von der ich eben sprach, bewegt sich also in folgendem Spannungsfeld: Redundanzen und exzessive Lagerhaltung verursachen hohe Kosten – bis sie wirklich gebraucht werden. Dann allerdings können sie sehr nützlich sein und eine akute Krise und Nachschubprobleme wirksam und ohne viel Aufwand auffangen. Nachdem etwa im Fahrwasser von 9/11 die US-Regierung alle Grenzen schließen und keinerlei Flüge mehr ins Land ließ, brachen viele Lieferketten spontan zusammen. Größere Lagerbestände wären in diesem Fall äußerst nützlich

2. Das Resilienz-Rezept: Flexibilität versus Redundanz ...

gewesen, denn auch ein Supply-Chain-Konzept, das sich auf mehrere Zulieferer (aus dem Ausland) stützte, hätte hier nicht geholfen. Und so erlitten etwa Autokonzerne wie Ford oder Toyota, die auf kontinuierliche Warenpakete von ihren Zulieferern aus Kanada, Mexiko oder auch Deutschland angewiesen waren, hohe Verluste, weil die Fließbänder eine Zeitlang stillstanden. (Sheffi/Rice, 2005).

Trotz dieses punktuellen Vorteils ist klar, dass es unmöglich ist und sich nicht lohnen kann, auf alle Eventualitäten mit Redundanz vorbereitet zu sein. Um ein Bild solcher Eventualitäten zu bekommen, streifen wir hier wieder den Bereich der Risikoanalyse beziehungsweise der Business-Impact-Analyse. Mithilfe einer kleinen Matrix können Sie ein aufschlussreiches Bild möglicher »Angriffspunkte« und damit Ihrer Verletzlichkeit (»Vulnerability«) gewinnen (Abbildung 5.1).

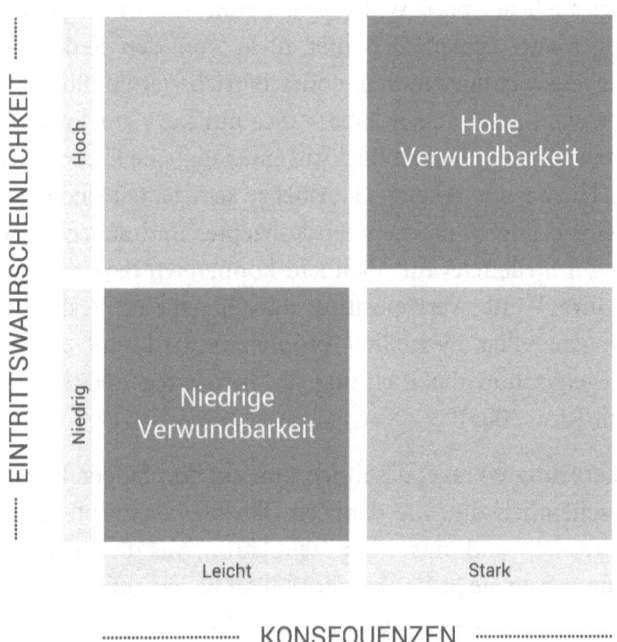

Abbildung 5.1: Zusammenhang von Risiken und Verwundbarkeit (nach Sheffi/Rice, 2005)

Diese plakative Mischung aus der Wahrscheinlichkeit, mit der eine Disruption eintritt (y-Achse) und ihrer Wirkung auf das Unternehmen (»Impact«, x-Achse) lässt sich für Ihre Situation individualisieren, indem Sie dort alle Risiken einordnen, die für Ihre Organisation in Frage kommen. Also: Was kann schiefgehen? Wie wahrscheinlich ist das? Und was wäre der Impact, wenn ...? Besonders wichtig ist dabei: Denken Sie global, wenn Ihre Lieferkette international aufgestellt ist! Und: Wenn Sie in Ihrem »Horizon Scanning« sehen, dass der Wind sich dreht und sich die Situation ändert, steht unbedingt eine Anpassung der Matrix an.

Noch einmal zurück zu unserer Grundfrage, weil nach Betrachtung dieses Matrixentwurfes noch deutlicher sein dürfte, dass pure Redundanz bei der Lagerhaltung oder beim Lieferantenmanagement keine Option ist. (Sie ist darüber hinaus natürlich auch der pure Widerspruch zum Thema »Agilität« ...) Wohlgemerkt spreche ich hier nicht von den Redundanzen überlebenswichtiger Systeme oder Betriebsstätten, über die ich weiter oben geschrieben habe – dies nur kurz zur Erinnerung. Richten wir also unseren Blick auf eine mögliche Flexibilisierung beim Thema »Lieferkette«. Flexibel zu sein, ist natürlich sowieso Teil eines agilen Unternehmenskonzeptes und daher nicht nur an dieser Stelle relevant. Vielmehr können wir davon ausgehen, dass Ihre Wettbewerbsposition und allgemeine Resilienz von einer generellen Flexibilität profitieren wird und dies allein deswegen schon die Richtung ist, in die Sie denken sollten. (Sheffi/Rice, 2005)

Die berechtigte Frage, die Ihnen nun auf den Lippen brennt, ist wahrscheinlich die, wie denn ein flexibles Konzept Ihrer Lieferkette »leb- und umsetzbar« sein kann. Was die Lagerhaltung betrifft, setzen Sie in Punkto Flexibilität besser auf ein »Sell-one/Stock-one«-Prinzip als auf eine riesige Vorratshaltung, die nicht nur per se viel Geld kostet, sondern unter Umständen auch noch bei langer Lagerdauer auf Kosten der Qualität geht. Was Ihre

Aufstellung beim Lieferantenmanagement angeht, hängt ganz viel von der individuellen Position Ihres Unternehmens ab. Ob Sie auf ein »Single-Supplier-System« oder auf die Zusammenarbeit mit vielen Zulieferern setzen, hängt von Ihrer Branche, Ihrer Gesamtausrichtung und von den Ergebnissen aus der Matrix oben ab. Generell gilt es, für beide Strategien die Pros und Contras abzuwägen.

Fokussieren oder breit streuen? Single- oder Multiple-Supplier-Strategien im Überblick

Wenn Sie sich entscheiden, für eine bestimmte Ressource nur *einen einzigen Zulieferer* zu nutzen (und sich daraus eine stabile und in ihren beiderseitigen Abhängigkeiten gut ausbalancierte Beziehung entwickelt), liegen ein paar *Vorteile* auf der Hand und geben Ihnen die Möglichkeit, Ihre Prozesse schlank zu halten:

- Es ist für Sie einfacher, mit nur einem Zulieferer eine starke Beziehung aufzubauen und zu unterhalten als mit zweien oder mehr.
- Verwaltungsaufwand (und damit Kosten) lässt und lassen sich minimieren. Prozesse können Sie mit nur einem Zulieferer leichter aufsetzen und integrieren.
- Sie können für die Menge Ihrer Bestellungen eine maximale Hebelwirkung nutzen, um möglichst attraktive Preise zu verhandeln.
- Sie haben eine bessere Möglichkeit, Ihre Lagerbestände übersichtlich zu halten, wenn Sie mit dem Zulieferer feste Intervalle für kleinere und regelmäßigere Lieferungen vereinbaren.
- Eine gute Markenreputation des Zulieferers kann positiv auf Sie abfärben (Beispiel: »Intel inside«).

Natürlich hat diese Medaille leider auch eine Kehrseite und die Arbeit mit nur einem Zulieferer auch nicht zu unterschätzende *Nachteile*, die auch Ihre Flexibilität negativ beeinflussen können:

- Sie müssen das Verhältnis zum Zulieferer ständig monitoren: Wenn sich eine einseitige Abhängigkeit zu Ihren Ungunsten abzeichnet, ist Vorsicht geboten. Das kann etwa der Fall sein, wenn Sie im entsprechenden Bereich zu hundert Prozent vom Zulieferer abhängig sind, er aber gleichzeitig mehrere Kunden mit seinen Produkten bedient. An dieser Stelle wird es übrigens echt spannend, wenn Sie sich fragen, an welcher Prioritätenstelle Sie bei Ihrem Zulieferer wohl in der Business-Impact-Analyse (BIA) auftauchen. Sind Sie ein Top-Kunde? Oder sind Sie vielleicht auf den »Ferner liefen«-Positionen, die während eines Notfalls von ihrem Lieferanten einfach nicht mehr beliefert werden? Sicher bekommen Sie dann (irgendwann) eine schöne Vertragsstrafe überwiesen, aber was hilft das im Ernstfall?
- Die pure »physische« Abhängigkeit kann zum Problem werden: Wenn nur irgendetwas passiert auf Zuliefererseite, sei es eine Insolvenz, ein Feuer im Lager oder auch nur ein Materialengpass, sind Sie direkt und stark mit betroffen.
- Wenn Sie sogar in verschiedenen Bereichen immer auf einzelne Zulieferer setzen, kann auf Dauer aus den genannten Gründen Ihre grundsätzliche Wettbewerbsfähigkeit darunter leiden.
- Ihre Kunden könnten skeptisch werden, und Ihre Reputation könnte Schaden nehmen, wenn Ihre Einzelzuliefererstrategie bekannt und kritisch gesehen wird.

Abwägen ist alles: Welche Punkte wiegen für Ihr Unternehmen schwer, und was können Sie besser verkraften und was eher auf die leichte Schulter nehmen? Was würde Sie eher beschränken, und welche Vorteile bringen Ihnen die erwünschte Flexibilität? Sicher spielt auch Ihre Branche in diese Überlegungen hinein: Automobilzulieferer etwa haben so Ihre ganz speziellen Erfahrungen mit einer »Single-Sourcing«-Strategie, weil die Folgen eines Zuliefererausfalls (aus welchen Gründen er auch immer eintritt) so enorm teuer sind. Wenn der Stillstand eines Fließbands pro Minute um die 20 000 US-Dollar kostet, kann es sich lohnen, über Redundanzen im Zulieferersystem nachzudenken.

Ein Weg dorthin führt natürlich über die Route, *mit mehreren Zulieferern* für eine oder mehrere Ressourcen zusammenzuarbeiten. Tatsächlich kann dies für KMU die bessere Lösung sein, weil die oben genannten Ausfallrisiken für kleinere Unternehmen schnell fatale Folgen haben können. Es liegen eben auch durchaus *Vorteile* darin, mit zwei oder drei Zulieferern feste Beziehungen zu pflegen (Zitzmann, 2014):

- Sie können bei Ausfall des einen Lieferanten schnell auf den anderen zurückfallen.
- Auch hier kann der Preishebel funktionieren: Zwar nicht über die Bestellmenge, aber vielleicht über den Wettbewerb zwischen den einzelnen Zulieferern, wenn Sie ein wichtiger Kunde sind.
- Fluktuation in der Nachfrage können Sie über mehrere Zulieferer leichter managen – nach oben wie nach unten.
- Sie können Risiken streuen, etwa indem Sie Zulieferer aus ganz unterschiedlichen geografischen Regionen wählen, wenn das möglich ist.

Schon zwei Zulieferer können besser sein als einer

Nach einer verheerenden Reihe von Naturkatastrophen traf etwa der US-Pharmariese Biogen 2017 die Entscheidung, von einer Einzelzulieferer- zu einer dualen Strategie zu wechseln: Trotz der Tatsache, dass das Unternehmen eine sorgfältige Risikoanalyse betrieben hatte und auch im Risikomanagement sehr gut aufgestellt war, musste es nach den Hurrikans Harvey, Irma und Maria erkennen, dass sie nur mit viel Glück mit einem blauen Auge davongekommen waren. Tatsächlich kam es während »Maria« zu gravierenden Lieferschwierigkeiten, und zwar hauptsächlich durch eine nicht vorhersehbare Koinzidenz mit einem zeitgleich stattfindenden Erdbeben in Mexiko. Auf diesen »Black Swan« war Biogen nicht vorbereitet, und im Unternehmen setzte sich die Erkenntnis durch, dass es besser sei, eine Art goldenen Mittelweg mit zwei Zulieferern zu gehen, statt nur auf »Single Sourcing« zu setzen.

Naturgemäß liegt bei zwei oder mehreren Zulieferern kein so starker Fokus auf der einzelnen Lieferantenbeziehung, und so kann es passieren, dass gerade die Bedürfnisse Ihres Unternehmens immer mal wieder nicht die Top-Priorität des jeweiligen Zulieferers sind. Darüber hinaus gibt es noch andere *Nachteile* dieser Strategie, die Sie kennen und in Erwägung ziehen sollten:

- Informationen aus Ihrem Unternehmen fließen in mehrere Richtungen gleichzeitig und sind schwieriger zu kontrollieren. Dies kann unter Umständen ein Risiko darstellen.
- Es wird weniger leicht, Kostenkontrolle auszuüben, wenn Ordermengen kleiner sind und der Wettbewerb zwischen den Zulieferern nicht ausreicht, um eine Hebelwirkung auszuüben.
- Inwiefern einzelne Zulieferer in Krisenzeiten an Ihrer Seite stehen werden, hängt größtenteils von dem Anteil ab, den sie an Ihrem Geschäft haben.
- Die Verwaltung mehrerer Zulieferer ist aufwändiger und teurer.

Qualität kann ein Thema sein

Und wenn Sie gar »dieselbe« Ware von verschiedenen Zulieferern beziehen, kann das bedeuten, dass Sie einen gewissen Kontrollaufwand haben, denn es kann durchaus Unterschiede in der Qualität geben. Denken Sie etwa an Möbelstoffe, die schnell leichte Unterschiede in Textur, Muster oder Farbton aufweisen können. Ihr Prozess muss dann also ein Monitoring beinhalten und vielleicht sogar sicherstellen, dass nicht Stoff aus zwei verschiedenen Quellen in ein und demselben Möbelstück verarbeitet wird. Nicht nur Ihr Preis- und Lieferantenmanagement wird also komplexer, sondern auch die Komplexität Ihrer Betriebs- und Produktionsprozesse kann steigen.

Einzel oder multi? Vor allem strategisch!

Das Fazit daraus: Für was Sie sich hier auch entscheiden, es muss vor allem für Ihr Unternehmen passen! Wenn Ihnen der Balanceakt zwischen Sicherheitsanspruch, Preishebel und Prozessoptimierung gelingt, dann sicher, weil Sie Ihre Prioritäten und Schwachstellen gut kennen. Ein nicht zu unterschätzender Erfolgsfaktor sind weiterhin die guten Beziehungen, die Sie mit Ihren Zulieferern unterhalten und die sowohl bei der Preisgestaltung als auch in Krisenfällen kriegsentscheidend sein können. Im Falle von groß angelegten »Black Swans« allerdings werden Ihnen auch die nicht sofort weiterhelfen. Wenn Sie ganz weit voraus denken, könnten Sie sich allerdings von Zukunftsszenarien wie denen im Roman *Walkaway* von Cory Doctorow inspirieren lassen und analysieren, ob für Sie und Ihr Unternehmen der 3-D-Druck eine Produktionsalternative (für Notfälle) sein kann. Klar, das ist teuer und vielleicht langsam, es könnte aber Teil Ihres individuellen Horizon Scannings sein zu beobachten, wie sich diese Facette der Zukunft entwickelt.

Den Change sauber steuern – auf der Basis einer gesunden Unternehmenskultur

Eine der größten Herausforderungen im operativen Business haben wir schon kurz in Kapitel zwei beim Thema »Führung« angerissen, nämlich das Tagesgeschäft und die unter VUKA-Bedingungen ständig notwendigen Anpassungs- und Change-Prozesse zielführend unter einen Hut zu bringen. In unserem Beispiel dort war es dem betreffenden Unternehmen gelungen, neben dem normalen »Betriebssystem« fürs Tagesgeschäft ein zweites, agiles System zu installieren, das wie eine oder mehrere Apps auf die vorhandene Struktur zugreift, sie aber parallel und auf andere Art und Weise nutzt. Unter anderem werden dort auch die normalen Hierarchien übersprungen und agil und »frei« operierende Teams gebildet, die diese Change-Operationen steuern. Ein großes Problem allerdings, das einem solchen Lösungsansatz häufig im Weg steht, ist ein kulturelles. Es liegt in der mehr oder minder friedlichen, aber oft trägen und bloßen Koexistenz verschiedener Abteilungen begründet. Dieses Phänomen kennen Sie sicher unter dem Begriff »Silo-Denken«, und es hat zur Folge, dass viele Mitarbeiter (und Führungskräfte) nur bis zu ihrer Nasenspitze oder maximal bis zur Abteilungsgrenze denken und sich immer nur mit Dingen beschäftigen, die sie ganz direkt betreffen.

Wenn der Vertrieb im Silo sitzt und sich ein tiefer Graben durch die Unternehmenskultur zieht

Unter solchen Umständen fehlen natürlich die Motivation und der Drive, abteilungsübergreifend zusammenzuarbeiten, und die schöne Idee des zweiten Systems kann so ausgehebelt werden. Ein Beispiel dazu: Steigt man tiefer in dieses Phänomen ein, sagt die Art und Weise, wie etwa der Vertrieb als Abteilung ins Unternehmen eingebettet ist, häufig viel darüber aus, ob in dem betreffenden Unternehmen »Silo-Denken« vorherrscht oder nicht. Mein Beraterkollege Peter Kitzki hat für den Fall, dass der Vertrieb ein solches Silo bildet, den schönen Begriff »Sollbruchstelle Vertrieb« (Kitzki, 2017) geprägt. Und er charakterisiert diese »Sollbruchstelle« als eine Kluft zwischen Eigen- und Fremdwahrnehmung folgendermaßen: Der Vertrieb nimmt sich selbst als die »Speerspitze« des Unternehmens wahr. Ohne ihn läuft nichts, und ohne seinen Einsatz gäbe es keine Umsätze! Alle anderen Abteilungen denken aber, dass der Vertrieb mit seinen Privilegien und »dicken Dienstwagen« eine ganz spezielle Truppe und schlicht »überbewertet« ist – nach dem Motto: Schön herumfahren und mit dem Kunden Kaffee trinken kann ja jeder! Das ist natürlich absolut auf die Spitze getrieben, aber wenn die Fronten sich unter solchen Vorzeichen verhärten, läuft ein tiefer Graben durchs Unternehmen, und mehr und mehr solcher »Befindlichkeiten« beginnen, die Unternehmenskultur zu durchsetzen und zu demontieren.

Der Vertrieb wird dann vor allem beklagen, dass »die anderen sowieso nicht verstehen, was draußen beim Kunden los ist«, dass er »keine Rückendeckung in der Chefetage und bei den anderen Abteilungen bekommt« und dass er »immer alles zweimal verkaufen muss – erst das Produkt beim Kunden und dann noch die Zahlen intern«. Im Gegenzug wird der Vertrieb von den anderen als »enormer Kostentreiber« (Gehälter, Provisionen und Dienstwagen), als vom Chef »verhätschelt« und als »Aufschneider, die viel reden, aber fast nie ihre Zahlen erreichen« wahrgenommen und dargestellt. Und da ist sie dann, die »Sollbruchstelle«!

Wenn es so stark beim gegenseitigen Verständnis hapert, hat das Unternehmen ein handfestes Kulturproblem. Und bevor man dort über hierarchie- und abteilungsübergreifende agile Systeme nachdenken kann, muss so eine »Sollbruchstelle« auf jeden Fall weg! Und im Übrigen wird unter diesen Vorzeichen natürlich auch das Basis- und Tagesgeschäft nicht optimal laufen, also ein Grund mehr, die »Silos« aufzulösen … Aber: Wie könnte das gehen?

»Be Social!« macht Schluss mit »Mein Kollege, das unbekannte Wesen!«

Social-Media- und Influencer-Kampagnen sind aus dem Marketing erfolgreicher Unternehmen nicht mehr wegzudenken. Im letzten Jahrzehnt entwickelten sich Social Media vom Stiefkind der Unternehmenskommunikations-Kanäle (»Wir müssten ja mal was mit Facebook machen...«) hin zum Premium-Medium, das es ermöglichen kann, besonders zielgruppenorientiert und punktgenau Kundenansprache zu betreiben. Was aber, wenn die Zielgruppe einer solchen Kampagne zunächst im Unternehmen selbst, also inhouse, liegt? Kann Social Media dort auch Gutes bewirken?

Ein großes und bekanntes deutsches Handelsunternehmen wird diese Frage sicher vollmundig mit »Ja!« beantworten. Denn im Zuge seiner kompletten Neuausrichtung im gesamten Social-Media-Bereich »stolperte« das Handelshaus förmlich über eine fehlende interne Vernetzung, Vorurteile zwischen Abteilungen, schlechte Kommunikation an wichtigen Schnittstellen und generelle Ahnungslosigkeit und Unverständnis darüber, was wer wie macht und mit welchen Herausforderungen Mitarbeiter und Abteilungen dabei zu kämpfen haben. Der Gipfel beziehungsweise der Wendepunkt waren erreicht, als herauskam, dass die HR-Abteilung drauf und dran war, ein neues E-Recruiting-Tool einzuführen – aber die IT davon nichts wusste! Hier zog die Geschäftsleitung die Notbremse und verlegte den ersten Schwerpunkt der geplanten Kampagne nach »innen«. Die Grunderkenntnis, dass es ohne Vernetzung kein Wissen und kein Verständnis und ohne möglichst reibungslose interne Abläufe keinen Erfolg im Außen, also beim Kunden, geben kann, war der Anlass, der geplanten externen Kampagne eine interne vorzuschalten. Das Social-Media-Team hatte dafür zügig eine Idee für eine Video-Kampagne der besonderen Art entwickelt, und die würde sich, Smartphone sei Dank, relativ leicht und unaufwändig durchführen lassen. Die Kampagne nutzte Strukturen im Intranet, die bereits für internen Austausch und Wissensmanagement genutzt wurden. Wie auch in Social-Media-Kanälen im Internet konnte sich jeder User auf einer eigenen Seite einloggen und bekam dort für ihn relevante Inhalte und Feeds aus dem Unternehmen gebündelt angezeigt. Nur, dass diese Feeds ab einem gewissen Zeitpunkt auch Selfmade-Videos von Kollegen enthielten, die kurz, knackig, authentisch und emotional davon erzählten, was sie grundsätzlich und gerade in der Firma so taten. Binnen ganz kurzer Zeit entwickelten sich diese »Was machst du eigentlich?«-Videos zum absoluten Hit im Intranet. Nachdem sich zunächst vor allem die extrovertierten Mitarbeiter für die Kampagne begeistern konnten, mauserte sie sich zu einer echten »Graswurzelbewegung«, und Resonanz und Teilnahme stiegen rasant an.

Das Social-Media-Team reagierte schließlich darauf, in dem es die zusätzliche Möglichkeit installierte, den Feed als solchen zu abonnieren, so dass jeder Interessierte nicht nur die Videos, die für ihn per Algorithmus ausgewählt wurden, zu sehen bekam, sondern sich auch Einblicke in die Arbeit von Kollegen verschaffen konnte, mit denen er bis dato nur »über mehrere Ecken« (wenn überhaupt) zu tun hatte. Den Rest besorgte die natürliche menschliche Neugier, auf die das Spezial-Team zu Recht gesetzt hatte.

Als Tüpfelchen auf dem »i« ergaben sich auf diesem »organischen« Weg neue Kontakte und auch viele neue Ideen, die nun wiederum über die vorhandenen Austausch- und Wissensmanagementstrukturen vertieft wurden und in die Umsetzung gingen. Das Intranet war nun erst richtig zum Leben erwacht – und heute kann dementsprechend von »Sollbruchstellen«, Vorurteilen und genereller Ahnungslosigkeit keine Rede mehr sein. Phase zwei, die Neuausrichtung der kundenorientierten Social-Media-Strategie, konnte starten und ist inzwischen ebenfalls erfolgreich.

3. Survive and Prosper: Das Krisenhandwerk lernen und beherrschen

Wechseln wir die Blickrichtung: weg vom »normalen« Betrieb und hin zur »Krise«. Dies ist aus zwei Gründen sehr sinnvoll: Zum ersten, weil jedes resiliente Unternehmen natürlich auf Krisen vorbereitet sein sollte. Und zum zweiten, weil derjenige, der sein Krisenhandwerk beherrscht, auch im normalen Betrieb besser aufgestellt ist. Wenn man sich aktiv mit möglichen Krisen auseinandersetzt, ist man einfach gezwungen, vieles zu hinterfragen und gegebenenfalls neu aufzustellen – mit einem Fokus auf Flexibilität und Schnelligkeit, um im Notfall adäquat reagieren zu können. Und beides sind natürlich Parameter, die auch für den »ganz normalen Change« unverzichtbar sind.

Manchmal (und gar nicht so selten) gibt eben auch eine Krise den Anstoß für einen tiefgreifenden Change ...

Need for Speed: Kraftvoll aus der Krise

Ein Beispiel dazu aus dem Ölgeschäft in den USA: Wenn Sie älter sind als vierzig Jahre, ist Ihnen die Fernsehserie »Dallas« hundertprozentig noch ein Begriff. (Wobei ich persönlich nie die Begeisterung teilen konnte, die »Dallas« bei uns zuhause ausgelöst hat. Ich freute mich vielmehr immer auf die Sommerpause, in der ich dann mit Begeisterung »Magnum« schaute ...) Aber ich schweife ab: In »Dallas« geht es genau um diese Branche, nur dass der Fokus der Serie gefühlt weniger auf dem Öl-Geschäft als vielmehr auf Affären, Lunches in Businessclubs und dem ersten Whisky des Tages am Nachmittag auf der »Southfork-Ranch« liegt. Und weil die Protagonisten der Ewing-Familie durch Ölfunde auf dem Ackerland, das sie besitzen, steinreich geworden sind, fehlt bei »Dallas« komplett der Offshore-Aspekt, also das knallharte, aber sehr lukrative Business mit den Öl- und Gasreserven, die tief im Meeresboden lagern – und mit denen der Golf von Mexiko vor der Südküste der USA auf besonders reichhaltige Weise gesegnet ist. Tatsächlich liegt ein großer Teil der noch vorhandenen Rohstoffreserven von Öl und Gas des nordamerikanischen Kontinents dort in einer Tiefe von um die fünf bis zehn Kilometer, wozu man für die Förderung allerdings noch die Meerestiefe von circa 1,5 Kilometern addieren muss.

Dass Offshore-Bohrungen und das Betreiben von Bohrinseln oder -plattformen eine äußerst risikobehaftete Art der Förderung von fossilen Rohstoffreserven ist, wissen wir nicht erst seit der »Deepwater-Horizon«-Katastrophe 2010, bei der eine Explosion und ein darauf folgender Brand der Sondierungsplattform zur bisher größten Ölpest im Golf von Mexiko führte. Dabei starben elf Menschen, und insgesamt traten mehr als 800 Millionen Liter Öl aus. Die Flora und Fauna des Meeres vor der Küste und des Mississippi-Deltas wurden massiv geschädigt, und Strömungen

3. Survive and Prosper: Das Krisenhandwerk lernen und beherrschen

und Verwirbelungen sorgten nicht nur für eine weite Ausbreitung des Ölteppichs, sondern auch für ein Absinken des Öls bis in 1100 Meter Tiefe. Dort bildete sich zeitweise eine bis zu 35 Kilometer große Schadstoffwolke, die sehr lange stabil blieb und keinerlei Anzeichen bakterieller Zersetzung zeigte. Das Risiko eines großen Ölunfalls war vorher übrigens von der nationalen Aufsichtsbehörde »Minerals Management Service« als verschwindend gering eingestuft worden. Und das war der Grund, weswegen auf die Ausarbeitung eines Notfallplans für Unfälle von Bohreinrichtungen im Golf von Mexiko verzichtet worden war und dieser »Black Swan«, also diese für unwahrscheinlich befundene Katastrophe, dann so enorme Ausmaße annehmen konnte. (de.wikipedia.org/wiki/Deepwater_Horizon)

Aber zurück zum eigentlichen Beispiel: Der Golf von Mexiko ist eine Region mit bestenfalls volatilen Wetterbedingungen. Das ist schon länger so, wird aber unter dem aktuellen Klimawandel natürlich nicht besser. Schon 2005 war die Förderung fossiler Ressourcen dort von den beiden kurz aufeinanderfolgenden Hurrikans Katrina und Rita stark betroffen: Nach Abklingen beider Stürme war nämlich ein Viertel davon durch die Zerstörungen an Fördereinrichtungen im Golf für immer verloren. (Knapp, 2016) Die große Firma, von der ich spreche, war sehr stark von den Stürmen mitgenommen und erlebte, wie wenig sie strukturell (und kulturell) auf so eine Katastrophe vorbereitet war: Zum Beispiel dauerte es mehr als drei Wochen, bis zweifelsfrei geklärt werden konnte, wo sich alle der mehr als 9000 Mitarbeiter aktuell befanden, die sich in von den Hurrikans betroffenen Gebieten aufgehalten hatten. Für den Betrieb des Unternehmens war dies eine Katastrophe, aber auch für seine Reputation: Die Presse warf sich begeistert auf dieses Detail wie auf ein gefundenes Fressen (Knapp, 2016).

Damit war auch dem Senior Management klar, dass sich dringend etwas ändern musste. Warum war man bloß so langsam gewesen? Und was müsste anders werden, um schneller reagieren, schneller entscheiden, schneller und besser kommunizieren und schneller Informationen bei der Hand haben zu können? Besonders kritische Selbstreflexion war gefragt, weil die Geschäftsleitung einem Selbstbild verhaftet war, das davon ausging, dass man doch schon »Speed «hatte, »flink und flexibel« aufgestellt war – schließlich war man im Ölgeschäft, in dem sich per definitionem die Marktbedingungen ständig ändern. Die anberaumte und tiefgreifende Betrachtung des Ist-Zustandes im Unternehmen förderte schnell wichtige Stellschrauben zutage, an denen man dringend drehen musste: Zuerst ging es (wie so oft) um eine Einstellungsfrage. Die Vorbereitung auf Zwischenfälle an sich wurde vom Management schlicht und ergreifend als nicht so wichtig erachtet und hatte dementsprechend keine Priorität. Es gab zwar in jeder der acht Abteilungen eine Art verantwortliche »Hilfs-Organisation«, die in solchen Fällen aktiv werden sollten, aber diese acht »Hilfstruppen« waren untereinander schlecht vernetzt und nicht als Stabsstellen konzeptioniert, sondern in die normale Hierarchie eingebettet. Sie operierten also auf acht unterschiedliche Arten und erfüllten schlecht und recht ihre Anforderungen – aber acht Mal auf andere Art und Weise. In manchen Fällen war nicht einmal geklärt, ob die Kriseneinheit in einer kritischen Situation die Führung der Abteilung übernehmen konnte oder nicht, geschweige denn, wie das Procedere genau abzulaufen hatte. Von dieser Art der »Silobildung« war auch die Kommunikation im Unternehmen geprägt: Um jeweils die eigene Performance und Kompetenz sowie das eigene »Expertentum« wirksam in den Mittelpunkt zu rücken, verwendete jeder gerne Spezialjargon bis hin zu besonderen Akronymen und Abkürzungen, die Nicht-Involvierten beziehungsweise Nicht-Eingeweihten unverständlich bleiben mussten. Damit riskierten die Sender der entsprechenden Botschaften immer wieder aufs Neue, dass die Empfänger im Dunkeln blieben beziehungsweise signifikant mehr Zeit brauchen würden, um die Botschaft zu verstehen und daraufhin agieren zu können. Dazu kamen noch konstante Wechsel im Führungsteam der Firma: Keiner der Topmanager *sah sich bis zur Katastrophe der doppelten Hurrikans genötigt, das heiße Eisen »Business Continuity« anzupacken, weil er oder sie ja in absehbarer Zeit doch bald wieder eine neue Position bekleiden würde. (Knapp, 2016)*

Insgesamt war nach der Ist-Analyse klar, dass Flickarbeit an einer oder mehreren Abteilungen nichts bringen würde, sondern dass ein großer Change des gesamten Unternehmens anstand. Das doppelte Ziel hieß, resilient für Krisenfälle (besonders in der sensiblen Golfregion) zu werden UND den Change in der Firma, der dafür nötig sein würde, kompetent und konsequent zu managen. Als Lösungsansatz orientierte sich das Unternehmen einerseits an Normen und Standards wie etwa der ISO 22301 (Business Continuity Management, kurz BCM) und propagierte gleichzeitig eine Neuausrichtung der Unternehmenskultur in Richtung »Resilienz«, wobei beide Faktoren sich wechselseitig ergänzen sollten. Verantwortungsbewusstsein und Kooperation in Teams und darüber hinaus wurden künftig großgeschrieben, und jeder Einzelne war aktiv darin involviert, Ziele zu erreichen und Verbesserungen durchzusetzen sowie Verluste und Disruptionen zu minimieren. Führungskräfte aller Ebenen arbeiteten an ihrer Denkweise und waren damit einverstanden, selbst zu führen oder aber, etwa im Krisenfall, die Führung anderen, die kompetenter oder besser spezialisiert waren, zu überlassen. Diese »neuen« Unternehmenswerte zielten auf einen Fokus, der in erster Instanz nicht mehr auf Gewinnmaximierung oder Kostenminimierung gerichtet war, sondern auf Integrität, Teamwork, Lernen und Mut. Kommunikationsstrukturen und -gewohnheiten wurden an die neuen Werte angepasst, und so waren Jargon und Wichtigtuerei künftig verpönt und wurden vermieden. Die (natürlich unverzichtbare) »Performance« ergab sich dann fast wie von selbst aus dieser neuen Ausrichtung. Unternehmerische Resilienz wird eben nicht mit einem Stück Papier, sondern nur durch einen echten und gelebten Wertewandel erzeugt ...

2008 kam die erste Nagelprobe für das Unternehmen – als es noch mitten im Change-Prozess gefangen war. Die Hurrikans Gustav und Ike tobten während der Sommersaison im Doppelpack über den Golf von Mexiko. Diesmal führten die fokussierten und gemeinsamen Anstrengungen zu einer schnellen Reaktion und einem schnellen Erfolg: Es war nun möglich, innerhalb von 24 Stunden den Aufenthaltsort aller betroffenen Mitarbeiter (und das waren inzwischen mehr als 10 000 Menschen) festzustellen. Damit hatte das Unternehmen die Nase vorn – auch unter allen Wettbewerbern – und erholte sich schneller als alle anderen von der Katastrophe. Verstanden hatte die Firma nun vor allem, dass sie nicht Kontrolle ausüben musste, weil sich die Naturkatastrophen sowieso nicht verhindern ließen. Wichtig war vielmehr, vorbereitet zu sein und die Schockwellen der Katastrophe möglichst gut abzufangen ... (Knapp, 2016)

Mein Punkt an dieser Stelle ist vor allem, dass der Anlass, also der Impact der ersten beiden Hurrikans, hier zu einer Neuaufstellung geführt hat, die nicht nur geholfen hat, für den Katastrophenfall gerüstet zu sein, sondern im Ergebnis auch dazu beiträgt, das Unternehmen zu »renovieren« und generell empfänglich für Veränderung und reaktionsschnell zu machen.

Lassen Sie uns nun noch einen kurzen Blick im Detail darauf werfen, wie eine solche Empfänglichkeit aussehen könnte: Meines Erachtens hat das Universum (oder die Instanz, die dafür sonst zuständig ist) vor den Erfolg (und das Erreichen von Flexibilität und Schnelligkeit) den Schweiß gesetzt. Und der ist in diesem Fall synonym mit Drill und perfekt eingeübten Routinen: Ich erinnere wiederum an das Beispiel von Morgan Stanley an 9/11 in der Einführung. Jeder, der etwa schon einmal im Katastrophenschutz gearbeitet hat und es mit handfesten Krisensituationen zu tun hatte, aber auch jeder Hochleistungs- oder Kampfsportler, kennt die Bedeutung eingeübter Routinen für den finalen Erfolg. Der Trick ist allerdings, dass man nicht auf der Stelle tritt, wenn die Routinen eingeübt sind und »sitzen«, sondern es dann schafft, sich erfolgreich in die Situation hinein weiterzuentwickeln und richtig mit ihr umzugehen. Und auch dafür gibt es ein paar Tipps und Tricks, die wir uns gut von den Profis abschauen können ...

Profis am Werk: Lernen von Hochzuverlässigkeitsorganisationen

Was für ein Wort! Dabei sprechen wir hier eigentlich von etwas ganz Alltäglichem, also von Krankenhäusern, Feuerwehren oder von Kraftwerken. (Weick/Sutcliffe, 2015) Viele von diesen Organisationen stammen aus dem Bereich der »kritischen Infrastruktur«. »Kritische Infrastrukturen (KRITIS) sind Organisationen oder Einrichtungen mit wichtiger Bedeutung für das staatliche Gemeinwesen, bei deren Ausfall oder Beeinträchtigung nachhaltig wirkende Versorgungsengpässe, erhebliche Störungen der öffentlichen Sicherheit oder andere dramatische Folgen eintreten würden.« (kritis.bund.de) Diese Organisationen zeichnen sich dadurch aus, dass sie trotz hoher Komplexität der an sie gerichteten Anforderungen und der Leistungen, die sie erbringen müssen, in einem meist schwierigen Umfeld trotzdem sehr zuverlässig und nahezu fehlerfrei operieren. Weick und Sutcliffe (2015) führen die Resilienz solcher Organisationen auf fünf Faktoren beziehungsweise Fähigkeiten zurück, die ich hier ganz kurz anreißen möchte:

1. Gesunder Fehlerfokus

Diese Fähigkeit haben wir weiter oben auch schon angerissen – Stichwort »Fehlerkultur«: Es ist in der Organisation nicht nur sanktionsfrei, über Fehler zu sprechen und sie aktiv aufzuspüren, sondern sogar ausdrücklich erwünscht.

2. Komplexität herunterbrechen, ohne unzulässig zu vereinfachen

Hier geht es darum, sich nicht dazu hinreißen zu lassen, anzunehmen, dass Ursache und Wirkung immer durch eine simple

Kausalkette verknüpft sind. Vielmehr werden die Zusammenhänge sorgfältig reflektiert, auch wenn in einem zweiten Schritt dann versucht wird, eine so aufgedeckte Komplexität zu reduzieren. So erliegt man nicht der Versuchung, nach »Schema F« zu reagieren, sondern bleibt sensibel und offen für den jeweiligen Einzelfall.

3. Die eigenen Operationen sorgfältig überwachen

Abweichungen und Fehler, die ultimativ schlimme Folgen haben können, werden so frühzeitig erkannt, und ihre Auswirkungen werden verhindert oder ausgehebelt.

4. Schnell und richtig auf Veränderungen reagieren

Das werden wir weiter unten noch vertiefen: Formale Prozeduren sind wichtig, um schnell reagieren zu können. Aber man muss wissen, wann man sie anpassen muss, um damit nicht ins Leere zu laufen oder Fehler zu machen.

5. Entscheiden nach Expertenprinzip

Wissen geht vor Hierarchie: Es entscheidet nicht derjenige, der Chef ist, sondern derjenige, der weiß, was zu tun ist.

Diese Prinzipien sind wichtig und uns darum ja auch schon in der einen oder anderen Form begegnet. Die eigentliche Frage ist aber ja, wie diese PS auf die Straße kommen, also wie die Resilienz im Betrieb beziehungsweise im ganz konkreten Krisenfall dann praktiziert wird. Um dieser Frage nachzugehen, schauen wir nun den Katastrophenschutz-Profis vom Technischen Hilfswerk (THW) über die Schulter ...

Den Ernstfall simulieren und daraus lernen

Das THW ist einer der wichtigsten Player für den Katastrophenschutz in Deutschland und sehr bekannt, aber was die wenigsten wissen: Es ist auch international aktiv und Teil eines weltweiten Netzwerkes, das bei schweren Erdbeben Hilfe leistet und Verschüttete rettet. Um Teil dieses Netzwerkes zu werden, muss man sich klassifizieren und nachweisen, dass das Team der Aufgabe gewachsen ist. Simulationen und Einsätze unter »realen« Bedingungen sind ein unbedingter Teil dieser Klassifizierung. Das THW hat sich 2007 klassifiziert und diese Leistung 2012 erneut bestätigt. Die Frage ist: Wie geht die Organisation in der konkreten Krisensituation vor? Das war in einem Trainingslager in England zu beobachten, an dessen letztem Tag in einem Simulationsszenario ein Rettungseinsatz nach einem Erdbeben der Stärke 8,5 auf der Richterskala in einem urbanen Umfeld simuliert wurde ...

Zeitdruck, Ungewissheit, Risiken von Nachbeben oder Tsunamis, eine chaotische Situation mit Trümmern und Verwundeten im öffentlichen Raum sowie blockierte oder erschwerte Zufahrtswege – all diese Faktoren kennzeichnen die Situation zu Beginn eines solchen Einsatzes und üben auf alle Beteiligten einen großen Druck aus. Die Profis vom THW jedoch behalten die Nerven. Für sie ist die Bewältigung einer solchen Krise ein Job (und dazu noch ein ehrenamtlicher), an den sie auf eine ganz bestimmte Weise herangehen. In insgesamt vier Schritten nutzen sie unterschiedliche Fähigkeiten und Strategien, um bestmöglich mit der Situation umzugehen und so schnell und effektiv wie möglich zu helfen:

1. Schnell eigene Strukturen bilden

Das erste, was das THW nach Eintreffen am Einsatzort macht, ist der Aufbau eines Camps: Zelte werden nach immer gleichen Routinen in immer der gleichen Reihenfolge aufgebaut. Checklisten stellen sicher, dass alles nach diesen vorher genau definierten Routinen abläuft. So entsteht eine Art »Wagenburg«, die im Auge des Orkans Sicherheit und Ruhe bietet. Der Sinn dahinter ist einfach: Am Einsatzort gibt es keine nützlichen und verlässlichen Strukturen mehr, also müssen sie erst geschaffen werden. Und erst, wenn diese Strukturen stehen, kann ein Einsatz richtig beginnen. Ohne dieses »Basislager« könnte es passieren, dass die Situation den Helfern über den Kopf wächst und sie im Chaos und in der Komplexität versinken.

Abstrahiert vom Katastropheneinsatz und übertragen auf ein Unternehmensumfeld bedeutet das, dass es ein zentraler Aspekt von Resilienz ist, in einer komplexen und hochdynamischen Situation eigene Strukturen und bekannte Muster aufzubauen, die Verlässlichkeit schaffen. Dazu muss man solche hilfreichen Strukturen vorher definieren und den Aufbau dann konsequent einüben.

2. Komplexität reduzieren

Routinen sind wiederum der essenzielle Bestandteil dieses zweiten Schrittes. Schrittweise werden sie auf die wichtigsten Aspekte der Situation angewandt. Abweichungen von diesen Handlungsvorschriften sind einfach nicht vorgesehen, und alle störenden Einflüsse werden ausgeblendet. Alles, was außerhalb der Routinen liegt, wird »wegpriorisiert«, und ganze Umweltausschnitte werden ausgeblendet, um die Komplexität zu reduzieren. Das klingt brutal und ist es auch, etwa, wenn das Team Verletzten eine Hilfeleistung zu diesem Zeitpunkt noch verweigern muss.

Eine Bemerkung dazu »in Klammern«. Die Herausforderung ist natürlich grundsätzlich, unter VUKA-Bedingungen nicht in die »Über-Simplifizierungsfalle« zu laufen, auf die Weick/Sutcliffe (2015) hinweisen: VUKA und erfolgreiche Unternehmen sind und agieren unter komplexen Bedingungen – und sie akzeptieren und befürworten diese Komplexität. In unserem Beispiel hier geht es um einen zeitlich begrenzten Aktionsmodus in einer realen Krise, nicht darum, schnelle und simple Diagnosen für Probleme zu finden und seine schädlichen Scheuklappen möglichst aufzubehalten.

3. Survive and Prosper: Das Krisenhandwerk lernen und beherrschen

Lesen Sie *hier* mehr über »Triage« als mögliches Modell der Priorisierung.

Link: https://dasbuch.surviveandprosper.de/betrieb

Alles ist hier darauf ausgerichtet, in dem unübersichtlichen Setting Orientierung zu schaffen und zu bekommen, um mit dem eigentlichen Einsatz beginnen zu können.

Im Unternehmen funktioniert es genauso: Der Fokus auf trainierte Routinen macht die Umstände beherrschbar und stellt sicher, dass ein Team handlungsfähig bleibt. Nur durch diese Art von Handlungsautonomie ist das Team in der Lage, zu bestimmen, um welche Aspekte es sich wie und in welcher Reihenfolge kümmern muss.

3. Routinen flexibel einsetzen

Jetzt kommt das große Umschalten in der Vorgehensweise, weil das »blinde« Befolgen von Routinen nun nicht mehr ausreicht und der (immer) speziellen Situation nicht gerecht wird. Nun sind ein Einlassen auf die besonderen Umstände gefragt sowie Offenheit, die es ermöglicht, konstruktiv mit Abweichungen und unvorhergesehenen Ereignissen umzugehen. Bezogen auf die Erdbeben-Simulation bedeutet dies, dass das THW-Team Verschüttete unter ganz verschiedenen Umständen antreffen kann und dann immer dem Einzelfall entsprechend handeln muss. Liegt die verschüttete Person in einem Schacht oder hinter einer Mauer? Kann das Team Kontakt aufnehmen oder nicht? Ist es nur einer oder sind es mehrere Betroffene? Jeder Fall liegt anders. Ein Erfolg versprechendes Verhaltensmuster ist in all diesen Fällen noch immer von Routinen geprägt, die eingeübt, geprüft, bewährt und so sicher wie möglich sind. Nur sind es allerdings jetzt »kleine« Einzelroutinen, die immer je nach Situation neu und anders »zusammengesetzt« werden können. Alle müssen jede Routine sicher beherrschen, besonders, weil im Vorfeld immer unklar ist, wann welche Einzelroutine zum Einsatz kommen wird.

Es hat also die Organisation die Nase vorn, die im Voraus sinnvolle Einzelroutinen trainiert hat und deren Teammitglieder wissen, dass sie sie situationsgerecht immer neu kombinieren können. Damit sind sie in der Lage, auch auf neue und unerwartete Herausforderungen adäquat zu reagieren.

4. Lernen, lernen, lernen

Jeder Einsatz ist anders und wird anders bewältigt: Daraus lässt sich also jedes Mal etwas Neues lernen. Das ist eine Ressource, die nicht ungenutzt bleiben sollte. Es ist eine Sache, dass Routinen immer wieder geübt werden müssen, bis sie absolut und zu hundert Prozent sitzen: Im Einsatz selbst ist nicht die Zeit, Dinge auszuprobieren. Es ist aber noch viel besser, wenn jeder Einsatz speziell evaluiert wird: Was war diesmal anders? Was hat sich wobei als besonders hilfreich erwiesen? In einer Nachbereitung können das jeweilige Team, aber auch am aktuellen Einsatz nicht Beteiligte (etwa unter der Leitung eines erfahrenen Trainers) ihr Tun reflektieren. Dabei wird auch sichergestellt, dass alle immer den gleichen Kenntnisstand haben und möglichst gut aufeinander eingespielt sind. In solchen besonders gut eingespielten Teams erleichtert so ein Vorgehen auch die Kommunikation unter Einsatzbedingungen, weil alle auf die gleichen »Erinnerungen« zugreifen und sich oft schon nur mit einer Geste verständigen können. Auch Aufgaben verteilen sich dann wie von selbst, weil jeder vom anderen weiß, was er besonders gut kann.

Institutionalisierte »Lessons-learned«-Sitzungen oder ein ganzes Team, das dafür (und für die Weitergabe des Wissens) verantwortlich ist, tragen also dazu bei, eine gemeinsame Wissensbasis zu installieren und zu pflegen, auf die alle Beteiligten im Ernstfall leicht und sicher zugreifen können. (Danner-Schröder/Geiger, 2014 beziehungsweise Danner-Schröder/Geiger, 2016)

Implikationen für Unternehmen auf den Punkt gebracht

Diese Überlegungen zeigen vor allem eins: Das Ausarbeiten von Notfallplänen und der Drill, der sicherstellen soll, dass sie im Notfall auch mit Erfolg abgearbeitet werden können, sind zu Anfang einer Krisenbewältigung unerlässlich. Denn nur so können Strukturen geschaffen und Komplexität reduziert werden, wodurch dann die dringend benötigte Handlungsfähigkeit entsteht. Ein Notfallplan in der Schublade oder im Safe hilft kein Stück weiter. Übung und Disziplin im Vorfeld sind unverzichtbar, denn in der Krise selbst muss alles wie am Schnürchen laufen.

Wichtig ist aber auch zu erkennen, wo die Grenzen solcher Notfallpläne liegen. In der eigentlichen Bearbeitung der Krise helfen dann Schnelligkeit, Flexibilität und das Wissen, dass man auf bestehende Kompetenzen zurückfallen kann, wenn man bereit ist, sie situationsgerecht neu zu arrangieren. Eigenverantwortung und die Fähigkeit zu erkennen, wann was wie eingesetzt werden kann, ist dann das, was die Mitarbeiter in der Krise benötigen. Dieser Mix aus Bereitschaft zur »Awareness« und zum Drill sowie Flexibilität und ständiges Lernen bestimmt schließlich den Erfolg.

Die »bunte Welt der ISO«: ein Blick auf die Vielfalt von Managementsystemen

Erweitern wir unseren Fokus und werfen einen kleinen Blick zurück auf das zu Beginn des Buches ins Spiel gebrachte

»Wunschkonstrukt«: Wir müssen uns im Klaren darüber sein, dass ein Managementsystem für organisationale Resilienz (ORMS) immer nur eine Art Vehikel, also die Grundlage, sein kann für alle Aspekte, die für ein Unternehmen überlebens- und wachstumsrelevant sind. Wir haben bereits gesehen, wie elementar wichtig es ist, aus dem Kontext der Organisation die überlebensrelevanten Aspekte zu identifizieren und zu ziehen. Es muss das Ziel und der Sinn eines Managementsystems sein, all die Anforderungen aus dem Kontext zu sieben, die Priorität für das Unternehmen haben, daraus die strategische Ausrichtung abzuleiten, dann Risiken und Chancen zu bestimmen und zielgerichtete Maßnahmen zu ergreifen.

Das heißt aber auch, dass es neben der Basis, der Grundlage des Managementsystems, keine Blaupause geben kann, die für jedes Unternehmen gilt. Für jede Organisation in ihrer Branche, bezogen auf ihre Produkte und Dienstleistungen und die Länder und Regionen, in denen sie operiert, wird ein anderes Set an Aspekten wichtig sein. Deshalb verstehe ich das ORMS tatsächlich gerne als Fahrgestell, als eine Art LKW, auf den Sie nach Herzenslust die für Sie wichtigen Bausteine oder auch Container draufpacken können. Alle Bausteine bewegen sich dann mit dem LKW zielgerichtet nach vorne.

Wir haben weiterhin gesehen, dass es Bausteine gibt, die für ein ORMS wahrscheinlich fast immer hoch relevant sind. Diese sind der Umgang mit Störungen (egal welcher Art), mit Notfällen, Betriebsunterbrechungen und die Wiederherstellung des Normalbetriebs. Dazu gibt es viele Ausprägungen von Standards, Handlungsempfehlungen und Hilfestellungen.

Wir sprechen (je nach zutreffendem Fall) von Business Continuity Management, Disaster Recovery, Incident Management oder Krisenmanagement. Jedem dieser Themen sind in der Normenwelt mehrere Standards gewidmet worden. Hier gibt es kein »richtig« oder »falsch«, nur ein auf den jeweiligen Fall bezogenes »geeignet« oder »nicht so geeignet«, wonach Sie sich ausrichten sollten.

Wichtig erscheint mir, dass ein Unternehmen, das Resilienz für sich beansprucht, auch sein Umfeld, seinen Kontext, aktiv positiv beeinflusst. Das bedeutet, dass ein verantwortungsbewusster Umgang mit den sensiblen Ressourcen der Natur und Umwelt, mit Rohstoffen und Energie, verpflichtend sein muss. Auch der Umgang mit Menschen, also deren positive Entwicklung und Förderung, ist ein absolutes Kernthema. Wer für sein Unternehmen »Survive and Prosper« proklamiert, verpflichtet sich zu einer hohen eigenen Verantwortung. Auch in diesem Licht sollen die folgenden Ausführungen verstanden werden, wenn wir nun einen Blick auf weitere Bausteine werfen, die für die meisten Unternehmen im Rahmen eines ORMS wichtig sind:

Informationssicherheit

Die Sicherheit von Informationen und Daten spielt eine immense Rolle in der heutigen Zeit der hochgradigen Vernetzung. Wir sprechen von Cyber Threats, von der Sicherheit von Steuerungssystemen in der »Industrie 4.0« und von Cloud Information Security. Kein Unternehmen gleicht hier dem anderen, aber alle sehen sich ähnlichen Risikoszenarien gegenüber. Hacker, Cyberkriminelle, Phishing, aber auch unzureichend geschulte oder sensibilisierte Mitarbeiter des Unternehmens können die Ursachen für empfindliche Störungen sein. In vielen Branchen und Ländern gibt es für solche Zwischenfälle seit geraumer Zeit Meldefristen an Aufsichtsbehörden, teilweise mit hohen Strafen, wenn diese verletzt werden. Wir wollen Know-how schützen vor Piraterie, wir möchten unser intellektuelles Eigentum sichern, aber auch die Verfügbarkeit von Produktions- und Steuerungsprozessen gewährleisten. Verfügbarkeit, Integrität, Vertraulichkeit und Authentizität von Information sind dabei die Schutzziele der Informationssicherheit. Ganz zu schweigen natürlich vom

Schutz der personenbezogenen Daten von Kunden, Geschäftspartnern und Mitarbeitern.

Datenschutz

Der ist, auch wenn man anderes glauben oder lesen mag, bei Weitem kein rein europäisches Thema. Viele Länder und Regionen dieser Erde haben bereits datenschutzrechtliche Forderungen aufgestellt. Egal ob im asiatisch-pazifischem Raum oder in einzelnen Staaten der USA, in indischen Bundesstaaten oder auch in China: Datenschutz (oder zumindest manchmal das »Trittbrett« Datenschutz) sind ein wesentlicher Teil der politischen Agenda geworden. Egal, ob es darum geht, wirklich die Daten der betroffenen Bürgerinnen und Bürger zu schützen, oder nur darum, ein staatliches Kontrollbedürfnis auszuleben. Unternehmen stellt all das (gerade im internationalen Kontext) vor gewaltige Herausforderungen. Auch dieses Thema ist in der Normenwelt schon an vielen Stellen behandelt worden. Dort finden sich genug Bausteine, die wir mit unserem ORMS verbinden können.

Lesen Sie *hier* mehr zum Thema Cyber Resilience.

Link: https://dasbuch.surviveandprosper.de/betrieb

Qualitätsmanagement

Ja, sie ist die »Mutter aller Managementsysteme«, die gute alte ISO 9001, die bereits in ihrer ersten Version 1979 als British Standard auf der Bühne der Normenwelt erschien. Aber so alt sie scheint, so wichtig ist sie heute immer noch. Sie soll dafür sorgen, dass die Qualität von Produkten und Dienstleistungen an gesetzlichen und aufsichtsbehördlichen Anforderungen und in letzter Konsequenz auch an den Kundenforderungen ausgerichtet wird. Dabei geht es nie darum, dass aus einem Billigprodukt ein Luxusgut werden muss, sondern nur darum, dass am Ende das im Laden steht, was aufgrund der Beschreibungen zu erwarten war. Dazu gibt es in der Biografie von Steve Jobs eine plakative Geschichte, die er auch schon bei einer der zahlreichen Apple-Produktpräsentationen selbst auf der Bühne erzählt hat:

Wenn ein Tischler eine schöne Kommode anfertigt, wird er auch für die Rückseite kein Sperrholz benutzen, obwohl sie ja wahrscheinlich an einer Wand stehen und keiner diese Rückseite je sehen wird. Es reicht nämlich schon, dass man weiß, dass diese Wand da und nicht massiv ist, um den Gesamteindruck zu stören. Also wird der Tischler auch für die Rückseite gutes, massives Holz benutzen – damit er nachts gut schlafen kann, muss er die Ästhetik und die Qualität konsequent im ganzen Produkt durchhalten.

(Isaacson, 2011)

Servicemanagement

Was Qualitätsmanagement für Produkte, ist die ISO/IEC 20000-Reihe für die Welt der IT-Dienstleistungen. Wobei heute in der aktuellen Variante generell von einem »Service-Management-System (SMS)« gesprochen wird. Immer mehr Unternehmen verdienen ihren Lebensunterhalt, indem sie solche oder andere Dienstleistungen erbringen, häufig im B2B-Kontext für andere Unternehmen. Deshalb ist es wichtig, genau darauf zu schauen, welche Services vom Kunden gewünscht und gebraucht werden und in welcher Qualität. Ein SMS steuert die Leistungen so, dass nur die relevanten ins Angebot kommen und dann aber auch erwartungsgemäß erbracht werden.

Projektmanagement

Was es für standardisierte Dienstleistungen gibt, gibt es auch für Projektarbeit. Viele Unternehmen beschäftigen sich mit der Bearbeitung einzelner, teils sehr komplexer Projekte. Egal ob in der Softwareentwicklung, in Architekturbüros oder in Beratungshäusern: Vieles läuft auf Projektbasis. Auch dazu gibt es viele Standards. Nur als Beispiel möchte ich die ISO 21500-Reihe zum Management von Projekten und Projektportfolios erwähnen. Hier haben wir zwar keine »klassische« Managementsystemnorm vor der Nase, aber eine, die sich gut in unser ORMS einbetten lässt.

Umweltmanagement

Es ist schon lange Standard in vielen Unternehmen: das Umweltmanagementsystem. Es geht um den bewussten Umgang mit Ressourcen und um das Vermeiden einer Umweltgefährdung und -beeinträchtigung aus der unternehmerischen Tätigkeit heraus. Aber auch darum, wie man mit Notfällen umgeht, die eine Umweltgefährdung nach sich ziehen können. Die ISO 14000-Reihe ist eine prominente Vertreterin eines solche Managementsystems und in vielen Unternehmen »zuhause«. Im Kern geht es hier um die Analyse von Risiken und deren Behandlung im Zusammenhang mit Umwelteinflüssen.

Energie-Effizienz-Management

Auch dieses Thema ist in vielen Unternehmen bereits angekommen, auch durch die Vorgaben des Gesetzgebers, der einen effizienten Umgang mit Energie fordert. Zum Thema generell gehören nicht nur Strom, sondern auch Druckluft und andere Energiequellen und die Umwandlung von Energie durch

Unternehmen. Der ISO-Vertreter dieser Managementsysteme ist die ISO 50001. Im Kern dreht sie sich um die Ermittlung des Energieverbrauchs und dessen Reduzierung durch gezielte Maßnahmen – was insgesamt auch eine Reduktion des CO_2-Ausstoßes zum Ziel hat.

Arbeitssicherheits- und Gesundheitsschutzmanagement

Verhältnismäßig lange hat es gedauert, bis sich die ISO an einen Standard für Arbeitssicherheit und Gesundheitsschutz herangewagt hat. Zu unterschiedlich waren die Interessen der einzelnen Länder. Nun aber gibt es mit der ISO 45001 eine Vertreterin dieses Bereiches. Ihr Ziel ist es, Arbeitsunfälle zu verhindern und insgesamt die Gesundheit aller Mitarbeitenden zu erhalten, zu verbessern und sie wiederherzustellen, wo diese geschädigt wurde.

Anti-Bribery

Bestechung ist ein viel weiter verbreitetes Thema, als man denkt, und kommt in allen Kulturen, Ländern und Regionen vor. Es gibt vielfältige gesetzliche Regelungen dagegen, die häufig im starken Kontrast zu den kulturellen Gepflogenheiten vor Ort stehen. »Kleine Geschenke erhalten doch die Freundschaft, oder?«, heißt oftmals die Devise. Schnell steht man als Unternehmen am Pranger, und der Reputationsschaden ist da. Auch gut gemeinte Gefälligkeiten können etwa zum Ausschluss von Ausschreibungen führen. Deshalb ist ein Anti-Bribery-Managementsystem ein guter Ansatz, systematisch mit diesem sensiblen Thema umzugehen – inklusive Meldemöglichkeiten und Whisteblowing. Um »Survive and Prosper« zu erreichen, sollte man sich dieses Themas annehmen.

Corporate Social Responsibility

Unternehmen tragen Verantwortung. Für Informationssicherheit, Datenschutz, Produktqualität, Service-Qualität ... Aber auch gesellschaftlich. Unternehmen können unglaublich viel

Gutes bewirken, schaffen Arbeitsplätze, geben Mitarbeiterinnen und Mitarbeitern im Idealfall eine erfüllte Tätigkeit. Es macht Sinn, sich geordnet mit diesem Thema auseinanderzusetzen, und auch gezielt Projekte anzugehen, die zum Ziel haben, die Gesellschaft nachhaltig zum Besseren zu wandeln – solange Sie auch damit verantwortungsbewusst umgehen und daraus kein reines Lobbying oder keine reine Bestechung machen. Denn: »Nichts ist ohne Gift, alleine die Dosis macht das Gift« (Paracelsus).

Asset Management

Und noch ein neuerer Vertreter in der Normenwelt: das Asset-Managementsystem. Der Begriff »Asset« deckt alles ab, was für ein Unternehmen von Wert ist. Das sind vielleicht Rohstoffe, Maschinen, Gebäude, Informationen, Patente, aber hoffentlich immer auch die Menschen, die einem Unternehmen sein Gesicht und seinen Verstand geben. Diese Assets sollen über ihren »Life Cycle« so eingesetzt werden, dass das Beste aus ihnen herausgeholt wird und nach Möglichkeit das Recycling bei Dingen oder deren Weiterverwendung bewusst gesteuert werden – all das ganz nach ISO 55001.

Compliance-Managementsystem

Derzeit auch kein »echter« Management-Systemstandard ist ISO 19600 für Compliance Management. Eigentlich sollte es die Grundfunktion eines ORMS sein, Compliance-Aspekte zu steuern. Es macht als Unternehmen aber Sinn, auch diesen Baustein zu betrachten, da es oft etwa ein schlauer Zug ist, eine Ombudsperson für die Organisation zu bestellen und so den Umgang mit Einsprüchen und Beschwerden besser zu systematisieren.

Branchenrelevante Standards

Ständig wachsen weitere Standards heran, die sich auf einzelne Branchen oder spezielle Themen beziehen. Ob es nun um Informationssicherheit im Gesundheitswesen oder in der Industrie geht, oder um Qualitätsmanagement im Lebensmittelsektor oder in der Automobilindustrie. Sie alle zu erwähnen, würde das Buch sprengen und den Sinn verfehlen. Aber wir betrachten auch diese Standards und Normen als Bausteine, die im Bedarfsfall mit dem ORMS als Basis verbunden werden können.

Fazit:

Das Kapitel gibt gegen Ende nur einen kleinen Überblick der wichtigsten Themen und bewegt sich dabei stark an der ISO-Welt entlang. Es war nicht die Absicht, eine Gewichtung oder Priorisierung vorzugeben, aber Sie haben die Idee sicher verstanden. Alles, was für Sie an Normen und Standards relevant ist, können oder sollen Sie in Ihr ORMS einbinden. Alle hier genannten Bausteine können sich eng mit dem ORMS verbinden, da sie fast alle über die gleiche Grundstruktur und gleiche Systematik verfügen. Ihnen liegt die oben besprochene Kapitel-Struktur von »Kontext der Organisation« bis zur »Verbesserung« (vier bis zehn) zu Grunde. Man könnte auch sagen: Es lebe die High Level Structure! Darum spreche ich gerne davon, die Managementsysteme zu integrieren, das heißt, sie so übereinanderzulegen und gemeinsam zu betreiben, dass daraus *ein* Managementsystem wird. Genau das ist der Ansatz eines ORMS: die Basisfunktionalität eines Managementsystems für »Survive and Prosper« für jedes Unternehmen zu nutzen und daran dann die relevanten Aspekte zu verbinden und »anzudocken«. Dann haben Sie Ihr »Survive-and-Prosper-Managementsystem«. Das macht doch wunderbar mehr Sinn, als einzelne Qualitäts- und Sonstwas-Managementsysteme als Silos zu betreiben?

Kapitel sechs:
Überprüfen der Leistungsfähigkeit: Denn Sie wissen (hoffentlich), was Sie tun

1. Nachrichten aus der Normenwelt: Wie stehen wir eigentlich da?

Kapitel neun der ISO High Level Structure setzt in drei Unterkapiteln die Maßstäbe, die helfen, dem Management der Organisation die Bewertung eines jeweils genutzten Managementsystems zu ermöglichen. Die Norm verlangt, Kennzahlen, Metriken oder andere Indikatoren zur Umsetzung von Prozessen und Maßnahmen zu definieren und zu erheben sowie interne Audits nach einem festgelegten Auditprogramm durchzuführen. In regelmäßigen, konzertierten oder sogar konstant durchlaufenden Monitoring-Aktionen (zum Beispiel den »Management Reviews«) sollen sich Leistung und Output von Managementsystemen bewerten sowie zuverlässige Aussagen über die bestmöglichen Bedingungen für eine Verbesserung und die höchstmögliche Wirksamkeit dieser Systeme treffen lassen.

Der scharfe Blick: Monitoren und analysieren

Messen und bewerten? Ja, klar, aber wie am besten? Reine Kennzahlensysteme oder Reifegradmodelle – unterschiedliche Ansätze sind erlaubt; die Norm legt sich (wie so oft) im ganz Konkreten nicht fest. Festgelegt werden muss aber, was genau überwacht und gemessen werden soll. Danach müssen die Methoden zur Überwachung, Messung, Analyse und Bewertung, die notwendig sind, um gültige Ergebnisse sicherzustellen, bestimmt werden sowie die Zeitpunkte, wann die Überwachung und Messung durchzuführen und wann die Ergebnisse der Überwachung und Messung zu analysieren und zu bewerten sind. Die Ergebnisse dieser Prozesse müssen (wie meist) in geeigneter Form dokumentiert und aufbewahrt werden.

Fakten auf den Tisch: Auditieren

Interne Audits sind eine Art des regelmäßigen, institutionalisierten Überprüfens, wie gut ein Managementsystem die Anforderungen einer Organisation beziehungsweise die der Norm erfüllt. Im Gegensatz zu externen Audits geht es hier nicht (nur) darum, wie gut die Organisation den Anforderungen der Norm gerecht wird – was aber keinesfalls heißen soll, dass das Procedere vernachlässigbar wäre. Im Gegenteil: Die Norm besteht auf der Durchführung und regelt die Leitlinien für Planung, Aufbau, Umsetzung, Methoden, Verantwortlichkeiten, Anforderungen an die Planung der internen Audits sowie für die abschließende Berichterstattung. Auditoren sollen dabei so ausgewählt und die Audits so durchgeführt werden, dass Objektivität und Unparteilichkeit des Auditprozesses absolut sichergestellt sind. Am Ende sollen die Ergebnisse der internen Audits dann der »zuständigen Leitung« berichtet und somit einer Managementbewertung zugeführt werden.

Hehre Pflicht des Topmanagements: Bewerten

Dieses »Management Review«, oder eben zu Deutsch, diese »Managementbewertung«, soll eine explizite und strukturierte Auseinandersetzung des Topmanagements mit einem bestimmten Managementsystem und mit den Parametern sein, auf deren Basis Entscheidungen für eine weitere Verbesserung des Managementsystems getroffen werden können. Dies darf keine Randaufgabe sein, keine reine »Pflichterfüllung«, sondern sollte als das wichtigste Steuerungselement behandelt werden. Die Identifikation von Schwachstellen im Managementsystem (und in der Organisation selbst) und bei dessen Umsetzung sowie Performance-Aspekte und die adaptive Kapazität des Unternehmens können in ein strukturiertes Management Review einfließen und durch das Topmanagement der Organisation bewertet werden.

Anregungen für vielversprechende Herangehensweisen für ein strukturiertes Management Review, die über das pure Erheben von Kennzahlen und Indices hinausgehen und angemessene Reaktion auf Veränderungen im Kontext der Organisation ermöglichen, werden wir nun diskutieren …

2. Das Resilienz-Rezept: Zahlen, Daten, Fakten – sind nur die halbe Miete

Zahlen, Daten, Fakten – Messbarkeit und der Umgang mit Messergebnissen wird in vielen Unternehmen zu einer Art Religion erhoben. Natürlich müssen wir messen, weil wir immer Informationen benötigen, auf deren Basis wir dann unsere Entscheidungen treffen. Aber viel von dem, was dann hinten wirklich als Ergebnis herauskommt, hängt davon ab, was wir messen und danach mit den Messergebnissen so anstellen. Und auch die Art und Weise, wie wir messen und an unsere Daten kommen, hat Einfluss auf unsere Ergebnisse. Ein Beispiel dazu von meinem Autorenkollegen Gunter Dueck (2018), der mit seiner »Warteschlangenformel« zeigt, wie sehr wir uns mit reiner Zahlenoptimiererei auf den Holzweg begeben können …

Warum Auslastung nur sehr wenig mit echter Leistung zu tun hat

Stellen Sie sich vor, Sie sind Marktleiter im Supermarkt um die Ecke. Sie tragen große Verantwortung – für die Zufriedenheit Ihrer Kunden, die Frische Ihrer Waren, das Sortiment insgesamt und natürlich auch dafür, dass Sie Ihre Mitarbeiter optimal und zum maximalen Nutzen des Unternehmens einsetzen. Schon seit geraumer Zeit allerdings bereiten Ihnen Ihre Kassenkräfte Kopfzerbrechen, denn: Mal sind nur wenige Kunden im Laden, zu Stoßzeiten aber kommen mehrmals am Tag viele Käufer auf einmal. Somit haben Ihre Kassenkräfte manchmal viel und manchmal weniger zu tun. Jetzt können Sie sich mit der Stoppuhr hinstellen und einen Tag lang genau messen, wie lange die Kas-

senkräfte wirklich arbeiten und wie lange sie mehr oder weniger untätig herumsitzen. Ergebnis: Alle Mitarbeiter an der Kasse arbeiten im Schnitt »nur« 80 Prozent ihrer Arbeitszeit. Was da für Ressourcen brachliegen! Wie können Sie bloß die Situation an der Kasse so verändern, dass die Auslastung der Mitarbeiter steigt?

Sie haben eine Idee und setzen Sie in die Tat um: Um den Außenauftritt Ihres Marktes noch attraktiver zu machen, lassen Sie die Kassenkräfte zusätzlich zu ihrer eigentlichen Aufgabe noch regelmäßig die neu geschaffenen Auslagen im Eingangsbereich bestücken. Mehreinnahmen bei gleichbleibenden Personalkosten – das klingt doch gut! Wieder messen Sie nach der Umstellung die Arbeitszeit und siehe da: Jetzt sind die betreffenden Mitarbeiter bei 90 Prozent Auslastung angekommen. Sie sind sehr zufrieden mit dieser neuen Regelung – und fallen aus allen Wolken, als sich mehr und mehr Kunden über die lange Wartezeit an den Kassen beschweren. Was ist passiert? Schließlich ist die Auslastung ja noch nicht einmal bei den vollen 100 Prozent angekommen?

Tja: Dueck hat dafür eine ganz einfache Erklärung, nämlich die, dass eine hohe Auslastung ein Wartechaos untererledigter Vorgänge erzeugt. Wenn wir uns nun unsererseits mal ein paar Zahlen zur Brust nehmen, wird dieses »Warteschlangensyndrom« erstaunlich transparent ....

Der Auslastungsgrad, also der Zeitanteil, zu dem die Kassenkräfte tatsächlich arbeiten, lag zu Beginn unseres Beispiels bei 80 Prozent, also in Dezimalen ausgedrückt bei 0.8. Für das Geschehen in Warteschlangen haben schlaue Menschen mathematisch zwei interessante Größen festgelegt, die man aus dem aktuellen Auslastungsgrad heraus berechnen kann.

Erstens: (Auslastung) geteilt durch (1 – Auslastung) entspricht der erwarteten Anzahl von Kunden an der Kasse. Also in unserem Fall:

$0{,}80 / (1 - 0{,}80) = 4{,}0.$

Zweitens: (Auslastung) mal (der erwarteten Anzahl von Kunden an der Kasse) ergibt die Länge der Schlange an der Kasse, also:

$0{,}80 \times 4{,}0 = 3{,}2$.

Drei Kunden vor uns an der Kasse? Das ist für uns alle wahrscheinlich eine Grenze, die noch völlig in Ordnung ist und bei der keiner direkt ungeduldig zur Klingel greift, damit eine weitere Kasse geöffnet wird.

Was aber passiert mit der Mathematik, wenn die Auslastung der Mitarbeiter nun 90 Prozent beträgt? Wie wird sich die Warteschlange an der Kasse entwickeln? Das ernüchternde Ergebnis gemäß der Formeln oben sieht folgendermaßen aus:

(Auslastung) $0{,}9 / (1 - 0{,}9) = 9 \rightarrow$ *erwartete Anzahl von Kunden an der Kasse und*

$0{,}9 \times 9, = 8{,}1 \rightarrow$ *erwartete Länge der Schlange.*

Acht Kunden vor uns an der Kasse ist sicher jenseits der Toleranzschwelle; also kein Wunder, dass die Beschwerdewelle schnell bis in Ihr Büro geschwappt ist! Diese »Warteschlangenformel« beschreibt also den mathematischen Zusammenhang zwischen der Arbeitsdichte und der Länge des Staus, der durch eine zu hohe Arbeitsdichte entsteht.

Zahlen optimieren um (fast) jeden Preis – ein Zeichen der Zeit?

Ich meine, ja. Irgendwann zu Beginn der »Nuller«-Jahre haben wir uns von einer (relativ) geregelten Arbeitszeit und von einer echten »Work-Life-Trennung« verabschiedet. Wir hatten damals fast alle noch kaum ein E-Mail-Programm und bekamen darum auch keine E-Mails am Abend oder am Wochenende. Ein rund um die Uhr und 365 Tage im Jahr eingeschaltetes Smartphone gab es auch noch nicht. Heute ist die Grenze zwischen »Work-Life« fließend oder sogar schon obsolet. Wir alle arbeiten immer mehr. »Work-Life-Integration« ist das Zauberwort.

Zählt es als Überstunden, wenn ich abends zuhause noch Mails lese und teilweise beantworte? Gute Frage? Europäische Gerichte sagen: ja! Auch pendeln viele von uns immer weiter für einen wirklich guten Job, aber Reisezeit wird sehr oft nicht mehr als Arbeitszeit angerechnet – auch nicht teilweise. Darüber hinaus hat unsere Arbeit sich verdichtet; wir alle haben sicher schon einmal die Notwendigkeit zum Multi-Tasking verspürt. Unsere Mittagspausen werden kürzer, oder wir verbringen sie mit Sandwich in der Hand vor dem Notebook. »Always on« heißt die Devise und gehört für die allermeisten heute zum Arbeitsalltag.

Aber sind wir damit auf Erfolgskurs? Fachleute sagen »nein«, und ich neige dazu, ihre Meinung zu teilen. Gunter Dueck meint sogar, jegliche Auslastung über 85 Prozent sei schädlich und führe unweigerlich zur Überlastung und in die Sackgasse. Führungskräfte sollten sogar nicht mehr als 40 Prozent Auslastung haben, um Zeit für Entscheidung, Innovation und Fortbildung zu haben. Es geht für sie schließlich darum, echte Strategien zu entwickeln, anstatt das pure Tagesgeschäft abzuarbeiten. Hand aufs Herz: Wenn Sie in einer Managementposition sind, verplanen Sie vermutlich 100 Prozent Ihrer Zeit und arbeiten dann alles mit 30 Prozent Mehrarbeit wieder ab, um das Chaos einigermaßen im Griff zu behalten. Die Folgen: Das Tagesgeschäft frisst Sie auf. Innovationen? Luxus! Ein Besuch von Tagungen oder Messen? Keine Zeit! (Wieder ein Teil der Kontextbeobachtung, der auf der Strecke bleibt ...)

Das Problem, das Dueck so plakativ beschreibt, beginnt so: Wir sind in unserem Denken so konditioniert, dass wir fast schon automatisch *das Maximum als das Optimum bewerten.*

Natürlich sind die allermeisten von uns in der Lage, zwischen null Arbeitsstunden und dem völligen Zusammenbruch zu arbeiten. Der aber kann ja das Optimum nicht sein, soviel muss uns klar sein. Sondern das Optimum, also der Punkt der optimalen Leistung, liegt irgendwo dazwischen – und keinesfalls in der Nähe der maximalen Auslastung.

2. Das Resilienz-Rezept: Zahlen, Daten, Fakten – sind nur die halbe Miete

Was messen wir also? Die Auslastung oder die Leistung? Noch einmal zur Verdeutlichung:

Nehmen wir an, Sie sind Manager und es stehen immer so viele Entscheidungen an, dass diese bei Ihnen zu einer Auslastung von 100 Prozent führen. Dann haben Sie jeweils nur eine ganz begrenzte Zeitspanne für jedes (wahrscheinlich vorher von Ihrem Assistenten priorisierte) Projekt. Sie beschäftigen sich dann immer nur mit den dringendsten Projekten, also wahrscheinlich mit solchen, die bereits eskaliert sind oder kurz davor stehen. Ja, Sie sehen vielleicht nur noch Projekte, die bereits an der Schwelle des Scheiterns sind. Die sind sicher alle dringend, das aber bedeutet nicht zwingend gleichzeitig, dass sie auch wichtig sind, wie wir spätestens seit der Eisenhower-Matrix wissen. In so einem Chaos steht nur eine Zahl wie ein Fels in der Brandung: Es ist in dem Fall hundertprozentig sicher, dass Wichtiges auf der Strecke bleibt und Sie nie und nimmer die Gelegenheit haben werden, sich mit strategischen Fragen, mit Innovationen, also kurz gesagt mit allem, was Sie und das Unternehmen weiterbringen würde, zu beschäftigen. Was für eine Tretmühle!

Wenn Sie es schaffen, nicht Auslastung mit Leistung und nicht Maximum mit Optimum zu verwechseln, haben Sie schon fast gewonnen. Und wenn Sie dann noch die von Dueck vorgeschlagene Obergrenze für Ihre Auslastung von 85 Prozent ansteuern, sorgen Sie dafür, dass innovative Ideen und nachhaltige Projekte nicht an der »Warteschlange« zerschellen. Denken Sie an Google, das seinen Mitarbeitern 20 Prozent »Slack Time« zugesteht, damit sie nicht im Tagesgeschäft untergehen, sondern an der Entwicklung des Unternehmens mitarbeiten und eigene Ideen wachsen lassen können.

Zahlen revisited: Das Ende der klassischen Buchhaltung

Zeit für eine Analogie: Es ist vielleicht eine gewagte These, aber so wenig, wie das Maximum an Auslastung mit dem Optimum an Leistung zu tun hat, so wenig an Aussagekraft haben die klassischen Messgrößen in einer Bilanz beziehungsweise Gewinn- und Verlustrechnung aktuell für die meisten Unternehmen der New Economy im IT-Bereich (Govindarajan et al., 2018). Eine klassische Unternehmensbewertung auf der Grundlage »reiner Zahlen« für ein Unternehmen wie Facebook gerät zum Abenteuer, wenn man sich klar macht, dass die Geschäftsgrundlage des Social-Media-Anbieters fast vollständig auf immateriellen Vermögensgegenständen ruht und »hard assets« nur eine verschwindend geringe Rolle spielen. Ein Beispiel zum Vergleich:

Beim Einzelhandelsgiganten Wal-Mart stehen »hard assets« wie Immobilien mit einem Wert von circa 160 Milliarden einem Gesamt-Unternehmenswert von circa 300 Milliarden gegenüber. Bei Facebook existieren »hard assets« im Wert von rund neun Milliarden, aber die Firma ist circa 500 Milliarden wert … (ebd.)

Eine solche Bewertung würdigt die immateriellen Vermögenswerte von Facebook wie Know-how, Nutzerdaten oder das Entwicklungspotenzial für neue Technologien voll. Dies geschieht aber sicher nicht auf der Basis eines »klassischen« Finanzberichtes, denn dort tauchen höchstens die Investitionen als Ausgaben auf, die initial notwendig waren, um Know-how zu entwickeln oder einzukaufen. Weil aber dann im Gegenzug der Wert dieser immateriellen Güter nicht bewertet werden kann, können rein rechnerisch sogar Verluste entstehen. Oder umgekehrt: »Hard assets« haben die Tendenz, mit der Zeit an Wert zu verlieren. Immobilien, IT-Hardware, Fahrzeugflotten – all das ist naturgemäß einer Abschreibung unterworfen und erscheint nur noch mit einem jeweiligen Zeitwert in der nächsten Bilanz. Was aber ist mit Markenwert, Strategiepower, Reputation, Wohlbefinden der Mitarbeiter, Innovationskraft oder genialem »Humankapital«, also Ausnahmenentwicklern oder CEOs wie Steve Jobs? All das wird mit Einsatz und durch »Benutzung« womöglich noch wertvoller, und ein Konzept wie »Abschreibung« greift hier einfach nicht.

Das ist nur ein weiteres Beispiel dafür, wie Zahlen auf den Holzweg führen können und welch beschränkte Aussagekraft sie, »pur genossen«, haben.

Immer wieder entscheidend: Die Stellschrauben »Denkweise« und »Unternehmenskultur«

Wenn wir es schaffen, die Zahlen, die wir messen oder die wir als Richtwert nehmen, »cum grano salis« (also immer im relevanten Kontext) und wohlüberlegt zu interpretieren, um auf wirklich aussagekräftige Ergebnisse zu kommen, machen wir also den ersten wichtigen Schritt. Wir haben oben schon gesehen, dass Auslastung und Leistung beziehungsweise Resultate zwei völlig unterschiedliche Dinge sind, und haben damit eine traditionelle (und einseitige) Denkweise zu Recht herausgefordert. Wollen wir nun noch einen weiteren, entscheidenden Schritt in Richtung Resilienz gehen, liegt es nahe, das gesamte Thema rund um »Ergebnisse«, »Leistung« und »Unternehmensperformance« noch mal gründlich zu hinterfragen …

Leistungskultur versus Wachstumskultur

»Performance« geistert als eine Art festgeschriebenes Zauberwort für die Beurteilung der gesamten Leistung eines Unternehmens oder auch der Leistung eines einzelnen Mitarbeiters durch die Wirtschaftsliteratur und durch die Realität im Unternehmen. Wir sind wie besessen von Fragen wie: Wie war die »Unternehmensperformance« im letzten Quartal? Wie hat der Mitarbeiter seit seinem letzten Beurteilungsgespräch »performt«? Nehmen Sie es mir nicht übel, aber das hat schon etwas sehr Strenges … Ja, wahrscheinlich ist das sogar in dieser Form schon nicht mehr zeitgemäß. Denn in einer reinen Leistungskultur herrscht eindeutig eine schwarz-weiße Denke vor – es gibt einfach nur hopp oder topp, also leisten oder versagen. Das ist eine sehr rudimentäre Betrachtungsweise, die dabei auch sehr linear und zweidimensional ist – und den viel zitierten VUKA-Bedingungen darum überhaupt nicht angemessen. Der Druck, der zum Beispiel entsteht, wenn Fehler verboten oder verpönt sind, führt tatsächlich eher dazu, dass die Leistungen und die Ergebnisse insgesamt schlechter werden. Die rein auf Leistung fokussierte Kultur tut sich also selbst keinen Gefallen! (Schwartz, 2018) Denn wenn die Bedingungen für Unternehmen sich dauernd ändern, geraten die Mitarbeiter sowieso unter Druck. Diesen Druck noch zu verschärfen, kann nicht im Sinne einer auf Resilienz ausgerichteten Unternehmenskultur sein.

Und noch etwas Wesentliches: Wir haben am Anfang des Buches in der Einführung schon über einen »Fixed Mindset« und einen »Growth Mindset« gelesen und darüber, was diese beiden »Denkhorizonte« für unternehmerische Resilienz bedeuten. Hier greift diese Argumentation analog: Wer auf pure Performance setzt, wird sich grundsätzlich im »Fixed Mindset« bewegen. Denn mit einer Herausforderung konfrontiert, stellt sich ein Unternehmen im »Fixed Mindset« immer die Frage: »Wie viel von unserer Energie können wir mobilisieren, damit wir unter dieser Herausforderung stabil performen?« Merken Sie etwas? Zwei Dinge fallen auf: Die Leistung soll »stabil bleiben« – das ist kein auf Wachstum ausgerichtetes Denken. Und: Die vorhandene Energie wird per se als eine knappe Ressource betrachtet – so, als stünde nur ein begrenzter Pool davon zur Verfügung. (ebd.)

Im »Growth Mindset« dagegen würde die Frage lauten: »Wie viel Energie können wir freisetzen, und wie können wir an der Herausforderung wachsen?« Das ist ein großer Unterschied, denn hier klingt durch, dass die Energie grundsätzlich in einer unendlich großen Menge zur Verfügung steht und dass es nicht nur um Stabilität, sondern um Wachstum geht – »Survive and Prosper« eben.

Ausprobieren im sicheren Rahmen

Mit dem »Growth Mindset« eine Kultur des Wachstums statt einer reinen Leistungskultur zu schaffen, ist keine einfache, aber eine machbare Aufgabe. Im Wesentlichen geht es darum, eine entsprechende Gefühlsbasis für das Wachsen und Gedeihen zu schaffen. Das klingt vielleicht sehr »weich«, aber wenn es gelingt, sind die Folgen »knallhart« – knallhart gut, meine ich damit.

Folgende Denkanstöße helfen Ihnen, eine entsprechende Gefühlsbasis zu schaffen und Ihr Unternehmen in Richtung einer Wachstumskultur auszurichten:
1. Wachstum findet nur in einem Umfeld statt, das von den Beteiligten als sicher empfunden wird. Gefühle von Sicherheit und Geborgenheit ermutigen Menschen (viel mehr übrigens als Druck), aus ihrer Komfortzone herauszutreten und Dinge auszuprobieren. Dazu gehört natürlich die viel zitierte Fehlerkultur, besser noch eine »Lernkultur«, in der Scheitern als ganz normaler Teil eines Lernprozesses akzeptiert ist – und keine große Sache (und schon gar kein »Versagen«). Das Topmanagement kann mit gutem Beispiel vorangehen, Fehler und Schwächen eingestehen, dafür entsprechende Verantwortung übernehmen, sich danach die »Krone wieder richten« – und weitermachen.
2. Schnelle und harte Urteile, ein übergroßes Sicherheitsbedürfnis und ein dominanter Selbsterhaltungstrieb torpedieren die Gefühlsbasis für eine Wachstumskultur. Der Fokus sollte vielmehr auf ständiger Lernbereitschaft liegen – immer nachfragen (dürfen), neugierig sein und der Wunsch nach Transparenz sind die Treiber einer Wachstumskultur.
3. In der Umsetzung trägt Überschaubarkeit zur Entspannung bei: Zeitlich begrenzte, überschaubare Experimente, die die neue Denke und das neue Verhalten festigen sollen, helfen dabei, die unbewussten »Bremsen« zu lösen, die uns vorgaukeln, dass es gefährlich ist, einen Status quo zu hinterfragen und zu ändern.

4. Feedback, Feedback, Feedback – kreuz und quer, durch die Linie und in Projekten, wertschätzend, sachlich und begründet in der Einstellung, einander helfen und dabei wachsen zu wollen, ist ein weiterer wichtiger Teil der Basis einer Wachstumskultur.

3. Survive and Prosper: Von Reifegraden, Indikatoren und Cockpits

Steigen wir nun ganz konkret in die Themen »Messen« beziehungsweise »Leistungsüberprüfung« und ultimativ die »Managementbewertung« ein. Nehmen wir an, Sie wollen wissen, ob Ihr Business-Continuity-Managementsystem all das Geld wert ist, dass Sie investieren beziehungsweise ob Sie Ihre Ressourcen innerhalb Ihres »BCMS« für die richtigen Maßnahmen einsetzen. Oder Ihr Chef möchte das wissen und entscheiden, wie das BCMS »performt« und wie es vielleicht angepasst werden muss. Kurz und schmerzlos die Kernbotschaft vorab: Es muss für Sie an solcher Stelle darum gehen, ein tragfähiges System von Indikatoren zu entwickeln, die für Ihr Unternehmen aussagekräftig sind. Wenn Sie bis hierher aufmerksam gelesen haben, ahnen Sie schon, was jetzt kommt: Es gibt dafür wieder einmal kein Schema F, sondern Sie müssen selbst analysieren und entscheiden, welche Indikatoren zu Ihrem Unternehmen passen, und dann daraus die Konsequenzen ziehen. Ich gebe Ihnen dazu ein paar Anregungen und Denkanstöße mit auf den Weg ...

»Content is king« – das gilt auch für Notfallpläne

Wenn Sie die Wirksamkeit Ihres BCM beurteilen möchten, ist eine pure Zahl wieder nur von sehr begrenzter Aussagekraft. Ein Beispiel: Natürlich brauchen Sie Notfallpläne, aber wie viele Sie davon haben, ist meist von untergeordneter Bedeutung. Viel wichtiger ist ja, was drinsteht! Es ist nur zu leicht, das Falsche zu messen und Daten zu erheben, mit denen eine vernünftige

3. Survive and Prosper: Von Reifegraden, Indikatoren und Cockpits 201

Managementbewertung in der Luft hängen bleiben muss. Solche Daten sind echte »Nebelbomben«, die Ihre Resilienz negativ beeinflussen! Statt also die Zahl Ihrer Notfallpläne zu messen und sich mit vielen Plänen gut auf alle Eventualitäten vorbereitet zu fühlen, stellen Sie lieber die folgenden inhaltlichen Fragen zu Ihrem Plan oder Ihren Plänen, die echte Indikatoren für eine Wirksamkeit eines Notfallplanes darstellen:

- Sind die Rollen für den Notfall im Management-Team ausgefüllt?
- Sind klare Aufgaben auf eine unzweideutige Art beschrieben, und gibt es Verantwortliche für jede dieser Aufgaben?
- Steht die Telefonkette für den Notfall?
- Sind die entsprechenden Nummern korrekt?
- Sieht die Lieferantenliste vollständig aus? Sind alle wichtigen Details gelistet – Produkt oder Service, Touchpoints, Verträge inklusive wichtiger Einzelheiten?
- Steht alles Wesentliche im Plan, also welche Aktionen kritisch wichtig sind und welche Ausstattung und welches Gerät im Ernstfall benutzt werden?
- Sind die vorgehaltenen Ressourcen aufgeführt? (Green, 2018)

Wenn Sie Zahlen und Vergleichbarkeit wollen, etwa zwischen Abteilungen, vergeben Sie für jedes »Ja« zum Beispiel einen Punkt, und Sie haben einen Status.

Das Beispiel ist wegweisend, denn immer wieder werden Sie natürlich mit der Frage konfrontiert werden: Was messen wir am besten? Und wieder wird es sinnvoll sein, nicht sklavisch auf eine allein von Zahlen geprägte Herangehensweise zu setzen. Wie gesagt, Sie entscheiden, aber am besten erst dann, wenn Sie das, was Ihr Unternehmen braucht, durchdrungen und verstanden haben. Zum Beispiel: Mit klassischen Reifegradmodellen messen Sie, wie »reif« Ihr Unternehmen im Umgang mit bestimmten Themen ist. Liegt ein Projekt im »Rohzustand« vor oder wird es bereits gemanagt, gibt es dabei schon definierte Prozesse für Management und Weiterentwicklung, werden zusätzlich Kennzahlen erhoben oder werden sogar Anstrengungen in Richtung Verbesserung unternommen? Da sind sie wieder, die Kennzahlen, also die KPI – Key Perfomance Indicators. Und da ist sie wieder, die »Performance«. Kennzahl erreicht oder nicht? Status grün oder rot, Leistung erbracht oder versagt? Natürlich hängt die Aussagekraft einer solchen Art von Messung davon ab, wie sehr Sie in die Tiefe und in die Breite messen, aber das ändert nichts an der grundsätzlichen Eindimensionalität einer solchen Hopp- oder Topp-Herangehensweise. Wie oben bei den Notfallplänen: Ein Streuen und Checken von Einzel-Parametern ermöglicht auch »Zwischenergebnisse«, erleichtert so genauere Einschätzungen und gewährleistet Vergleichbarkeit. Ein Beispiel dafür, wie so ein »Scale-and-Score-Chart« aussehen kann, finden Sie in Abbildung 6.1.

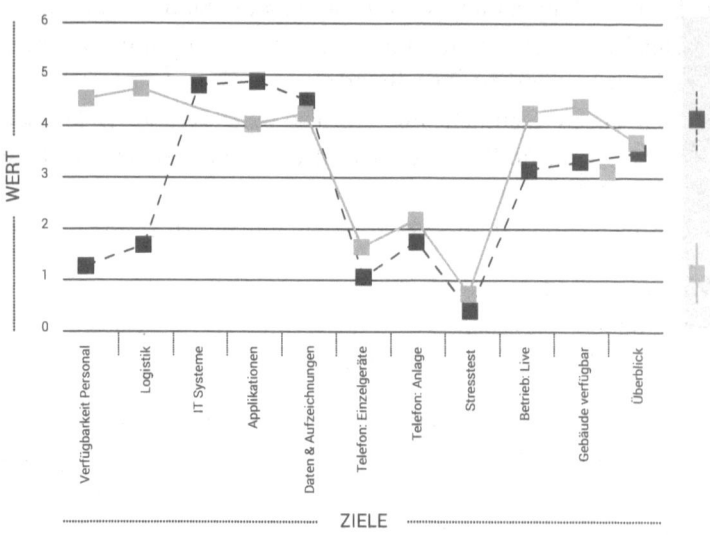

Abbildung 6.1: Einzelparameter der »Unternehmensfitness« in der Bewertung

Üben, üben, üben – wie fit ist Ihr Unternehmen im Ernstfall?

Noch aussagekräftiger als die Inhalte Ihrer Notfallpläne sind die Ergebnisse, die aus Übungen für eine Krise hervorgehen (Green, 2018). »Business Disruptions«, also Unterbrechungen des normalen Tagesgeschäfts, kommen in allen möglichen Varianten daher. Wenn Sie wissen möchten, für was Sie üben sollten, schauen Sie in Ihre Risikoanalyse und in Ihre BIA: Versagen der Hardware, Stromausfälle, Ausfall des Kommunikationssystems, Brand – was wahrscheinlich ist beziehungsweise entsprechend bewertet wurde, können Sie trainieren und sich dann dafür einen Score, also eine Punktzahl, geben. Wie viele Mitarbeiter haben teilgenommen, und wie komplex war die Übung? Das sind wichtige Fragen. Verfeinern können Sie die Aussagekraft Ihrer Übungsroutinen weiterhin dadurch, dass Sie bestimmen, was für eine Art Übung Sie durchgeführt haben: War es nur ein kurzes Briefing, ein volles Audit oder sogar eine vollwertige Simulation? Und was Sie sich noch fragen können: Sind Sie mit Ihren Übungen im Zeitplan? Vorausgesetzt, Sie haben einen erstellt und arbeiten ihn fleißig ab …

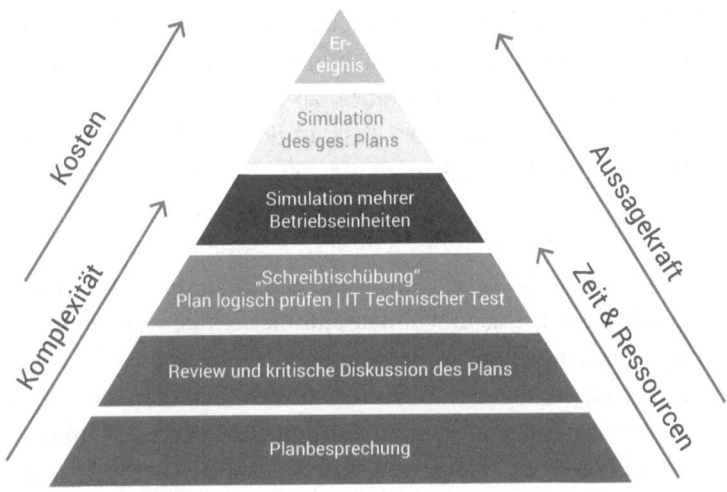

Abbildung 6.2: Übungs-Pyramide
(nach Green, 2018)

Messen Sie doch mal etwas anderes!

All das führt natürlich letztendlich auch zu Kennzahlen, aber zu differenzierten und für Ihr Unternehmen individuell aussagekräftigen. Die Leistung Ihres Unternehmens im Krisenfall wird nicht als »hopp oder topp«, sondern in relevanten Facetten dargestellt, an denen sich Ihr Handlungsbedarf im Idealfall auch leichter ablesen lässt. Noch spannender wird es, wenn Sie noch andere Beurteilungs-Parameter als nur KPI festlegen – dann gibt es weitere »Risiken und Nebenwirkungen«, und Sie bekommen die Chance, (noch) mehr über Ihr Unternehmen zu lernen. Christopher Green, der oben schon zitierte Experte, der übrigens maßgeblich daran beteiligt war, den ersten Standard für ein BCM zu entwickeln (es war der BS 25 999) schlägt zum Beispiel einen KRI (Key Risk Indicator) oder einen »anderen« KPI vor (einen Key Preparedness Indicator).

Hopp oder Topp versus Ab wann wird es kritisch?

Das kann sehr sinnvoll sein, denn wenn eine Kennzahl, also ein Performance Indicator, mal nicht erreicht wird, bedeutet das noch lange nicht, dass die Situation sofort kritisch ist. Vielmehr gibt es immer eine Untergrenze, ab der das Risiko signifikant steigt, und die ist der Key Risk Indicator. Dieser kann vom klassischen KPI signifikant abweichen. Nur, schon den KRI im Blick zu haben, ermöglicht Ihnen, ein »Ampelsystem« zu fahren, in dem das Erreichen des KPI »grün«, eine Leistung zwischen KPI und KRI »gelb« und eine Kennzahl unter dem KRI »rot« als Staus bedeutet. Das gibt Ihnen automatisch gewisse Freiheiten und Reaktionszeiten. Außerdem hat dieses System, konsequent durchgezogen, den enormen Vorteil, sich über die Jahre hinweg selbst zu verfeinern: Wenn Sie es nutzen, um immer zukünftig Ihre KPI-Ziele so anzupassen, dass sie realistischer werden und Ihre geschäftliche Realität besser abbilden sowie in direkter Relation zu Risiken beziehungsweise Gefährlichkeit bestimmter Zustände des Business stehen, arbeiten Sie effektiv an Ihrer Resilienz.

Einen »KPI(2)«, also einen Key Preparedness Index (der die Bereitschaft Ihres Unternehmens darstellt, mit disruptiven Situationen umzugehen), könnten Sie auf der Basis der Konsequenz erstellen, mit der Sie Ihre Risikoanalysen, BIAs und (am wichtigsten) Ihre Übungen (siehe oben) durchführen.

Solche validen Daten sind so weit, wie es nur möglich ist, von »verselbstzweckter« Bürokratie und Papierreiterei entfernt. Sie ermächtigen Sie und Ihr Unternehmen – in jeder Hinsicht: Ob Sie Ihre Fitness für die Krise beleuchten wollen oder ob Sie den realen Nutzen Ihres BCM bewerten müssen – diese Daten zeigen Ihnen nicht nur, was Sie vermeiden (müssen), sondern auch, was Sie gewinnen. (Green, 2018)

Fliegen auf Sicht: Ein »Cockpitsystem« zur Managementbewertung

Kurz zurück zum ersten Teil des Kapitels, also zu den Anforderungen der Norm: Eine Managementbewertung der Leistung eines Managementsystems sollte mindestens einmal im Jahr erfolgen, und ganz oft ist das viel mehr Pflicht als Kür. Aber was nützen ein oberflächlicher Blick auf oberflächlich erhobene Zahlen und ein Abnicken? Genauso viel wie die Kenntnis darüber, wie viele Notfallpläne Ihr Unternehmen hat – also (fast) nichts.

Wenn es also gelingt, differenzierte und aussagekräftige Zahlen und Fakten zu erheben, bleiben immer noch zwei weitere Herausforderungen:
1. sie so aufzubereiten, dass sie fürs Management schnell und unaufwändig zu verstehen sind und
2. dass sie immer einen aktuellen Stand und idealerweise auch immer eine Tendenz nach oben oder nach unten zeigen.

Es gibt dazu die Idee, mit Risiko- und Preparedness-Kennzahlen eine Art Management-Cockpit aufzubauen, das dem Management »auf einen Blick« Rückschlüsse ermöglicht, wie sich Risikosituation und die Vorbereitung der Organisation auf mögliche kritische Ereignisse entwickeln. Wenn Sie sich die »klassischen« Instrumente in einem Flugzeug-Cockpit vorstellen, rund und mit einer Anzeigenadel, etwa wie bei einer Tankanzeige, dann haben Sie eine mögliche Visualisierung dessen vor Augen. Eine Art »Ampelsystem« lässt sich dort prima integrieren, und die Nadel steht dann, je nach Status, im grünen, gelben oder roten Bereich – eine Beurteilung des Status quo ist also leicht und zeitsparend möglich. Zusätzliche Information darüber, wie der Status zustande kommt, kann kurz und knackig dazu geliefert werden: Denn eine der möglichen Feinheiten dieses Systems ist es, dass zum Beispiel der Preparedness-Index (wie die Tankanzeige im Flugzeug) im Lauf der Zeit abnimmt, wenn keine neuen »auffüllenden« Maßnahmen wie Übungen und Tests durchgeführt worden sind. Dies wird definitiv die Aufmerksamkeit des Managements auf diesen Aspekt lenken und dazu führen, dass es die nötigen Ressourcen bereitstellt, um die Überlebensfähigkeit des Unternehmens sicherzustellen. (Kadar, 2014)

Fazit:

Genießen Sie »Zahlen pur« immer mit Vorsicht, gerade wenn sie für sich beanspruchen, »das Allerwichtigste« abzubilden. Messen Sie vielmehr in die Breite und in die Tiefe, und legen Sie zusätzlich Indikatoren fest, die Ihnen wirklich Einblick geben. Ein Blick darauf, wo Sie in Bezug auf echte Risiken beziehungsweise auf Ihre Bereitschaft zu entsprechenden Reaktionen stehen, hilft Ihnen immer weiter als ein bloßes »Hopp oder Topp«. Außerdem spielt die Aufbereitung Ihrer Informationen eine Rolle: Nützlich sind sie vor allem dann, wenn sie schnell zu erfassen und leicht verständlich sind sowie eine Dimension aufweisen, die über eine pure Momentaufnahme hinausgeht.

Lesen Sie *hier* weiter zu folgenden Themen:

Der Cockpit-Ansatz im Detail

Audits: Dos and Dont's

»Objectives and Key Results »als Thema der »Zielvereinbarung«
und der Bewertung von Zielen auf Quartalsbasis

Interne Auditoren als Treiber der organisationalen Resilienz

Link: https://dasbuch.surviveandprosper.de/leistung

Kapitel sieben:
Verbesserung: Korrigieren, dazulernen und richtig innovieren

1. Nachrichten aus der Normenwelt: Fehler korrigieren und nach Verbesserung streben

Im Kapitel zehn in der »High Level Structure« geht es um die Korrektur von »Abweichungen« (oder Fehlern) und darum, welche Maßnahmen Sie umsetzen können, um im Idealfall den Wiedereintritt eines solchen Ereignisses zu verhindern. Weiterhin definiert die Norm, dass die ständige oder kontinuierliche Verbesserung insgesamt ein Grundprinzip allen Handelns im Unternehmen und in der Organisation darstellen soll.

Korrigieren? Lernen!

Wie meist, geht es in der Norm zunächst um Prozesse, die sicherstellen sollen, dass kontinuierliche Verbesserung überhaupt stattfinden kann. Ausgangspunkt eines solchen Prozesses ist es, dass Abweichungen und Fehler dann am deutlichsten auffallen, wenn sie mit vorher festgelegten Kriterien verglichen werden. Desgleichen legt die Norm fest, dass es vorher festgelegte Maßnahmen geben soll, die in bestimmten Fällen zu ergreifen sind, um mit diesen Fehlern und Abweichungen umzugehen und sie zu korrigieren. Das aber ist natürlich ein rein reaktiver Modus, der in einer VUKA-Welt nicht mehr ausreicht – darum ist es noch wichtiger, einen Akzent auf einen ständigen und organisationsweiten Lernprozess zu legen, der verhindert, dass Fehler sich wiederholen, und der auch dazu beiträgt, Innovationen generell zu fördern. So ein Lernprozess kann (und soll) auch durchaus strukturiert verlaufen, aber (wieder einmal) sind seine Güte und sein Impact auch eine Frage der Kultur, die in der Organisation herrscht (und nicht nur der Prozesse): Eine »Fehlerkultur«, in der ein angstfreier und lösungsorientierter Umgang mit Fehlern gelebt wird, ist notwendig und gut, bildet aber letztendlich nur die gesunde Basis für eine echte Lernkultur – die sich durch einen proaktiven und sogar antizipierenden Umgang mit (möglichen) Abweichungen genauso auszeichnet wie durch eine absolute Bereitschaft des Einzelnen, sich die Verantwortung für einen Lernprozess auch anzueignen und sie voll zu übernehmen. Die Crux ist eben, dass viele herkömmliche Prozesse zur Behebung von Abweichungen von vorneherein nur so angelegt sind, dass sie dazu führen, den vorhergehenden Zustand möglichst wieder zu erreichen. Dieses wird in der unternehmerischen Resilienz auch »Bounce back« genannt und führt eben NICHT zu Resilienz, sondern eben »nur« wieder zurück in den Zustand, der vor der Krise herrschte. Ziel muss aber sein, das Unternehmen so lernen zu lassen, dass gegebenenfalls nach der Abweichung und dem Umgang damit eine Veränderung (zum Guten) stattgefunden hat. Man spricht dann auch von einem neuen Equilibrium, das das Unternehmen erreicht hat. Ilmola (2016) nennt eine solche Entwicklung schön plakativ »Actively Bouncing Forward«.

Besser und besser – und manchmal eben auch anders

Der Ansatz einer kontinuierlichen Verbesserung der Unternehmensleistung ist in den Managementsystem-Standards ebenfalls tief verankert. Auch diese Verbesserung läuft natürlich über einen Prozess (oder über viele Prozesse), der (oder die) im Idealfall wieder sehr schön die im Sinne eines konsistenten Resilienzansatzes notwendige Vernetzung abbilden: Echte, kontinuierliche und nachhaltige Verbesserung erreicht eben zum Beispiel jene Organisation, die konsequent ihren Kontext (Kapitel vier der High Level Structure!) überwacht, auf Änderungen darin gezielt und systematisch reagiert und kulturell im »Lernmodus« agiert.

Unter VUKA-Bedingungen ist es weiterhin wichtig, den in der Norm festgelegten Begriff »Verbesserung« nicht zu einseitig oder gar statisch zu betrachten: Es kann sich als notwendig erweisen, etwa ein bewährtes Paradigma von Produkten und Dienstleistungen nicht nur stetig zu verbessern, sondern es eventuell auch tiefgreifend entsprechend neu entstandener Rahmenbedingungen zu verändern. Ich erinnere nur kurz an die viel zitierte Geschichte vom Farbfilm und der Digitalfotografie ...

2. Das Resilienz-Rezept: Lernen – Erfahrung ist der beste Lehrmeister

Noch mal zurück zum Stichwort der Vernetzung von Kapiteln der High Level Structure: Eine echte Lernkultur muss eine Organisation von oben nach unten durchdringen. Sie »sickert« genau dann am besten »durch«, wenn sie von den Führungskräften vorgelebt wird und sich dann über deren (hoffentlich) plakative Vorbild-, Multiplikatoren-, Begleiter- und Ermöglicherfunktion in der Unternehmenskultur fest verankert (hier ist also der Bezug zu Kapitel fünf der High Level Structure!).

Lauren Keating und ihre Kollegen (2017) von der Business School in Sydney haben genau diese Denke in einem Artikel weiter ausgearbeitet. Ich teile ihre These, dass nur »gute Lerner« auch gute Führungskräfte sind. Akzeptiert man diesen Ansatz, folgt natürlich die Frage »Was macht denn einen guten »Lerner« überhaupt aus?« auf dem Fuße ...

Der scharfe Blick und das offene Ohr

Sorgfältig beobachten und gut zuhören sowie die Ergebnisse daraus mit einem angestrebten Zustand oder mit vorher festgelegten Kriterien vergleichen – das bildet die Basis eines jeden Lernprozesses. Diese Erfahrungen und Ergebnisse aber bringen einen nur weiter, wenn man das auch zulässt – was konkret bedeutet, dass man sich mental in eine Art »Lernmodus« begibt. Dieser Lernmodus ist ganz eng verwandt, wenn nicht sogar identisch, mit dem oben schon beschriebenen »Growth Mindset«: sich öffnen, bereit sein, sich zu bewegen, die Möglichkeiten sehen (und nicht die Hindernisse) beziehungsweise sogar aktiv nach Problemen suchen, die dann gezielt gelöst werden können. Das ist natürlich sowieso eine innere Haltung, die einer Führungskraft gut ansteht. Wer nun denkt, das sei doch selbstverständlich, der sei erinnert an die Auswüchse von Alpha-Männchen-Verhalten und Machotum (Kapitel zwei), die Teil einer überholten, aber immer noch sehr präsenten Führungskultur in (deutschen) Chefetagen sind.

Fleiß- und Mutkärtchen: Herausforderungen statt Glanzlichter suchen

Zurück zum Research von Lauren Keating (2017), die herausgefunden hat, dass Führungskräfte mit einem »Growth Mindset« sich beim Lernen durch Erfahrung bewusst durch drei Schritte eines Prozesses hindurcharbeiten:

1. Ein ehrgeiziges, aber realistisches Ziel im Kopf haben

Beispielsweise nach einer gescheiterten Besprechung oder einem missglückten Meeting wollen Sie die Ursache Ihres Scheiterns identifizieren, weil Sie so etwas nicht noch einmal erleben möchten: Sie stellen fest, dass Sie vielleicht nicht zugänglich genug aufgetreten sind und nicht alle Informationen von Ihren Abteilungsleitern bekommen haben, weil die notwendige Vertrauensbasis fehlte. Oder Sie wollten Ihrerseits etwas beim Vorstand erreichen und haben bemerkt, dass Ihre rhetorischen Fähigkeiten und Präsentations- beziehungsweise Überredungskünste nicht gut genug waren. Dann wissen Sie nun: Ich muss »X« (was immer es war, das Sie ausgebremst hat) lernen, damit ich es besser beherrsche und zukünftig erfolgreich aus solchen Gesprächen herausgehe! Im ersten Schritt werden Sie nun natürlich versuchen, sich die nötigen Skills anzueignen: Ob Training mit oder ohne Coach in Rhetorik oder in Selbstreflexion – egal, wichtig ist, dass Sie dadurch die Grundlagen schaffen, um weiterzukommen.

2. Absichtsvoll experimentieren

Das frisch erworbene Wissen können Sie dann so schnell wie möglich anwenden und dazu mutig Gelegenheiten identifizieren, wo Sie damit experimentieren können, um direkt Fortschritte zu machen. Ideal dafür ist natürlich ein gemäßigter Rahmen, also nicht die große Aktionärsversammlung, um etwa Ihre frisch aufgestockten Präsentationskenntnisse zu testen. Schaffen Sie sich einen Raum für Ihre Lernerfahrungen, der zwar anspruchsvoll, aber nicht bedrohlich ist.

3. Feedback!

Und ideal ist es, wenn Sie aus diesen Experimenten nützliche Einsichten gewinnen. Qualifiziertes Feedback von Coaches oder von Kollegen ist gefragt: Was lief gut, was weniger gut? Was kann in Zukunft besser laufen, und was müssen Sie dafür noch verändern oder dazulernen? Und ein Blick in die Zukunft ist ebenfalls hilfreich: Was könnte Sie noch weiterbringen? Welches anschließende oder korrespondierende Lernziel können und wollen Sie weiter anpeilen? Damit Sie ja nicht aus dem Lernmodus wieder herauskommen ... (Keating, 2017)

Die Kür des Lernmodus erreichen Sie, wenn Sie in dem ganzen Prozess Ihr Ego nicht die Oberhand gewinnen lassen, sondern das Ganze mit einer Portion »Humbition« (vgl. Kapitel zwei) angehen:

- Sie wollen lernen und nicht glänzen – deswegen suchen Sie sich Situationen zum Lernen aus, die Sie fordern, und nicht solche, in denen Sie selbstverständlich der strahlende Mittelpunkt sind. Oder, wie man es so oft liest: Raus aus der Komfortzone!

- Sie wollen lernen und nicht ein Wettrennen gewinnen – darum vergleichen Sie sich mit sich selbst in der Vergangenheit und mit Ihren vergangenen Leistungen und grundsätzlich nicht mit anderen.
- Sie wollen lernen und weiterkommen – deswegen entwickeln Sie gezielt Ihre Fähigkeiten und Möglichkeiten, statt dabei stehen zu bleiben, Ihren Status quo zu diagnostizieren.

Der letzte Punkt hat natürlich viel damit zu tun, Ihr eigenes Potenzial zu erkennen und es in die richtige Richtung zu entwickeln. Und nicht nur das: Organisationen und Führungskräfte im Lernmodus erkennen Potenziale auch bei anderen und können sich so auch bei Beförderungen und im Einstellungsprozess bei den Probanden mehr auf die Entwicklungsmöglichkeiten statt nur auf die Diagnose von schon vorhandenen Führungsqualitäten konzentrieren.

Fehler noch besser verstehen

Für Verbesserung und Innovation ist dieser »Lernmodus« für einzelne Personen, aber auch für ganze Organisationen sicher die wichtigste Voraussetzung. Ihm geht dabei immer die Erkenntnis voraus, dass eine Fähigkeit nicht genug ausgeprägt oder ein Verhalten entweder falsch oder defizitär war – was natürlich bedeutet, dass Selbstreflexion gefragt ist, um die Fehler und Defizite überhaupt zu erkennen. Neben einer so »kontrollierten« Herangehensweise muss es aber auch Teil eines Verbesserungsprozesses sein, erst einmal zu erkennen, wie Fehler oder Defizite überhaupt entstehen. Das Kontinuum menschlicher Fehler und Irrtümer ist weitläufig, und die Ursachen reichen von Unkonzentriertheit über Nichtwissen, Hektik oder Stress bis hin zu einer bewussten Verletzung von Regeln ...

Lesen Sie *hier* mehr zum Thema »Menschliche Irrtümer verstehen«.

2. Das Resilienz-Rezept: Lernen – Erfahrung ist der beste Lehrmeister

Link: https://dasbuch.surviveandprosper.de/verbesserung

Interessante Beispiele dafür, wie Organisationen Fehler und Irrtümer als Lerngelegenheiten nutzen, gibt es etwa bei Toyota oder der NASA zu finden:

Toyota war ein Pionier des sehr fortgeschrittenen Qualitätskontrollsystems »ANDON«. Dieses System versetzt Mitarbeiter in die Lage, im Zweifel die Produktion zu stoppen, wenn sie einen Fehler, Defekt oder Irrtum vermuten. Der Stopp bleibt solange bestehen, bis die Lage geprüft und Entwarnung gegeben wird oder bis eine Lösung gefunden ist. Außerdem werden alle Alarme dieser Art samt Lösungen et cetera in einer Datenbank erfasst, wo sie allen Mitarbeitern zugänglich sind und so Teil eines regelrechten Programms und ständigen Verbesserungsprozessen sind. Dass sich dieser Aufwand, auch womöglich falschen oder nur unwesentlich wichtigen Alarmzeichen nachzugehen (denn ein solcher ist es zweifellos), lohnt, wurde besonders deutlich, als Toyota diesen Prozess zeitweise ad acta legte und begann, die Produktion ohne ihn weiterzuführen: 2010 traf den Konzern eine enorme Krise, als es durch Produktionsfehler zu umfassenden Fahrzeug-Rückrufen kam, die Toyota Hunderte von Millionen Dollar und enorm viel Vertrauen in der Öffentlichkeit kosteten. (Lei, 2017)

Die NASA wählt einen anderen Weg: Im sogenannten »Pause-and-Learn-Process« sprechen Projektteams bei jedem Meilenstein in einem Meeting über Hindernisse, Sorgen und Zweifel, die das Projekt betreffen, und diskutieren und teilen gleichzeitig, was sie bis jetzt gelernt haben. Die Teams arbeiten so daran, mögliche Fehler und Irrtümer schon im Vorfeld zu erkennen sowie alarmierende Ereignisse früh wahrzunehmen, über sie zu berichten und sie zu besprechen.

Im Gegensatz zum »ANDON«-Prozess (der auf dem Just-in-time-Prinzip beruht und zunächst rein reaktiv ist), enthält »Pause-and-learn« schon proaktive beziehungsweise antizipierende Komponenten, die es ermöglichen, noch früher und noch besser Alarmzeichen zu erkennen und auf sie zu reagieren. (ebd.)

3. Survive and Prosper: Über Krisen, Wettbewerbsvorteile und Metamorphosen – »Von der Raupe zum Schmetterling« ist nicht mehr genug

Krise? Normalzustand!

Eine dauerhafte Lernkultur zu etablieren, ist also für Unternehmen ein wichtiges, vielleicht sogar das wichtigste Resilienzmerkmal in der VUKA-Welt. Wie oben schon angedeutet, ist es dafür notwendig, dass wir unsere mentale Bewertung von Fehlern und Irrtümern komplett verändern: Statt einen eifrig-ängstlichen Kult um Fehlervermeidung zu zelebrieren (wie es noch immer in vielen Unternehmen gelebt wird), müssen Fehler immer als Möglichkeit zu lernen und als eine Schatzgrube von Erkenntnismöglichkeiten verstanden werden, ohne die Innovation unmöglich ist.

So eine Art von mentaler Umbewertung sowie ebenfalls eine Art Lernprozess stehen uns übrigens gut zu Gesicht, wenn wir uns nochmals näher mit dem Begriff der »Krise« beschäftigen. Der ist nämlich noch immer in einer Weise angstbesetzt, die es uns schwer macht, im Sinne der neuen VUKA-Bedingungen, denen wir aktuell gegenüberstehen, produktiv zu reagieren. Wie Lei

(2017:1) es so treffend formuliert: »Managers and leaders put the wrong mindsets to work«, weil sie Krisen noch immer als (vielleicht häufiger als früher auftretende, aber) singuläre und grundsätzlich seltene Ereignisse bewerten, in denen die »normale« Unternehmenswelt auf dem Kopf steht. Vielmehr wäre (wie weiter oben in der Einleitung schon beschrieben) eine Verschiebung im Denken hilfreich, die hilft, endgültig zu akzeptieren, dass das, was wir früher als »Krisen« wahrgenommen haben, mehr und mehr der Normalzustand wird – der uns wiederum eine Fülle von Lernmöglichkeiten bietet, wenn wir ihm vorbereitet und angstfrei begegnen.

Einen neuen Krisenbegriff verinnerlichen

Wir müssen also lernen, unser Verständnis einer »Krise« dem VUKA-Paradigma anzupassen. Und das hat, konsequent weitergedacht, ganz handfeste Konsequenzen in der Praxis, etwa für unser Krisenmanagement: Auch hier müssen wir lernen, die Prozesse zu verändern und anzupassen. Statt Krisenmanagement grundsätzlich so zu definieren, dass wir in einer »Ausnahmebeziehungsweise Grenzsituation« alles stehen und liegen lassen, die Kräfte bündeln, alles »nach vorne werfen« und uns nach der »Krise« wieder in Richtung des alten »Normalzustands« (den es jetzt nicht mehr gibt!) fallen lassen, müssen wir umdenken. Wir müssen lernen, eine Art von Alarmzustand in unseren Alltag zu integrieren, ohne dass wir ständig im Adrenalinrausch sind. Die Frühwarnsysteme, die Drill-Routinen und die flexiblen Reaktionen, über die Sie oben in Kapitel drei beziehungsweise fünf schon gelesen haben, sind alle Teil eines solchen Ansatzes. Vor diesem Hintergrund finde ich es bemerkenswert und auf attraktive Weise plakativ, wie Lei (2017) ausführt, dass es eigentlich kontraproduktiv ist, von »Resilienz« als Momentaufnahme oder als Zustand zu sprechen. Vielmehr wäre nur ein andauernder Zustand oder eher ein andauernder Prozess zielführend, den er mit dem entsprechenden Verb in der englischen Progressive-Form »resiliencing« treffend zum Ausdruck bringt, weil dies sowohl die notwendige aktive, handelnde Komponente als auch den Verlauf beziehungsweise die zeitliche Dauer beinhaltet.

Für einen solch prozesshaften Charakter eines »Krisenmanagements« (vielleicht müsste man in der Tat auch da über einen »neuen« Begriff nachdenken – »Resilienzmanagements«?) ist auch wieder eine Wissensmanagementkomponente unerlässlich: Alle Beobachtungen, Alarmzeichen, Anregungen und Vorschläge, nützliche Procedere sowie Lösungswege und Innovationen sollen dokumentiert, zugänglich gemacht beziehungsweise systematisch durch die Organisation hindurch geteilt werden. Bedenkenswert für die praktische Umsetzung ist hier etwa das Vorbild der Danone Group, die digitale Systeme wie Datenbanken, Interfaces, Blogs oder moderierte Diskussionen für die Awareness und die schnelle Informationsmöglichkeit installiert hat und gleichzeitig auf analoge »Wissensmarktplätze« bei Konferenzen und Meetings setzt, während derer wegweisende Best- und Next Practices, Zeichen und Entwicklungen sowie Vorschläge für neue Prozesse beziehungsweise Produktideen Face to Face ausgetauscht und besprochen werden können.

Wenn Wettbewerbsvorteile auf einmal Lebenszyklen haben

»VUKA« macht also, dass sogar der Krisenbegriff neu gedacht werden muss. Aber manche Dinge bleiben auch, wie sie sind: Wir können zum Beispiel festhalten, dass es für Unternehmen immer noch unerlässlich ist, im Wettbewerb stets die Nase vorn zu haben, wenn sie erfolgreich sein und bleiben wollen. Genau dafür brauchen sie die Innovationen, und genau darum müssen sie danach streben, um immer besser (oder anders) zu werden. Dazu nochmals ein kleines Beispiel ...

Musik zum Mitnehmen

Kind oder Jugendlicher in den 1980er-Jahren gewesen zu sein (und sich heute daran zu erinnern), ist undenkbar ohne das

Accessoire, das unsere Eltern und Großeltern massiv auf die Palme brachte: die »Stöpsel in den Ohren«. Und die gehörten zum ...? Ja klar, zum Walkman, der aus Prestige- und aus Qualitätsgründen am besten von Sony sein musste. (Meiner war übrigens »nur« von Universum ...) Dieses tragbare Kassetten- (und später als »Discman«) CD-Abspielgerät hat das Lebensgefühl einer ganzen Generation geprägt. Vorbei waren die Zeiten, in denen man die langweiligen Gespräche der Sitznachbarn im Zug, Bus oder in der Straßenbahn mit anhören musste, und überhaupt gab es unterwegs (fast) keine Situation mehr, in der man auf seinen aktuellen Lieblingssong verzichten musste. Der Walkman war ein Verkaufsschlager und ein Image-Booster für Sony, das seinen »First-Mover-Vorteil« über Jahre konservieren konnte – selbst als alle Wettbewerber nachzogen und eigene Modelle des portablen Musikgerätes auf den Markt brachten. Sony als Pionier und Former eines neuen Marktes behielt die Nase vorn – nicht zuletzt wegen seines rigorosen und totalen Qualitätsmanagements, das konsequent viele technische Finessen und Verbesserungen hervorbrachte. Die Erfolgsgeschichte war von langer Dauer – bis sie eines Tages einfach vorbei war. 2001, um genau zu sein. Denn dann brachte Apple den iPod auf den Markt und hatte damit das Konzept tragbarer Musik revolutioniert. »1000 Songs in deiner Tasche« war ein Versprechen, das einen Walk- oder Discman von einem Tag auf den anderen wie einen Dinosaurier wirken ließ. 2010 stellte Sony die Produktion des Walkman endgültig ein – immerhin nach mehr als 200 Millionen verkauften Exemplaren. (Walter, 2019)

»Ein klassischer Fall von Disruption«, denken Sie nun und haben damit natürlich Recht. Was ich mit dieser Geschichte in den Fokus nehmen möchte, ist, dass »First-Mover-Vorteile« (wie der von Sony) heute noch tausend Mal weniger wert sind als vor zwanzig oder dreißig Jahren und auf keinen Fall ein Grund, sich sicher zu fühlen oder sich auf seinen (mit Sicherheit rapide schrumpfenden) Lorbeeren auszuruhen. Verbesserungen auf der

Basis von reinem Qualitätsmanagement in einem festen Produkt- oder Dienstleistungsparadigma sind weit davon entfernt, noch ein Erfolgsgarant zu sein, sondern sind zu einer Art Mindestanforderung verkommen. Und die zeigt auch nur so lange Wirkung, bis ein Wettbewerber über den berühmten Tellerrand hinausdenkt und in einer Weise innoviert, die Sie sich nicht haben träumen lassen, weil Sie die ganze Zeit damit beschäftigt waren, das zu verbessern, was da ist. (de Oliveira Teixera/Werther, 2013)

Innovation = Resilienz? Pustekuchen!

Es kommt also nicht nur darauf an, dass Sie innovieren, sondern auch, was und wie. Dass die Gleichung in der Überschrift eben nicht immer aufgeht, liegt vor allem daran, dass Unternehmen ihre Innovationsprozesse auf ganz unterschiedliche Weise managen. Zum Beispiel: Wer keinen Wettbewerbsvorteil hat, hinkt hinterher, scannt die Konkurrenz, will aufholen und reagiert entsprechend, indem er versucht, seine Produkte oder Dienstleistungen anzupassen und von seiner Warte aus weiterzuentwickeln. Dieses rein reaktive Muster spiegelt in der Wirtschaft einen Kampf um das reine Überleben wider; von Resilienz keine Spur. Das ist auch der Grund, warum in einer VUKA-Welt die früher so gerne genutzte Metapher vom Überleben des Anpassungsfähigsten, also von der Evolution und vom Darwinismus, zunehmend nicht mehr greift: Zwar muss eine Organisation auf jeden Fall versuchen, sich an die Veränderungen ihrer Umgebung anzupassen, oder sich damit abfinden, schnell von der Bildfläche zu verschwinden. Aber, evolutionär betrachtet, passiert ein solcher Change per definitionem *reaktiv*, also nachdem die Umwelt- oder Umfeldveränderungen stattgefunden haben. Und egal, ob die Reaktion langsam oder schnell erfolgt: Immer reden wir in einem solchen Fall nur über das reine Überleben und beinahe nie über Wachstum oder gar Gedeihen. (ebd.)

Darum verlangt Resilienz nach proaktiven oder sogar antizipatorisch geprägten Innovationen. Und im Bereich der Organisationen und Unternehmen ist ja genau dies auch möglich – da liegt der Unterschied zu Organismen und Lebewesen und Darwins Ansatz. Im Idealfall geht es also dabei darum, Kundenbedürfnisse zu antizipieren (also etwa, 1000 Songs mit sich auf einem iPod herumzutragen) und dann die entsprechende Innovationsorientierung in der Unternehmenskultur zu schaffen und zu verankern. Wer den Finger so am Puls des Marktes hat, der schafft die notwendigen Wettbewerbsvorteile für sein Unternehmen. (de Oliveira Teixera/Werther, 2013)

Wenn das so einfach ist ...

... stellt sich definitiv die Frage: »Warum sind dann nicht alle Unternehmen erfolgreich oder zumindest alle, die in der Lage sind, ihren Kontext adäquat zu monitoren, daraus die richtigen Schlüsse zu ziehen und entsprechend zu innovieren?« Die Antwort darauf hat zwei Komponenten. Die erste wird in diesem Buch langsam zum »Running Gag«: Es geht nämlich (immer wieder) um die richtige Kultur im Unternehmen. Eine Kultur, die auch unter VUKA frei ist von den oben erwähnten (angstinduzierten) Adrenalinschüben (nichts gegen gesunden »Drive« und Ehrgeiz allerdings) und sich wie Gewebefasern oder ein Nervensystem durch die Organisation zieht. Eine Kultur, die brummt von Storys, eine Kultur, die die Erfolge, das Scheitern, die Glaubenssätze, die Mythen, das Handeln und die Belohnungen, die daraus entstehen, aufnimmt, verarbeitet und repräsentiert. Und die so die Basis bildet für die zweite Komponente: nämlich nicht nur zu innovieren (wenn es notwendig ist), sondern genau das immer und immer wieder zu tun. Also »seriell« zu innovieren, oder wie de Oliveira Teixera/Werther (2013:337) es nennen: »Making innovation a way of life«.

Denn nur dann ist die Gefahr gebannt, sich auf einmal errungenen Wettbewerbsvorteilen auszuruhen – die niemals »genug«

sein werden, weil ihnen eben durch Markt- und Kontextentwicklung ein »Verfallsdatum« innewohnt und sie so einem Lebenszyklus unterworfen sind, der sie irgendwann »sterben« lässt.

In der Umsetzung ist etwa die in Kapitel zwei beschriebene duale Struktur im Unternehmen (die dort beschriebene Analogie »Unternehmen = Smartphone« beziehungsweise »Tagesgeschäft/Linienhierarchie = Betriebssystem« und »Innovationsteams/Projektrealisierung = Apps«) dafür ein realistischer und zielführender Ansatz, der genau die notwendige Balance zwischen Kontinuität und Change schafft, die unter VUKA Erfolg verspricht.

Fazit:

Wer versteht, wie Fehler und Irrtümer entstehen, kann die ganz »dummen« und flüchtigen vermeiden (ja, die gibt es, und ja (im Extremfall, wenn es gar nicht anders geht) kann man auch aus diesen lernen) und verliert die Angst vor allen anderen. Das ermöglicht das Wachsen einer Lernkultur, die idealerweise durch die Führungskräfte im Unternehmen vorgelebt wird, sich top-down im Unternehmen durchsetzt und regelmäßig Verbesserungen generiert. Das gelingt am besten, wenn Sie den Begriff einer »Krise« für Ihr und in Ihrem Unternehmen redefiniert haben, damit er seinen Schrecken verliert. Sie stehen dann nicht mehr vor einem singulären, disruptiven Ereignis wie das Kaninchen vor der Schlange, sondern schwimmen mit dem Fluss des Change mit. Dazu müssen Sie mit der entsprechenden Struktur und Kultur zum »serial innovator« werden, der Wettbewerbsvorteile quasi »am laufendem Band« entwickelt. Und: Ob Ihnen das gelingt, sollte Teil Ihres Überprüfungsprozesses und Ihrer regelmäßigen Managementbewertung werden!

Ausblick:
Die Kraft des »Und«

Wir haben uns nun einige Kapitel lang damit beschäftigt, wie wir unternehmerische Resilienz durch ein Managementsystem in Unternehmen bringen können beziehungsweise wie ein Managementsystem das Rückgrat, ein echtes »Backbone«, für diese Resilienz im Unternehmen werden kann und wie Sie das lebendige »Fleisch« an diesen »Knochen« bringen können. Wir haben Beispiele diskutiert, die graue Theorie der Normenwelt betrachtet und viele, viele Ansätze beleuchtet.

Was bleibt als Quintessenz, um konstruktiv und produktiv mit der VUKA-Welt umzugehen?

Meine Antwort darauf ist schon im British Standard 65000 aus dem Jahr 2014 und in der ISO 22316 schön in einem Slogan zusammengefasst: Survive and Prosper! Nicht nur überleben, sondern auch unbedingt wachsen und gedeihen! Zum einen steht also die Fähigkeit des Unternehmens, Veränderungen und krisenhafte Situationen überleben zu können, im Mittelpunkt – eben durch Notfallmaßnahmen, durch Business Continuity, durch Cyber Security und durch State-of-the-Art-Krisenmanagement. Zum anderen aber dürfen Sie das Prosperieren, Wachsen und Gedeihen dabei auf keinen Fall aus den Augen verlieren. Also als Unternehmen in den stürmischen Zeiten der VUKA-Welt nicht nur irgendwie klarzukommen, sondern sich zu entwickeln, Märkte mitzuprägen und die eigene Überlebensfähigkeit aktiv zu gestalten. Prosperieren kann für jedes Unternehmen natürlich eine andere Ausprägung haben: Ein Start-up will vielleicht schnell an Wert gewinnen für den Verkauf, ein Familienunternehmen denkt wahrscheinlich eher an die Übergabe eines gesunden Unternehmens an die nächste Generation. Und Prosperieren muss keinesfalls auf Wachstum per se reduziert werden: Wachstum um jeden Preis führt vermutlich eher zu einer fehlenden Resilienz. Und Wachstum ist nachhaltig und verantwortungsvoll möglich – auch und gerade in Zeiten des Klimawandels.

Survive *and* Prosper. Jim Collins, der oben schon zitierte Autor von *Good to great* und ein Wissenschaftler an der Boulder University von Colorado, hat die Aussage geprägt: »The genious of the *and*.« Was er damit meinte und um was es mir dabei geht, ist, dass wir in der »Organizational Resilience« teilweise widersprüchliche Ansätze miteinander ausbalancieren müssen. Wir müssen überleben UND gedeihen als Unternehmen.

Konkret: Die Kraft des »Und« bedeutet: Wir brauchen Stabilität, zum Beispiel durch Redundanzen, ein vorausschauendes Risikomanagement *und* Flexibilität, etwa durch ein wirksames Change Management und Anpassungsfähigkeit. Wir brauchen operationale Exzellenz, also ein mächtiges Qualitätsmanagement *und* einen dynamischen Innovationsprozess. Wir brauchen stabile sowie gesunde finanzielle Verhältnisse *und* »Spielgeld« für Prototypen und Experimente.

Die Liste könnte man vermutlich beliebig fortsetzen. Kern für das alles ist wiederum die Kultur des Unternehmens, wie ich oben sehr oft betont habe. Warum? Menschen müssen in der Lage sein (beziehungsweise in die Lage versetzt werden), mit diesen (vermeintlichen) Widersprüchen zurechtzukommen. Etwa, etablierte Produkte zur höchsten Kundenzufriedenheit zu produzieren *und* gleichzeitig an völlig neuen Ideen zu arbeiten. Kotter nannte das die »Kraft der zwei Systeme« (vgl. Kapitel zwei). Ich gehe noch etwas weiter: Vielleicht brauchen wir sogar zwei Unternehmen in einem. Oder eine Unternehmenskultur mit zwei Facetten. Stabil *und* flexibel zu sein, darum geht es. Für mich ist Survive *and* Prosper längst zu einem Credo geworden, das ich in meiner und in der Beratungspraxis meiner Firma ins Konkrete überführe: Für mich ist es zum perfekten Synonym für unternehmerische Resilienz geworden.

Danksagung

Ein solches Buch geht nicht einer Person alleine von der Hand. Es braucht viele Mitwirkende, die leider auf dem Cover nicht erscheinen. Deshalb danke ich hier allen, die mir zugearbeitet und den Rücken freigehalten haben. Unseren Kunden, die täglich erleben, was es heißt, zu überleben, zu wachsen und mit uns gemeinsam zu lernen, sowie meinem ganzen Team von der RUCON Group für euren tollen Input aus der Beratungspraxis. Ein besonderer Dank an Dr. Petra Folkersma für die hervorragende Aufbereitung. Es hat Spaß gemacht, gemeinsam an diesem Buch zu arbeiten!

Anhang

A. Quellen- und Literaturverzeichnis

Badrinarayanan et al. (2017): *Mirroring the boss: Influence of ethical leadership on salesperson ethical behaviour and performance.* In: Stieler, Maximilian (Hrsg.): *Creating Marketing Magic and Innovative Future Marketing Trends.* Developments in Marketing Science: Proceedings of the Academy of Marketing Science. Springer International Publishing, Basel.

Carey, Noel/Perry, Tony (2014): *Business Resiliency and Stakeholder Management.* In: Journal of Business Continuity and Emergency Plannning, Vol. 8/1, 14-19.

Collins, Jim (2001): *Good to great.* Random House, New York.

Ders., (2001a): *Level 5 Leadership: The Triumph of Humility and fierce Resolve.* In: Harvard Business Review 1/2001, 65-76.

Ders., (2004): *Built to last. Successful Habits of Visionary Companies.* Harper Business, New York.

Ders./Hansen, Morten T. (2011): *Great by Choice. Uncertainty, Chaos, and Luck – Why some Thrive despite them all.* Harper Business, New York.

Danner-Schröder, Anja/Geiger, Daniel (2014): *Routinen im Katastrophenmanagement.* In: Grün, Oskar/Schenker-Wiki, Andrea (Hrsg.) (2014): *Katastrophenmanagement.* Springer Gabler, Wiesbaden, 153-176.

Dies. (2016): *Organisationale Resilienz. Wie Unternehmen Krisen erfolgreich bewältigen können.* In: ZfO 3/2016, 201-208.

De Oliveira Teixeira, Eduardo/Werther, William B. jr. (2013): *Resilience: Continous renewal of competitive advantages.* In: Business Horizons 56, 333-342.

Dueck, Gunter (2018): *Schwarmdumm. So blöd sind wir nur gemeinsam.* Goldmann, München.

Duhigg, Charles (2016): *Smarter, faster, better. The secrets of being productive.* Random House, New York.

Dutton, Jane (Hrsg.) (2003): *Positive Organizational Scholarship: Foundations of a new Discipline.* Berrett-Koehler, San Francisco.

Dweck, Carol S. (2007): *Mindset. The new Psychology of Success.* Ballantine Books, New York.

Fraga, Bruna Devens et al. (2017): *An integrative Review of Organizational Resilience Components.* In: Proceddings of IFKAD 2017, St. Petersburg, Russia, 7-9 June. 1815-1828.

Frank, Viktor (1982): *... trotzdem Ja zum Leben sagen: Ein Psychologe erlebt das Konzentrationslager.* dtv, München.

Gorzen-Mitka, Iwona (2016): *Shaping of Organizational Resilience in an Unstable World: Possibility or Necessity?* In: Problems of Management in the 21st Century. Vol. 11, No. 2, 68-70.

Green, Christopher (2018): *Measuring BCM-programmes in large organizations.* In: Journal of Business Continuity and Emergency Planning, Vol. 8/1, 71-82.

Grundl, Boris (2007): *Leading simple: Führen kann so einfach sein.* Gabal, Offenbach.

Grüter, Thomas (2013): *Offline! Das unvermeidliche Ende des Internets und der Informationsgesellschaft.* Springer Spektrum, Heidelberg.

Hamel, Gary/Välikangas, Liisa (2003): *The Quest for Resilience.* In: Harvard Business Review, September 2003, 81 (9), 52-63.

Hopkin, Paul (2014): *Achieving enhanced organisational resilience by improved management of risk: Summary of research into the principles of resilience and the practices of resilient organisations.*

In: Journal of Business Continuity and Emergency Planning, Vol. 8/3, 252-262.

Isaacson, Walter (2011): *Steve Jobs: Die autorisierte Biografie des Apple-Gründers.* btb, München.

Ilmola, Leena (2016): *Organizational Resilience – How Do You Know If Your Organization Is Resilient or Not?* International Institute for Applied Systems Analysis (IIASA), The Global X-Network, 2016, 1-6.

Kadar, Michael (2014): *Development and implementation of a business continuity risk index.* In: Journal of Business Continuity and Emergency Planning, Vol. 8/3, 238-251.

Journal of Business Continuity and Emergency Planning, Vol. 8/3, 238-251.

Kitzki, Peter (2017): *Pole-Position oder Staub schlucken: Erfolgreicher Vertrieb beginnt in der Chefetage.* Haufe, Freiburg im Breisgau.

Knapp, Henry Patrick (2016): *Designing and implementing an interdependent Resilience Culture.* In: Journal of Business Continuity and Emergency Planning, Vol.10/1, 76-83.

Kotter, John (2012): *Die Kraft der zwei Betriebssysteme.* In: Harvard Business Manager, Dezember 2012, 34 (12), 22-36.

Lei, Zhike (2017): *Thriving through crisis: A resiliencing approach.* In: Graziado Business Review 20/2, 1-9.

Lengnick-Hall, Cynthia/Beck, Tammy (2003): *Beyond bouncing back; The Concept of Organizational Resilience.* Proceedings of the 63th Annual Meeting of the Academy of Management. Seattle.

Dies., (2005): *Adaptive Fit vs. Robust Transformation: How Organizations Respond to Environmental Change.* In: Journal of Management 31, 5/2005. 738-757.

Lengnick-Hall, Cynthia et al. (2011): *Developing a capacity for organizational resilience through strategic human resource management.* In: Human Resources Management Review 21 (2011), 3, 243-255.

Mallak, Larry (1998): *Putting Organizational Resilience to work.* In: Industrial Management 1998, 40/6, 8-13.

Naughton, Carl (2016): *Neugier. So schaffen Sie Lust auf Neues und Veränderung.* Econ, Düsseldorf.

Ortiz de Mandojana, Natalia/Bansal, Pratima (2015): *The longterm benefits of organizational resilience through sustainable business practices.* In: Strategic Management Journal 37 (8), 1615-1631.

Priestley, Daniel (2014): *Key Person of Influence: The Five-Step-Method to become one of the most highly valued and highly paid people in your industry.* Rethink Press, Gorleston (UK).

Schedel, Hartmann / Wolgemut, Michael [Illustrator] / Pleydenwurff, Wilhelm [Illustrator]: Registrum huius operis libri cronicarum cu figuris et ymagibus ab inicio mudi, Nuremberge, Consummatu[m] autem duodecima mensis Julij. Anno salutis n[ost]re. 1493 [1493.07.12.] [HC 14508 - BSB-Ink S-195 - GW M40784 - ISTC is00307000]

Schein, Edgar (1985): *Organizational Culture and Leadership.* Wiley, Hoboken, New Jersey. 5. Auflage 2016.

Seville, Erica (2018): *Building resilience: how to have a positive impact at the organizational and individual employee level.* In: Development and Learning in Organizations 32/3, 15-18.

Sheffi, Yossi/Rice, James B. (2005): *A Supply Chain View of the resilient Enterprise.* In: MIT Sloan Management Review, Vol. 47, Herbst 2005, 40-48.

Sinek, Simon (2011): Start with why: *How Great Leaders Inspire Everyone to Take Action.* Portfolio Books, New York.

Sutcliffe, Kathleen/Vogus, Tim (2003): *Organizing for Resilience*. In: *Positive Organizational Scholarship: Foundations of a new Discipline*. Hrsg. von Jane E. Dutton et al. Berrett-Koehler, San Francisco, 94-110.

Dies., (2007): *Organizational Resilience. Towards a Theory and Research Agenda*. Paper presented at the 2007 IEEE International Conference on Systems, Man, and Cybernetics, October 2007.

Taleb, Nassim Nicholas (2007): *The black swan. The impact of the highly improbable*. Penguin, New York.

Vollmer, Lars (2016): *Zurück an die Arbeit*. Linde Verlag, Wien.

Weick, Karl/Sutcliffe, Kathleen (2015): *Managing the Unexpected. Sustained Performance in a Complex World*. Wiley, Hoboken, New Jersey.

Zander, Margherita (Hrsg.) (2011): *Handbuch Resilienzförderung*. VS Verlag für Sozialwissenschaften (Springer VS), Wiesbaden.

Zitzmann, Immanuel (2014): *Supply Chain Management in einer globalisierten und dynamischen Welt*. In: Sucky, Eric/Werner, Jan/Kolke, Reinhard/Biethahn, Niels (Hrsg.): *Mobility in a globalised world*. Reihe Logistik und Supply Chain Management, 11, 31-46.

B. Internetressourcen:

Berndt, Christina (2012): *Das Geheimnis einer robusten Seele*. In: Süddeutsche Zeitung vom 6.1.2012. Online verfügbar unter: http://www.sueddeutsche.de/gesundheit/psychologie-das-geheimnis-einer-robusten-seele-1.1017907, Zugriff am 22.5.2018.

Bonchek, Mark (2017): *Is Execution where good strategies got to die?* Online verfügbar unter: https://hbr.org/2017/11/is-execution-where-good-strategies-go-to-die, Zugriff am 4.2.2019.

Coutu, Diane (2002): *How Resilience works*. In: Harvard Business Review, 5/2002. Online verfügbar unter: https://hbr.org/2002/05/how-resilience-works, Zugriff am 29.5.2018.

Delbrouck, Dirk (2002): *NASA sucht Ersatzteile bei Ebay*. Online verfügbar unter: https://www.zdnet.de/2110115/nasa-sucht-ersatzteile-bei-ebay/, Zugriff am 7.7.2019.

dpa (2010): *Aus für Sony Kassetten-Walkman*. Online verfügbar unter: https://www.welt.de/wirtschaft/article10514710/Das-end gueltige-Aus-fuer-Sonys-Kassetten-Walkman.html, Zugriff am 12.8.2019.

Eckert, Daniel/Zschäpitz, Holger (2017): Topmanager schätzen Menschen geringer als Maschinen. Online verfügbar unter: https://www.welt.de/wirtschaft/article161335580/Topmanager-schaetzen-Menschen-geringer-als-Maschinen.html, Zugriff am 2.7.2018.

Govindarajan, Vijay et al., (2018): *Why financial statements don't work for digital companies*. Online verfügbar unter: https://hbr.org/2018/02/why-financial-statements-dont-work-for-digital-companies, Zugriff am 4.7.2019.

Grøtan, Tor Olav (2011): *The stratified and dialectical anatomy of organizational resilience*. Online verfügbar unter: https://pdfs.semanticscholar.org/7df8/5dd8eb22711470ea60ef66bf19e0ad23025d.pdf?_ga=2.237902345.825250769.1562243792-2135225216.1562243792, Zugriff am 3.6.2018.

Gregory, Scott (2018): *The most common type of incompetent leader*. Online verfügbar unter: https://hbr.org/2018/03/the-most-common-type-of-incompetent-leader, Zugriff am 2.2.2019.

https://www.heise.de/foto/meldung/Erdbeben-von-Kumamoto-behindert-Produktion-von-Digitalkameras-3183769.html, Zugriff am 12.3. 2019.

Hernandez, Morela et al. (2015): *Resilience in Business.* Case OB-1080 by Darden Publishing, August 19, 2015 / 11 Seiten. Online verfügbar unter: http://store.darden.virginia.edu/resilience-in-business, Zugriff am 30.6.2018.

Jehle, Christoph (2017): *Veraltete oder gar gefälschte Komponenten im indischen Kernkraftwerk Kudankulam?* Online verfügbar unter: https://www.heise.de/tp/features/Veraltete-oder-gar-gefaelschte-Komponenten-im-indischen-Kernkraftwerk-Kudankulam-3649079.html?seite=all, Zugriff am 7.7.2019.

Joeres, Annika/Schlange, Bastian (2018): *So marode ist der Brandschutz in Europas Atomkraftwerken.* Online verfügbar unter: https://correctiv.org/top-stories/2018/09/12/brandgefaehrlich-so-marode-ist-der-brandschutz-in-europas-atomkraftwerken/, Zugriff am 7.7.2019.

Keating et al. (2017): *Good leaders are good learners.* Online verfügbar unter: https://hbr.org/2017/08/good-leaders-are-good-learners, Zugriff am 5.7.2019.

Kramer, Ingo (2017): Paradox, doch wahr: Flexibilität bringt Sicherheit. Online verfügbar unter: https://www.welt.de/debatte/kommentare/article161622653/Paradox-doch-wahr-Flexibilitaet-bringt-Sicherheit.html, Zugriff am 2.7.2018.

Kritische Infrastrukturen: https://www.kritis.bund.de/SubSites/Kritis/DE/Einfuehrung/einfuehrung_node.html, Zugriff am 24.9.2019.

Leitl, Michael (2011): *Gamification?* Online verfügbar unter: https://www.harvardbusinessmanager.de/heft/artikel/a-790893.html, Zugriff am 13.2.2019.

Managermagazin Titel 3/2017: »Sex, Drugs and CEO. Warum die Alphatiere in den Chefetagen heute gefährlich leben«. Online verfügbar unter: https://heft.manager-magazin.de/MM/2017/3/, Zugriff am 4.7.2019.

Moss Kanter, Rosabeth (2017): *Smart Leaders focus on Execution first and Strategy second*. Online verfügbar unter: https://hbr.org/2017/11/smart-leaders-focus-on-execution-first-and-strategy-second, Zugriff am 7.2.2019.

Pedersen, Carsten Lund/Ritter, Thomas (2017): *The four types of project manager*. Online verfügbar unter: https://hbr.org/2017/07/the-4-types-of-project-manager, Zugriff am 5.7.2019.

Schwartz, Tony (2018): *Create a Growth Culture, Not a Performance-Obsessed One*. Online verfügbar unter: https://hbr.org/2018/03/create-a-growth-culture-not-a-performance-obsessed-one, Zugriff am 4.7.2019.

Seville, Erica et al. (2015): *A Primer in Resiliency: Seven principles for managing the unexpected*. Online verfügbar unter: https://onlinelibrary.wiley.com/doi/abs/10.1002/joe.21600, Zugriff am 4.7.2019.

Sitkin et al. (2017): *The stretch goal paradox*. Online verfügbar unter: https://hbr.org/2017/01/the-stretch-goal-paradox, Zugriff am 7.7.2019.

Taylor, William C. (2013): Are you humbitious enough to lead? Online verfügbar unter: http://www.dailygood.org/story/458/are-you-humbitious-enough-to-lead-william-c-taylor/, Zugriff am 20.10.2018.

http://was-ist-das-gegenteil-von.de/linear, Zugriff am 21.5.2018.

https://de.wikipedia.org/wiki/Deepwater_Horizon, Zugriff am 16.4.2019.

Xiao, Lei/Cao, Huan (2017): *Organizational Resilience: The Theoretical Model and Research Implication*. Online verfügbar unter: https://www.itmconferences.org/articles/itmconf/abs/2017/04/contents/contents.html, Zugriff am 5.5.2018.

Stichwortverzeichnis

A Anti-Bribery 185
Arbeitssicherheit 151
Arbeitssicherheits- und Gesundheitsschutzmanagement 185
Asset 186
Asset Management 186
Asset-Management-System 186
Assets 131, 142, 186
Audit 203
Auditieren 190
Auditor 54
Auditoren 137, 190, 207
Auditorenausbildung 65
Auditorenseminar 54, 57
Auditprogramm 189
Auditprozesses 190
Audits 133, 189–190, 206
Awareness 18, 128, 132, 138, 145, 179, 218

B BCM 171, 200, 204–205
BCMS 200
Betrieb 14, 45, 47, 108, 115–119, 122, 128–129, 131, 135–136, 143, 146, 151, 167, 169, 174
BIA 76, 114, 160
Black Swan 126, 128, 161, 169
Black Swans 76, 125, 127, 163
Bounce back 13, 36, 210
British Standard 19, 61, 183, 223
Business Continuity 171, 223
Business Continuity Management 19, 47, 51, 76, 151, 153, 171, 180, 200
Business Impact Analyse 76, 114, 157, 160

C Change 58, 152, 163, 167–168, 171, 220, 222
Change Management 224
Change-Operationen 163
Change-Prozess 108, 172
Change-Prozesse 163
Cockpit 205
Cockpit-Ansatz 206
Cockpits 200
Cockpitsystem 205
Compliance 46, 186
Compliance Management 186
Compliance Managementsystem 186
Corporate Social Responsibility 185

Cyber Resilience 182
Cyber Security 19, 223

D Datenschutz 151, 182, 185

E Energie-Effizienz-Management 151, 184

F Fixed Mindset 27, 36, 198
Führung 11, 47, 74, 79–80, 88, 92, 98, 100, 104, 106, 111, 163, 170–171
– Führungsaufgabe 88, 105
– Führungsebene 80, 108
– Führungskraft 26, 107, 212
– Führungskräfte 55, 60, 79–80, 99, 104, 106–107, 164, 171, 194, 211–212, 214, 222
– Führungskultur 91, 94, 102, 212
– Führungspersönlichkeit 94, 98
– Führungspersönlichkeiten 99, 103
– Führungsposition 95
– Führungsprinzip 100–101, 104
– Führungsqualitäten 107, 214
– Führungsrolle 85
– Führungsstärke 94
– Führungsstil 56, 91, 95, 98–99
– Führungsteam 110, 170
– Führungsthema 103

G Gamification 91–92
Governance 92
Growth Mindset 27, 36, 43, 198–199, 212

H Hard assets 196
Hedgehog 88
High Level Structure 47–49, 51, 113, 131–132, 187, 189, 209–211
Horizon Scanning 61–62, 64, 70, 72, 77, 116, 127–128, 143, 147–148, 158, 163

I Impact 13, 76, 113–116, 122, 129, 149, 158, 172, 209
– Impactminimierung 116
– Risikoimpact 119, 122
Influencer 70, 77, 81
Influencer-Kampagnen 165
Influencing 66
Informationsbewertung 66
Informationssicherheit 19, 47–48, 51, 151, 181, 185–186
Innovation 36, 42, 91, 107, 138, 194, 214, 216, 220–221

Innovation 111
Innovationen 42, 64, 92, 121–122, 194–195, 209, 218, 221
Innovationskraft 196
Innovationsorientierung 221
Innovationsprozess 224
Innovationsprozesse 220
Innovations-Scouts 63
Innovationsteams 222
integrierte Managementsysteme 47
integriertes Managementsystem 19, 48
interessierte Partei 72, 73, 87, 113, 132, 147
interessierte Parteien 51, 55, 59-60, 72–74, 77, 80, 87, 89, 104, 146, 148
ISO 12, 19, 21, 46–47, 49, 61, 76, 113, 171, 179, 183–187, 189, 223

K Key Person of Influence 70–71
Kommunikation 132, 146–150, 166, 170, 178
- externe Kommunikation 132
- interne Kommunikation 132
- Kommunikations- und Steuerungssysteme 17
- Kommunikationsansätze 147
- Kommunikationsaufgabe 147
- Kommunikationskanäle 86
- Kommunikationskultur 129
- Kommunikationsprofis 149
- Kommunikationsstrukturen 171
- Kommunikationssystem 203
- Kommunikationstaktik 148
- Kommunikationstrainings 59
- Kommunikationswege 147
- präventive Risikokommunikation 147
- strategische Kommunikation 142, 146
- unautorisierte Kommunikation 149
- Unternehmenskommunikation 146
- Unternehmenskommunikations-Kanäle 165
Kontext 43, 47, 51, 54–55, 57–58, 60, 62, 65, 70, 77, 80, 102, 113, 152–154, 180–183, 187, 191, 194, 197, 210, 221
- externer Kontext 56, 58, 60
- innerer Kontext 55
- innerer und äußerer Kontext 55, 77
- interner Kontext 60
- interner und externer Kontext 51, 55, 57, 72
- Kontextanalyse 51, 57, 60
- Kontextentwicklung 222
- Unternehmenskontext 77, 79, 108

Krise 20–21, 24–25, 27, 30, 32, 39, 43, 45, 79, 82–84, 90, 100, 110, 129, 132, 137, 146–147, 153, 155–156, 167–168, 175–176, 179, 202, 205, 210, 215–217, 222
Krisen 18, 21, 27, 36, 39, 83, 110, 147, 167, 216–217
Krisenbegriff 217–218
Krisenbewältigung 179
Krisenfall 132, 148, 171, 174, 203
Krisenhandwerk 153, 167
Krisen-Handwerk 18
Krisenmanagemen 217
Krisenmanagement 19, 153, 180, 217–218, 223
Krisensituation 175
Krisensituationen 138, 172

L Leistungsfähigkeit 47, 189
Lieferkett 155
Lieferkette 18, 57, 140, 152–154, 156, 158

M Managementbewertung 190, 200, 205, 222
Managementsystem 11–12, 19, 46–48, 79–80, 92, 113, 151, 179–180, 183–184, 187, 189–190, 200, 205, 210, 223
Managementsysteme 47
Maßnahmenplanung 113–114
Megatrends 17
Mission 87–89, 128
Mission Statement 85, 89, 91, 111
Mission Statements 87, 91

N Norm 19, 47, 57, 60–61, 65, 79–80, 88, 113–114, 132, 153, 189–190, 205, 209, 211
Normen 12, 46–49, 51–52, 60, 76, 151, 171, 187

O Operativ
- operative Aktivitäten 152
- operative Entscheidungen 87
- operative Ziele 114
- operatives Business 163
- operatives Geschäft 151
- operatives Tagesgeschäft 131, 140
- operatives Umfeld 152
- operative Planung 151
ORMS 151, 153, 180

P Persona 72–74
PEST 60
- PESTEL 60
Planung 16, 47, 113–115, 121, 143, 150–152, 190

Stichwortverzeichnis

Planungsprozesse 62
Projektmanagement 184

Q Qualitätsmanagement 47, 51, 151–152, 183, 187, 219–220, 224

R Reifegrad 200
Reifegradmodelle 189
Reifegradmodellen 201
Reputation 132, 142, 146, 148, 150, 160, 169, 196
- Firmenreputation 15
Reputationsschaden 155, 185
Resilienz 11, 15, 18–21, 28, 32, 34, 36, 43–44, 46, 48, 64, 72, 74, 89, 100, 102, 115, 138–139, 142, 145, 147, 151–153, 156, 158, 171, 173–174, 176, 181, 197–198, 201, 204, 210, 217, 220–221, 223–224
- betriebliche Resilienz 137
- kognitive Resilienz 137, 139
- organisationale Resilienz 11–12, 19, 21, 48, 151–153, 180, 207
- Resilienz als Möglichkeit 44
- Resilienz als Notwendigkeit 44
- Resilienzansatz 210
- Resilienz-Check 153
- Resilienzfaktor 80, 137, 151–152
- Resilienzfaktoren 35
- resilienzfördernde Qualitäten 20
- Resilienzforschung 102
- Resilienzfragestellung 122
- Resilienzgrad 20
- Resilienzkontext 92
- Resilienzkonzept 77, 85, 146, 150
- Resilienzmanagement 218
- Resilienzmerkmal 216
- resilienzorientiert 92
- Resilienz-Puzzle 153
- Resilienz-Qualität 30, 36
- Resilienz-Rezept 61, 85, 114, 135, 153, 191, 211
- Resilienzstrategie 148
- resilienztauglich 103
- Resilienz-Thema 48, 62–63
- Resilienzwerkzeug 153
- Resilienzziel 39
- strategische Resilienz 39–40
- Unternehmensresilienz 106
- unternehmerische Resilienz 13, 18–19, 21–22, 43–44, 46–48, 89, 91, 114, 116, 128–129, 147–148, 151, 171, 198, 223–224

Ressourcen 29, 42, 47, 55, 76, 80, 90–93, 102, 108, 123, 128, 131–134, 136, 138, 140, 142, 145–146, 148, 150, 152, 154, 161, 169, 181, 184, 192, 200–201, 206
Ressourcenmangel 91
Ressourcenplanung 114, 145
Ressourcenverschleiß 146
Risikoanalyse 76, 114–115, 157, 161, 203
Risikobewertung 124
Risikomanagement 11, 113–114, 161, 224
Risikomanagementmethoden 113

S Schattenkabinett 141
Schwarze Schwan 122
Schwarze Schwäne 76
schwarzen Schwäne 125
Schwarzen Schwans 76
schwarzer Schwan 127
Servicemanagement 151, 183
Silo 129, 164–165, 187
- Silobildung 170
- Silo-Denken 164
Stakeholder 51, 59, 72–74
Standards 19, 35, 46–47, 49, 51–52, 117, 119, 123, 171, 180, 184, 186–187, 210
Stretch Goal 89–91, 111–112, 119, 121
Stretch Goals 121
Supply Chain 151–153, 156–157
survive and prosper 21
Survive and Prosper 13, 18, 66, 94, 122, 142, 167, 181, 185, 187, 198, 200, 216, 223–224
Survive and Prosper-Managementsystem 187
SWOT-Analyse 60

U Umweltmanagement 151, 184
Unternehmenskontext 60, 66, 70
Unternehmenskultur 56, 58, 63, 91, 109, 146, 153, 163–164, 171, 197–198, 211, 221, 224
Unternehmensmission 85, 87
Unternehmensreputation 147
Unternehmensressourcen 128
Unternehmensstrategie 102, 110
Unternehmensvision 85–86
Unternehmenswert 196
Unternehmenswerte 88, 91, 128, 146, 150, 171
Unterstützung 47, 131

V Verbesserung 48, 80, 107, 113, 187, 189–190, 202, 209–211, 214, 219, 222
Verbesserungen 36, 82, 171
Verbesserungsprozess 21, 214–215
Vermögenswert 42
Vermögenswerte 131, 196
Vision 82, 85–89, 91, 106, 111, 120, 128
VUKA 15–16, 18, 27–28, 36, 38, 45, 62–63, 108–109, 125, 163, 176, 198, 209, 211, 216–218, 220–223

W Wettbewerb 96, 161–162, 218
Wettbewerber 63, 219–220
Wettbewerbern 133, 172
Wettbewerbsdruck 154
wettbewerbsfähig 108
Wettbewerbsfähigkeit 108, 160
Wettbewerbsposition 158
Wettbewerbssituation 58–59
Wettbewerbsvorteil 220
Wettbewerbsvorteile 36, 41, 216, 218, 221